中国发展报告 **2010**

促进人的发展的中国新型城市化战略

New Urbanization in China: For a People-centered Strategy

人民出版社

CDRF 中国发展研究基金会
China Development Research
Foundation

图书在版编目（CIP）数据

中国发展报告2010：促进人的发展的中国新型城市化战略/中国发展研究基金会 编.
-北京：人民出版社,2010.10
ISBN 978－7－01－009314－7

Ⅰ.①中⋯ Ⅱ.①中⋯ Ⅲ.①城市化-研究报告-中国-2010 Ⅳ.①F299.21

中国版本图书馆 CIP 数据核字（2010）第 191326 号

中国发展报告 2010
ZHONGGUO FAZHAN BAOGAO 2010
——促进人的发展的中国新型城市化战略
中国发展研究基金会　编

人民出版社出版发行
（100706　北京朝阳门内大街 166 号）

环球印刷（北京）有限公司　新华书店经销

2010 年 10 月第 1 版　2010 年 10 月北京第 1 次印刷
开本：880 毫米×1230 毫米 1/16　印张：15.75
字数：320 千字　印数：0,001-6,000 册

ISBN 978－7－01－009314－7　定价：45.00 元

邮购地址 100706　北京朝阳门内大街 166 号
人民东方图书销售中心　电话（010）65250042　65289539

课题组成员

顾　问：

王梦奎　原国务院发展研究中心主任、中国发展研究基金会理事长

陈　元　国家开发银行董事长

项目协调人：

卢　迈　中国发展研究基金会秘书长、研究员

项目负责人：

汤　敏　中国发展研究基金会副秘书长

主报告作者：

杨伟民　国家发展和改革委员会秘书长

蔡　昉　中国社会科学院人口和劳动经济研究所所长

背景报告作者：

韩　俊　国务院发展研究中心农村经济研究部部长

顾朝林　清华大学城市规划学院教授

刘京生　中国国际金融有限公司董事总经理

李善同　国务院发展研究中心研究员

张增祥　中国社科院遥感应用研究所资源环境遥感应用中心副主任

刘守英　国务院发展研究中心农村经济研究部研究员

刘民权　北京大学经济学院教授

陈　淮　住房和城乡建设部政策研究中心主任

王延中　中国社会科学院劳动与社会保障研究所所长

潘家华　中国社科院城市发展与环境研究中心主任

李　实　北京师范大学工商管理学院教授

岳修虎　国家发展和改革委员会发展规划司处长

都　阳　中国社会科学院人口和劳动经济研究所研究员

叶霞飞　同济大学教授

2

序 一

　　城市化既是近年来中国经济快速增长的重要动因，也给今后10年、20年甚至更长一些时间中国经济的发展提供了广阔的空间。要认识中国，不能不了解中国的城市化进程：它的过去、现在和未来，它所面临的任务和政策选择。

　　中国有13亿人口，至今仍有半数以上生活在农村。中国经济虽然有长足发展，但至今还是一个发展中国家，而且发展不平衡、不协调、不可持续的问题相当突出。不难理解，中国的城市化，无论就其人口规模还是复杂性和艰难程度来说，在全世界都是前所未有的。只要指出如下事实也许就够了：今后10—20年，中国需要在工业化和城市化进程中转移到城市的农村人口，将超过世界上除印度（或许还有美国）之外的任何一个国家人口的数量。

　　中国城市化的健康发展，需要认真借鉴其他国家城市化的经验，但必须有基于现阶段中国国情的创造性思维，基于现阶段中国国情的切实可行的发展战略和政策。为此，必须认真总结实践经验，并就城市化的理论和政策问题进行深入的研究和讨论。

　　中国发展研究基金会组织的这份大型研究报告，是关于中国城市化道路的最新综合性研究成果。报告所提供的理论分析和政策建议，可以供决策者参考，供学术界讨论，对国内外所有希望了解当今中国现代化进程的人提供有益的帮助。

中国发展研究基金会理事长
国务院发展研究中心原主任　王梦奎
2010年9月3日

序 二

　　推进城市化发展是中国经济社会发展的必然要求。城市化是综合国力和国际竞争力的集中体现，也是人类文明进步的标志。综观各国发展的历史，城市化是经济社会发展的必然规律。在现代社会，城市成为经济与社会发展的中心。培育和提高城市竞争力，已经成为各国政府的一项重要使命。在中国，城市化发展作为现阶段建设发展的重要特征和实质内容，是中国经济社会发展的重要拉动力量，对世界经济发展也有重要意义。

　　中国发展研究基金会的《中国发展报告2010》行将出版，国家开发银行很荣幸作为主要合作方参与了此项研究课题。《中国发展报告2010》提出的"促进人的发展的中国新型城市化战略"，鲜明地指出了中国未来城市化的重点和方向，富有新意和前瞻性。由众多知名专家构成的课题组为报告的撰写奠定了扎实的研究基础。报告在借鉴国际经验的同时，科学地探索了适合中国国情的城市化道路的内涵、特征和目标。可以说，这样一份汇聚城市经济、规划、环境、社会学、公共管理和治理等多个学科最新研究成果的报告，具有可读性，也有很强的政策参考价值。

　　国家开发银行作为我国中长期投融资的主力银行，支持全面建设小康社会和科学推进城市化发展，是我们的重要职责。开发银行成立以来，在促进我国基础设施、基础产业、支柱产业以及民生、国际合作等重要领域的发展中，发挥了重要作用，取得了良好的市场业绩。

　　对涉及国家发展重大课题的研究合作是国家开发银行工作的重要内容，也是开发银行作为国家全资银行社会责任感的体现。2007年和2010年，开发银行先后与中国发展研究基金会就"反贫困"和"城市化"两项课题研究开展合作，取得了丰硕的成果，在为政府有关部门的决策提供有益研究参考的同时，还产生了积极的国际学术影响。在这份报告即将出版之际表示祝贺，也希望研究的成果能在实践中得到充分运用。

国家开发银行董事长 陈元

2010年8月2日

致 谢

经过一年半的努力,《中国发展报告2010》终于完成,可以呈现给读者了。本次报告选择"中国的城市化"作为研究对象,是因为它对于当下中国所具有的至关重要的意义。中国的城市化不仅促进中国经济的快速增长,深刻改变着中国的经济和社会结构,而且影响着世界发展进程。经过国际金融危机的冲击,对于城市化的意义国内已达成共识,但是对于实现什么样的城市化的讨论还在热烈进行中。本报告以"促进人的发展的新型城市化战略"为主题,就是想强调,城市化涉及土地、水、资金和基础设施等诸多物的问题,但归根结底是人的问题,其中最重要的是新进入城市的人——即农民工的公共服务问题。围绕这一主题,本报告结合理论与实际,从农民工市民化、城市空间发布和主体形态、产业与就业、公共服务、绿色城市化和有效的城市化管理和治理等多维度进行了分析,希望能在学术研究和政策制定方面作出自己的贡献。

本报告的顺利完成,得益于全体课题组成员的辛勤投入以及众多专家和单位的鼎力支持。国家发展改革委员会秘书长杨伟民和中国社会科学院劳动和人口经济研究所所长蔡昉作为主报告作者,用深厚的专业理论知识、长期积累的政策实践经验和辛勤工作,为报告的顺利完成奠定了坚实的基础。国务院发展研究中心原主任、中国发展研究基金会理事长王梦奎先后四次仔细阅读报告,提出了许多重要而详尽的指导性意见。基金会副秘书长汤敏作为项目负责人参与了报告多个章节的撰写和修改工作。

本报告也是多学科互动合作的结晶。中国发展研究基金会委托了来自高校和部委科研机构的研究学者以及政府相关部门的政策实践者撰写了17份背景报告,这些报告中的许多资料、分析和意见已经被本报告采纳。这些背景报告及作者分别是:《城市化与人类发展的理论》(刘民权、李曦)、《城市化对经济增长的影响》(李善同)、《国际城市化经验、政策和趋势》(顾朝林)、《中国城市化空间及其形成机制》(顾朝林)、《中国城市遥感监测报告》(张增祥)、《农民工市民化:现状、前景与路径选择》(韩俊)、《土地的城市化:从外延扩张向理性增长》(刘守英、廖炳光)、《人的发展视角下的中国城市化发展回顾和挑战》(岳修虎)、《城市化进程中的人口、产业发展与就业》(都阳、王美艳)、《完善新型城市化进程中的社会福利体系》(王延中)、《完善城市化进程中的城

1

市住房体系》(陈淮、普湛)、《迎接十八万亿城市基础设施建设挑战》(刘京生、李明、杨浩)、《宜居的城市环境》(潘家华)、《促进城市发展的轨道交通》(叶霞飞)、《2010年中国人类发展指数》(李实)、《中国的新型城市化战略：中日韩三国城市化比较分析》(杜智鑫)、《国际城市化经验》(俞建拖)。上述背景报告的作者还参与了各个阶段的讨论并提供了许多宝贵的建议。

为更准确把握中国快速城市化的进程和问题，报告课题组于2009年8月先后赴广州市和重庆市进行实地调研，得到了两市政府的大力支持。另外，江苏省无锡市、黑龙江省双鸭山市和山东烟台市等市的有关部门也为农民工市民化成本测算提供了数据。

在研究和报告的撰写过程中，许多国内专家参与了讨论并提供了建设性的意见，陆大道、陆学艺、赵人伟、牛凤瑞、李铁、王小鲁、韩文秀、何宇鹏、毛其智、黄鹭新、倪鹏飞、冯长春、叶剑平、吕萍、张文忠、方创琳、谢扬、吕凤勇、申兵、汪泽英、王晓明等为报告提出了十分有价值的意见和建议。

为了借鉴经合组织国家的城市化经验，基金会还请经合组织（OECD）专门撰写了《经合组织国家的城市化趋势与政策》。这也是基金会首次邀请国际组织为《中国发展报告》撰写背景报告。报告是在经合组织区域竞争力与治理部门城市分部主任 Lamia Kamal-Chaoui 女士的领导下，Javier Sanchez-Reaza、Tadashi Matsumuto、Olaf Merk、Daniel Sanchez-Serra、Mario Piacentini、Alexis Robert、Dorothee Allain-Dupré 和 Michael Donovan、汪骁与 Kasuko Ishigaki 等人共同协作撰写完成的。报告提供了大量有关经合组织国家城市化的最新发展趋势和政策实践，许多有益的经验已被吸收和借鉴到《中国发展报告2010》中。2009年6月26日课题组还和OECD进行了"中国的城市化"专题研讨，Mark Drabenstott、Federica Busillo、Jeong Ho Moon、Marco R. Tommaso、Lamia Kamal-Chaoui、Olaf Merk 等专家对报告提供了评论意见和OECD经验。Irene Hors 为双方的成功合作做了大量协调工作。此外，美国哈佛大学教授 Dwight Perkins 和 Alan Altshuler 为报告撰写提供了建设性意见。

中国发展研究基金会承担了此次报告的全部组织工作，杜智鑫、俞建拖、都静不仅出色地完成了项目的具体组织工作，还承担了资料搜集整理、辅助性研究和后期的大量的编辑工作。

国家开发银行为本项研究提供了慷慨资助。2008年起，中国发展研究基金会设立了"中国政策研究基金"，以支持年度性的《中国发展报告》及其他研究项目的进行。美国史带基金会和沃达丰集团为2009年到2010年度中国政策研究基金提供了大力的资助。德国技术合作公司（GTZ）为报告的英文出版提供了热心资助。

值此报告付梓之际，谨代表中国发展研究基金会，对全体课题组成员以及为报告的顺利完成提供支持和帮助的单位和个人表示诚挚的感谢！

2010 年 8 月 25 日

目 录

专栏目录

表目录

图目录

引 言

两千多年前的亚里士多德有句名言，"人们为了生活来到城邦，为了更好的生活留在城邦"。无论亚里士多德的"城邦"与我们今天的城市有多么不同，也不论今天的纽约与贵阳在城市形态和风格上有多大的差异，一个显而易见的事实是，全世界越来越多的人已经或正在告别农村，走向城市。

有着五千年文明史的中国曾经是世界上城市发展最早、规模最大、数量最多的国家之一。历史上的长安、汴梁、洛阳、金陵、北京等城市都各自称雄当时世界城市榜数百年。但是，自19世纪以来，中国的城市发展开始落后于世界上先进的工业国家。

中华人民共和国成立以来，城市化经过了一个曲折的发展过程。改革开放之前的30年，城市化进程缓慢。改革开放后的30多年里，中国的城市化以人类历史上从未有过的规模快速发展，成为世界上城市化增长速度最快的国家之一。

快速的城市化为中国社会经济发展提供了强大的动力。城市的聚集效应和规模经济极大地提高了资源配置效率，有力地促进了经济的快速发展和人民生活水平的提高。不仅如此，城市化还推动了城乡居民公共服务的改善以及城乡收入差距的缩小。

更为重要的是，城市化的进程创造出巨大的就业机会，让中国亿万农民可以摆脱世世代代对黄土地的依附，争取到进城就业与生活的权利。数以亿计的农民工怀揣梦想、背井离乡、到城市开启人生的新篇章。① 他们的努力，铸造了"中国制造"的品牌，他们的艰辛，成就了城市的繁华，他们的血汗，创造了中国经济发展的辉煌。

然而，在快速的城市化进程中，中国所面临的挑战也是史无前例的。这些农民工虽然已经在城市就业与生活，但在劳动报酬、子女教育、社会保障、住房等许多方面并不能与城市居民享有同等待遇，在城市没有选举权和被选举权等政治权利，不能真正融入城市社会，处于一种"半城市化状态"。他们已经身居城市，但都市的现代生活似乎又离他们十分遥远；他们的一只脚已经跨进了城市的门槛，但另一只脚还被排斥在繁华都市之外。

城市化还面临着其他诸多的挑战。居民生产生活方式的改变，带来了土地资源、能源消耗、环境污染以及气候变化的问题。伴随城市化的加速发展，需要大量的就业岗位，需要开发大量新

---

① 农民工这一概念与我国特有的户籍管理制度相联系，指户籍在农村，但主要在城镇从事非农产业的劳动人口。

的产业，这又对中国未来的产业结构提出了新的要求。随着越来越多的人集聚在城市中，交通拥堵、犯罪、城市贫困、社会冲突等城市病可能会进一步恶化，这需要推动符合中国国情与发展阶段的城市治理模式创新。

为此，本报告提出促进人的发展的新型城市化战略。这一战略立足以人为本，注重在社会公平公正与和谐发展的基础上加速城市化进程。这一战略的主要内容是：有序地推进农民工市民化，实行包括农民工在内的城市用地的人地挂钩、财政支出的人钱挂钩；以城市群为城市化的主体形态；以"两横三纵"城市格局为空间布局，突出地区特色的和多样化的产业与就业结构；强化公平分配的城市公共服务；创新城市化管理和城市治理模式，加快我国新型城市化建设，实现社会和谐发展。

"促进人的发展"是新型城市化发展战略的最重要的目的，它的难点在于数亿农民工的身份转变。在城市经济和社会发展进程中积极推动农民工市民化，既是解决城乡差距、社会公平的需要，也是扩大内需、增加经济社会发展动力所在。"促进人的发展"还要体现在确保全体国民都能分享到城市发展的成果，在城市化的过程中提高当代与下一代的发展潜力。2030 年中国城市化率将能够达到 65% 的水平。我们的愿景是：从"十二五"时期开始起步，用 20 年时间解决中国"半城市化"的问题。也就是说，以平均每年 2000 万人的速度，从 2010 到 2030 年基本解决已经在城市中的以及未来进城的 4 亿农民工及其愿意留在城市生活的家属的市民化问题[①]，实现农民工从进城到落户，与城市原有居民享受同等公共服务和各项权利。同时，在这 20 年的时间里，努力完善所有城镇居民的公共服务体系，打造宜居城市环境，扩展各项基本权利，加强公众参与，提高城市的生活水平和质量。只有这样，才能真正使中华大地几千年的农业社会让位于一个现代化的城市社会。

中国正处在城市化的快速发展期，从"半城市化"到"全城市化"的转变是一项人类历史上前所未有的艰巨任务。中国人口众多、资源有限，决定了在城市化的过程中，需要走出一条有自己特色的道路。变人口的压力为发展的动力，以促进人的发展为主线，是中国城市化道路的必然选择。

---

① 下文中提到的农民工市民化包括农民工的自愿留在城市生活的家属。

第一章

中国城市化的进程、趋势和挑战

　　人类社会的城市进化史可以追溯到一万年前，但是现代意义上的城市化却是伴随着18世纪中叶开始的工业革命而兴起的。中国有着悠久古老的城市文明，但是中国的现代城市化进程则主要发生在新中国成立之后。经过新中国成立60多年特别是改革开放30多年来的快速发展，中国城市化水平显著提高，目前已进入城市化中期阶段。然而，当前的城市化总体上还是城市数量增加、城市占地扩大、高楼林立的物质形态的城市化，促进人的发展的城市化刚刚拉开大幕。它既是中国未来扩大内需所在、发展动力所在，也是面临的重大挑战所在。

一、城市化与人的发展

　　城市化是指人口向城镇集中的过程。这个过程表现为两种形式，一是城镇数目的增多，二是各城市内人口规模不断扩大（大英百科全书）。城市化伴随农业活动的比重逐渐下降、非农业活动的比重逐步上升，以及人口从农村向城市逐渐转移这一结构性变动。城市化也包括既有城市经济社会的进一步社会化、现代化和集约化（顾朝林，2009）。城市化的每一步都凝聚了人的智慧和劳动。城市的形成、扩张和形态塑造，人的活动始终贯穿其中。另一方面，城市从它开始形成的那一刻起，就对人进行了重新塑造，深刻地改变人类社会的组织方式、生产方式和生活方式。

（一）城市化的积极影响

　　从国际的普遍经验来看，城市化是与人的发展水平密切联系的。图1-1直观地展现了世界171个国家（地区）的人类发展指数与城市化率之间的正向关系。在78个高人类发展的国家和地

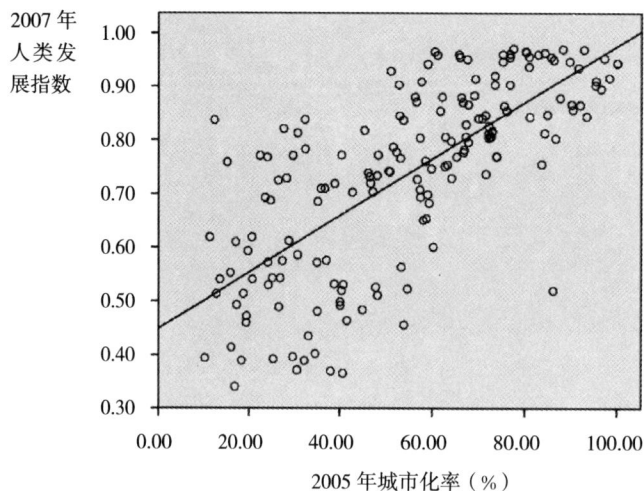

图1-1　城市化与人类发展指数

数据来源：UNDP：《人类发展报告》（2007/08，2009）。

区中（人类发展指数不低于0.8），有72个国家（地区）的城市化率达到50%以上，只有不到10%的高人类发展国家（地区）的城市化率低于50%。另外，在城市化率超过60%的77个国家（地区）中，只有两个国家的人类发展水平低于0.7（中等偏下人类发展水平）。

城市化是现代经济增长的重要推动力。人口在城市中聚集会产生显著的规模经济效应，使私人和公共投资的平均成本和边际成本得以大幅度降低，产生更大的市场和更高的利润。随着人口和经济活动向城市的集中，市场需求将会迅速增长和多元化，这会促进专业化分工，从而进一步提高经济的效率（世界银行，2009）。随着经济全球化的发展，许多新型业态，特别是研究开发、现代服务业，如金融和保险业、信息和计算机服务业等，必须依托城市发展才能得到扩张。不仅如此，城市产业的繁荣和高回报吸引了更多的资本、技术和知识的流入，这些要素的整合将会进一步诱发新的技术创新和流动，并促进新兴产业的形成（OECD，2010）。因此，城市是现代经济中最具有活力的区域。

通过对比不同城市地区的经济密度地图，[①]可以直观地看到城市人口聚集对经济发展的影响。图1-2是日本各地区的经济密度地图，可以看到，在东京、大阪和名古屋三个人口规模最大的城市地区，每平方公里的经济产出最高。事实上，不只是日本，在美国以及世界上其他工业化国家，都存在着类似的规律（世界银行，2009）。

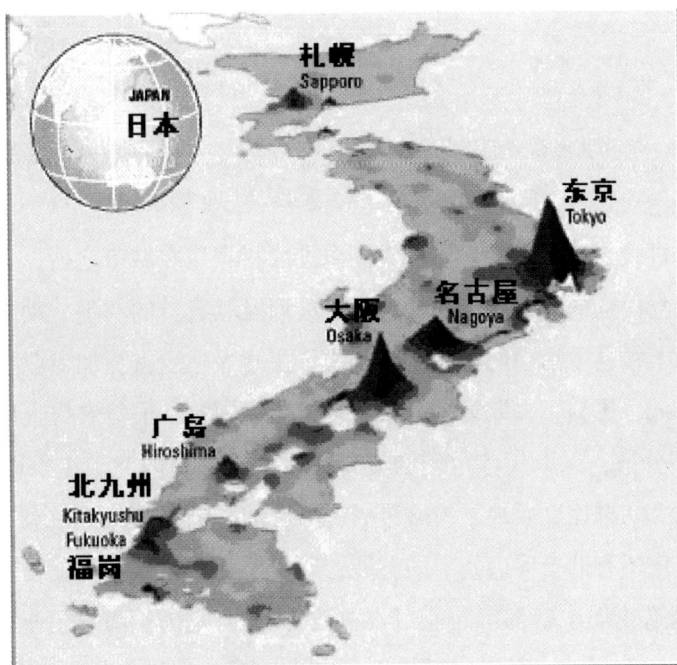

图1-2 日本的经济密度

资料来源：世界银行：《世界发展报告2009》。

---

① 经济密度以每平方公里的经济产出来衡量，反映地区经济的活跃程度和发展水平。一个地区的经济密度越高，其在地图中的海拔也越高。

　　城市化有助于普及基本公共服务，提高公共服务的质量，从而促进人民教育水平和健康水平的提高。人口在城市的集中，大大降低了公共基础设施和教育、医疗卫生等公共服务供给的平均成本。与农村相比，城市在公共服务质量上的优势也是明显的，这种优势不仅是因为城市具有良好的经济基础，还因为城市集中了优秀的相关人力资源。从图 1-3a 中可以看到，随着城市化水平的提高，综合入学率普遍也呈递增趋势，[①] 当城市化率提高到 60% 以上之后，只有极个别国家的综合入学率低于 60%。在图 1-3b 中，随着城市化率的提高，人均预期寿命也呈增加的趋势。此外，当城市化处于较低水平时，人均预期寿命变量的变动范围是非常大的，从 40 多岁到 70 多岁不等，呈高度发散状态。但是当城市化率提高到 60%—70% 以后，绝大部分国家样本的人均预期寿命值处于65 岁至 80 岁的区间内，这种尾端收敛特征表明了城市化在消除健康风险中所起到的显著作用。

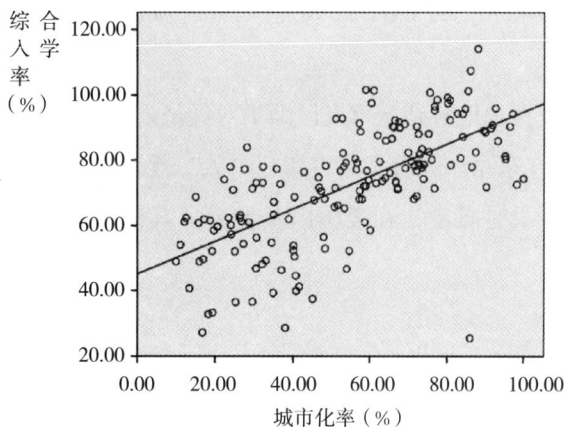

图 1-3a　城市化与教育的普及　　　　　图 1-3b　城市化与人均预期寿命

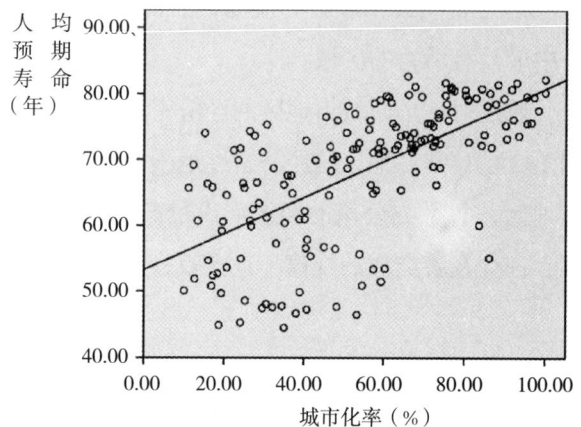

数据来源：UNDP：《人类发展报告》（2007/08，2009）。

　　城市化有助于促进政府治理的改善。当农民离开农村聚集在城市之后，会从多方面影响政府治理。城市化使政府与民众的距离空前的拉近了，政府及其官员的一举一动变得更容易观察和监督。人口的集聚推动了社会生活中的组织化和分工，民意表达变得更加专业化和专职化，公众意见的传播成本大大降低，更易于采取集体行动。在发展中国家，虽然农村人口众多，但是由于人口聚集程度低、居住分散，采取集体行动的交易成本比较高。因此，在争取政策影响力的过程中，农民这个数量更大的群体反而缺乏与城市居民对等的影响力（Olson,1985）。

　　从长期看，城市化还有助于促进公平的发展，逐步缩小城乡和地区发展差距。早在 1776 年，亚当·斯密就在《国富论》中就都市商业对农村改良的贡献作过精辟的阐述。他认为，工商业都市的增加与富裕，为农村的产品提供巨大而便利的市场，促进农村土地的开发，并使农村突破传统关系的制约，变得更有秩序、有好的政府和有个人的安全和自由（《国富论》第 3 篇，第4 章）。韩国在其快速城市化的 1975 年至 2005 年期间，农业人口减少了 76%。但是，由于土地

[①]　指学生人数占 6 岁至 21 岁人口的比率，具体依各国教育系统的差异而有所不同。

经营得到整合,农村人口教育水平显著提高,农业引入新技术和实现了机械化,在农业用地减少16%的条件下,粮食产量增长了61%(迈克尔·斯宾塞等,2010)。

虽然许多国家在城市化初期都存在收入和福利差距扩大的现象,但是随着城市化的继续推进,城乡之间的收入、消费和福利的差距将趋于减缓。在菲律宾,虽然总体的城乡居民人均收入差距还比较大,但是在城市化程度较高的地区,城乡收入的趋同程度也越高。在城市化水平越高的国家和地区,城乡之间在清洁饮用水和卫生设施普及率上的相对差距往往也越小(世界银行,2009)。

(二)城市化的负面影响

然而,高城市化率并不必然意味着高人类发展水平。例如,非洲吉布提共和国的城市率达86%以上,但是其人类发展指数只有同等城市化水平的新西兰的一半左右。特立尼达和多巴哥与布隆迪的城市化率都不足16.5%(相当于1900年世界平均的城市化水平),但是前者的人类发展指数高达0.84,而后者不到0.4,相差一倍多。这些案例表明,城市化并不是影响人类发展的唯一因素(刘民权、季曦,2009)。

城市化有时是以发展的不平衡为代价的,甚至是靠牺牲某些特定群体的利益来换取的。一些国家在工业化和城市化过程中,虽然经济得到了快速发展,但是却忽视了公共服务的供给,也缺乏对城市发展的合理规划和环境的保护,导致了城市贫困高发、环境污染、流行病频发、犯罪滋生等各类城市病。例如,在英国的工业化和城市化的初期,糟糕的公共卫生状况,导致城市人口的死亡率明显增加,出现了城市人口的死亡率反而高于农村的景象(Davis,1965)。那些在城市化过程中失去土地的农民以及其他弱势群体,由于缺乏必要的社会保障,往往成为各类城市病最直接的受害者。

城市化对人的发展的负面影响还表现在社会方面。在工业化和城市化过程中,农民离开农村进入工厂和城市,使整个社会的组织结构和体系发生了深刻变革。在这一过程中,原有的社会关系和社会秩序被切断和瓦解,导致了城市中“新人”在价值观上的迷失和行为上的“失范”,人与人之间的社会联结变得更加脆弱,有时甚至变得对立并发展成为冲突。快节奏和高压力的城市生活模式,加上社会关系上人际之间的冷漠,在工业化社会中个人常感到孤立无助,对城市中人的心理健康造成了许多负面的影响,使得犯罪率和自杀率的增加、普遍的焦虑感和抑郁症病人的增加成为许多国家城市化的副产品(刘民权、季曦,2009)。

城市贫民窟是城市化过程中发展不平衡和不平等的集中反映。在很多城市,贫困成为难以避免的城市化副产品。据世界银行的估计,2002年发展中国家城市有7.46亿贫困人口(基于每人每天2美元的国际贫困线)(Ravallion,Martin,Shaohua Chen,and Prem Sangraula,2007)。贫困人口在城市聚居的地方被称为“贫民窟”,拥挤的社区、短缺的住房、严重的污染、缺乏安全饮用水和其他社会服务、犯罪率高发,是世界城市贫民窟的共同写照,但是发展中国家贫民窟问题更加突出和迫切。

贫民窟的产生与一系列经济和社会因素相关。首先是土地的分配和管理状况。在一些拉丁美洲国家，土地兼并所造成的大量失地农民，只好向城市迁移。在进入城市后没有得到良好就业和公共服务的情况下，只好集中居住在破陋的棚户区（顾朝林，2009）。其次，城市的土地和住房管理的混乱也助长了贫民窟的出现。印度贫民窟形成之初，主要都是从非法占用公共或者私人土地开始的。比如，孟买世贸大厦旁边的一片贫民窟，是当初参与大厦建设的工人居住的地方。政府的房租控制导致出租房的缺乏，也是造成贫民窟蔓延的重要原因之一。孟买已经十五年没有建设新的出租房，当 700 多万人挤在条件恶劣的贫民窟里时，孟买却有 40 万套住房空置（姚洋，2007）。此外，贫民窟的大范围存在折射了公共政策在公平性和包容性上的不足。当大量缺乏教育和劳动技能、只有微薄资产甚至赤贫的农村人口流入城市的时候，政府如果不能为之提供基础性的教育、职业培训和医疗保障，不能提供安全饮用水、卫生设施，贫民窟的迅速扩大就是不可避免的。

从过去 200 多年国际城市化的发展进程来看，城市化为人的全面发展提供了巨大的潜在机会，包括促进经济发展和提高人民生活水平，推动公共服务的普及以及提高公共服务质量，推动社会治理的完善，缩小城乡和地区发展的差距，等等。但是这种潜在机会能否转化为现实，在很大程度上取决于政府公共政策的导向，以及一个国家的土地政策、经济发展方式、以及就业、住房、社会保障等公共服务的供给及公平分配等。

二、中国城市化发展历程和主要成就

（一）新中国成立前的城市化

中国的城市几乎与中国的历史同样古老。直至西方工业革命之前，中国历代的都城人口数，往往就是整个世界城市的人口最高纪录。在农业文明下产生和发展的中国古代城市在世界城市发展史上有着特殊地位。中国古代早期的城市规模一般较小，但自秦统一全国后，随着社会的发展和中央集权制度的演进，历代都城及各重要经济中心城市的人口数量迅速增长。汉朝都城长安的人口已达四五十万；唐朝长安城估计不少于 80 万人，鼎盛时期则可能超过 100 万。南宋临安城（杭州）总户数约在 30 万以上，人口约 150 万。明清时期的中国城市中，人口规模超过 100 万的有 3 个，分别是北京、南京和苏州，另外还有十个左右的人口规模在 50 万至 100 万之间的区域性中心城市。与之相比较，当时西方城市的人口规模要小得多。一直到 14、15 世纪，阿尔卑斯山脉以北的整个西欧地区，只有巴黎、科隆和伦敦三座人口超过 5 万的大城市。那些尔后著名的工商业中心城市，如布鲁塞尔、纽伦堡、卢贝克、斯特拉斯堡等，都不过只有两三万人（张冠增，1993）。这一时期西欧封建城市与中国城市的人口规模，无论是就最大城市而言，还是就较次一级的区域性中心城市而言，都相差了大约有 20 倍之巨（马继武、于云瀚，2004）。

自鸦片战争以后，在外来资本和工业化生产的商品冲击下，中国城市中的传统工商业纷纷破产。同时，内地城市交通不便、政治环境不稳定，又往往造成广大内地城市发展的停滞以至衰落。如西安在1930年人口仅有12.5万人，只相当于盛唐时期的1/10。成都在1930年城市人口仅有35万人，而该城在唐代人口高峰时期已达约50万人。与此同时，凭借优越的地理位置和开放的经济和通商优势，上海、天津、武汉、广州等城市则相继发展成为百万人口以上的特大城市。总体而言，新中国成立前，由于工业化发展的缓慢、政治动荡以及地理、文化等因素，中国的城市化发展缓慢，城市化水平低。1949年新中国成立时，城市化率只有10.64%[①]，远低于当时世界平均28%的水平，也低于当时发展中国家平均16%的水平。

（二）新中国成立后的城市化

1. 改革开放之前城市化的发展

新中国成立之初，为了建立独立完整的国民经济体系和工业体系，国家十分重视工业发展，开始了大规模的工业化建设，也揭开了城市化发展的序幕。1953—1957年的第一个五年计划时期，156项重点项目全面展开，大量农民进入城市工厂和矿区就业。1957年末，城市增加到176个，比1949年增加44个，全国城市人口增加到9949万人，城市化率提高到15.4%。

1958年开始的三年"大跃进"，盲目追求高速度，大量农业人口涌入城市搞工业建设，因而出现了爆发式、超高速的城市化。大跃进时期，城市化率每年提高1.5个百分点，1960年城市人口达到13073万人，比1957年净增加3124万人，城市化率达到19.8%。

"大跃进"的失败以及自然灾害，迫使我国对国民经济进行调整。"大跃进"带来的城市人口过快增长明显超过了当时粮食供应的承受能力。1961年起，为缓解饥荒，开始大规模地压缩城市人口，动员城市人口回流农村。1961年和1962年两年，全国共减少城市职工2000万左右，城市化率由1960年的19.8%跌至1964年的14.6%，直到1965年国民经济基本恢复后城市化率才止跌回升，达到16.8%。

1966年开始的"文化大革命"，使刚刚恢复的国民经济再受重创。1966年的城市化率为17.8%，1978年的城市化率为17.9%，连续12年徘徊不前。其中，1968—1972年，为解决城市就业难题和其他方面的考虑，约有4000多万的知识青年、干部和其他城市人口被"下放"到农村，导致城市化率连续5年下降。

总起来看，从新中国成立到改革开放之前，我国城市化经历了一个迅速恢复、快速发展和停滞不前的曲折过程。这期间，在城市结构方面，在大中城市扩张的同时，结合能源和矿产资源开发以及"三线"建设，形成了一批资源型、工矿型的城市。但是，由于实行了城乡分割的户口政策，严格限制农村人口向城市迁移，加上以重工业为主的工业化模式，导致城市化水平严重滞后。由于限制农产品自由交易和实行人民公社制度，许多小城镇衰落。在城市建设方面，又偏重于生产特别是工业建设，城市居住功能和服务功能较弱，服务业发展严重不足，许多城市的功能

---

① 《中国统计年鉴1983》，下文中引自或根据《中国统计年鉴》整理的数据均不再注明出处。

很不完备。

2. 改革开放以来城市化的发展

1978 年开始实行的改革开放把党和国家工作重心转移到经济建设上来。农村经济改革大大解放了农村生产力。在此基础上，乡镇企业蓬勃兴起，小城镇迅猛发展。城乡集市贸易的放开，也吸引了一大批农民进城。同时，1979 年前后实施了一系列政策，允许知识青年和下放干部返城。这些因素使城镇人口[①]迅速增加。1978—1984 年的 6 年时间，城镇增加了 1 亿多人，城市化率年均提高 0.85 个百分点，城市化率达到 23%。

从 1984 年开始，经济体制改革的重点由农村转向城市，城市化进入了一个主要以小城镇兴起和沿海城市率先快速发展为主要特征的阶段。随着农村经济的迅速恢复和发展，农村剩余劳动力的出路成为一个紧迫课题，1984 年小城镇发展问题得到国家的肯定与支持。随着沿海开放战略的实施，设立了 4 个经济特区，14 个沿海城市成为开放城市，使沿海地区的城市化进程有了实质性飞跃。1979—1991 年的 12 年间，全国共新增城市 286 个，相当于改革开放前 30 年城市数量增加的 4.7 倍。城镇人口增加到 31203 万，比 1978 年增长 80.9%，城市化率达到 26.9%。

1992 年，以邓小平南巡为标志，中国的改革开放进入了一个新阶段。城市作为市场经济的中心，其地位和作用得到进一步发挥。1993 年 5 月，国家进一步调整和完善了设市标准，当年新增县级市 48 个。1995 年，全国城市数量达到 640 个，建制镇增加到 17532 个，城镇总人口数达到 35174 万，城市化率提高到 29%。

进入 21 世纪以来，中国的城市化进入快速发展时期。2001 年开始实施的国家"十五"计划提出要走符合我国国情、大中小城市和小城镇协调发展的多样化城镇化道路。2000 年至 2009 年，全国城市化水平从 36.2% 提高到 46.6%（见图 1-4）。东部地区的大城市群、中西部的区域性中心城市得以快速发展。

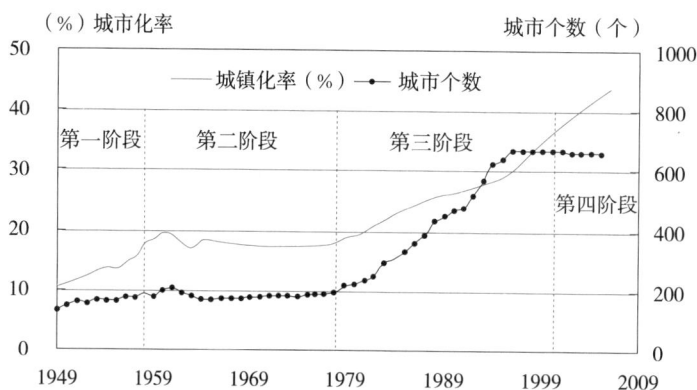

图 1-4　中国的城市水平和数量

资料来源：李善同、许召元：《中国城市化道路的选择》，《中国 2020：发展目标和政策取向》，中国发展出版社 2008 年版。

---

① 改革开放前城市化率统计基本上是城市人口的口径，改革开放后，将建制镇人口统计到城市化人口中，所以本章对改革开放前的描述使用城市人口，改革开放后使用城镇人口。

（三）中国城市化进程的特点

1. 规模大，速度快。改革开放以来的30年，城市化的规模快速上升，城镇人口增加到6.07亿人，城市化率的年均增长率达到0.9%，是这30年间世界上城市化率增长速度最快的国家之一。中国的城市化展现了一幅如史诗般壮观的人口迁徙图景——数亿的劳动人口，从农村来到城市，上演了中外历史上规模空前的人口大流动。

2. "两头大、中间小"的人口分布。中国以城市群为主体、以特大城市和大城市为中心、中小城市和小城镇为基础的城镇体系初步形成（见图1-5）。2007年底，全国100万人口以上的特大城市和50万至100万人口的大城市达到140个，20万至50万人口的中等城市为232个，20万人口以下的小城市为283个，被称为小城镇的建制镇达到19234个。

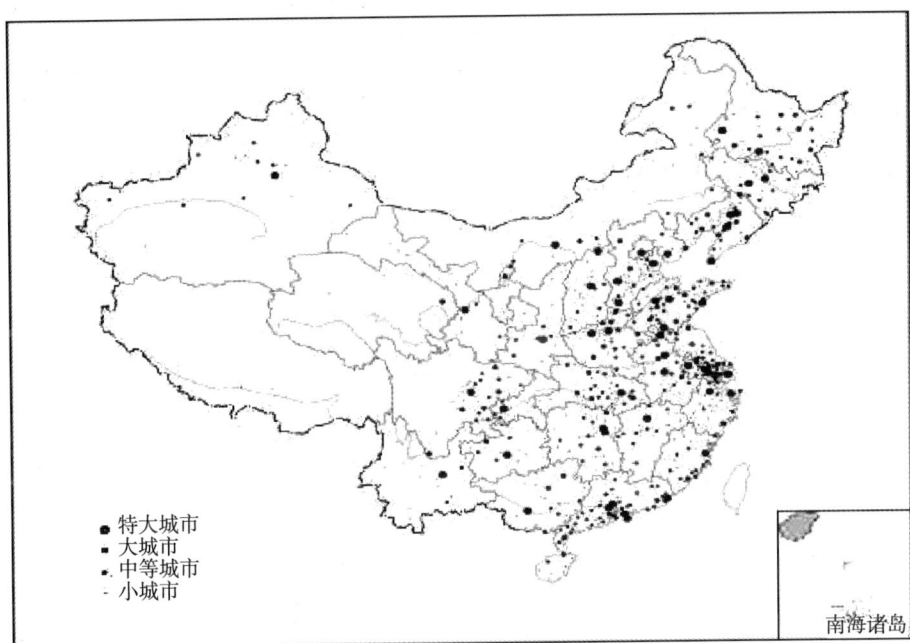

图1-5 城镇体系人口等级规模结构分布图（2008年）

资料来源：顾朝林：背景报告，2009。

从人口分布看，特大城市人口多、小城镇人口多，中小城市人口少。考察我国的城市人口数有两个口径，一是大口径的城镇人口，即包括所有城市和建制镇的人口；二是小口径的城市人口，即655座城市的城市人口。从大口径看，6亿多城镇人口中，655座城市的人口不过3.16亿人，而县城和建制镇的市镇人口总计有2.68亿[①]，占全部6亿多城镇人口总量的45%。从小口径看，47%的城市人口居住在100万人口以上的特大城市，加上17.7%的人口居住在50万人口以上的大城市，两者合计占全部3.6亿城市人口的65%。（见表1-1）。

---

① 这是《城乡建设统计年鉴》的数据，而6亿市镇人口是国家统计局的数据。前者的合计小于6亿，两者的差距可能是居住在城镇半年以上的常住人口在《城乡建设统计年鉴》中未完全包括。

表 1-1 不同规模城市人口分布（2007 年）

规模级	设市城市数量		城镇非农业人口		
	个数（个）	比重（%）	规模（万人）	比重（%）	平均规模（万人）
>100 万	58	8.85	14830.12	46.93	255.69
50～100 万	82	12.52	5601.53	17.73	68.31
20～50 万	232	35.42	7410.09	23.45	31.94
<20 万	283	43.21	3760.12	11.90	13.29
合计	655	100	31601.86	100.00	48.25

注：引自顾朝林：背景报告，2009。资料来自住房和建设部城乡规划司：《2007 年全国设市城市及其人口统计资料》。

3. 地区分布很不平衡。图 1-6 显示了我国 2008 年城市化率的地区差异。总体来看，城市化率表现为东、中、西逐级递减的分布特征。上海、北京、天津三个直辖市位居城市化率的前三甲，分别高达 88%、85% 和 77%。城市化率从高到低排序第四到第十位的地区分别是，广东、辽宁、浙江、黑龙江、江苏、吉林、内蒙古，这些地区除了内蒙古属于西部地区外，其他都位于东部地区和东北地区。与之形成鲜明对照的是城市化率排列后十位的地区，分别是青海、安徽、新疆、广西、四川、河南、云南、甘肃、贵州、西藏。城市化率前十位地区的简单平均值（不考虑各地区人口比重）达 64.64%，后十位地区城市化率的简单平均值仅为 34.95%，仅为前十位平均水平的近 1/2（顾朝林，背景报告，2009）。

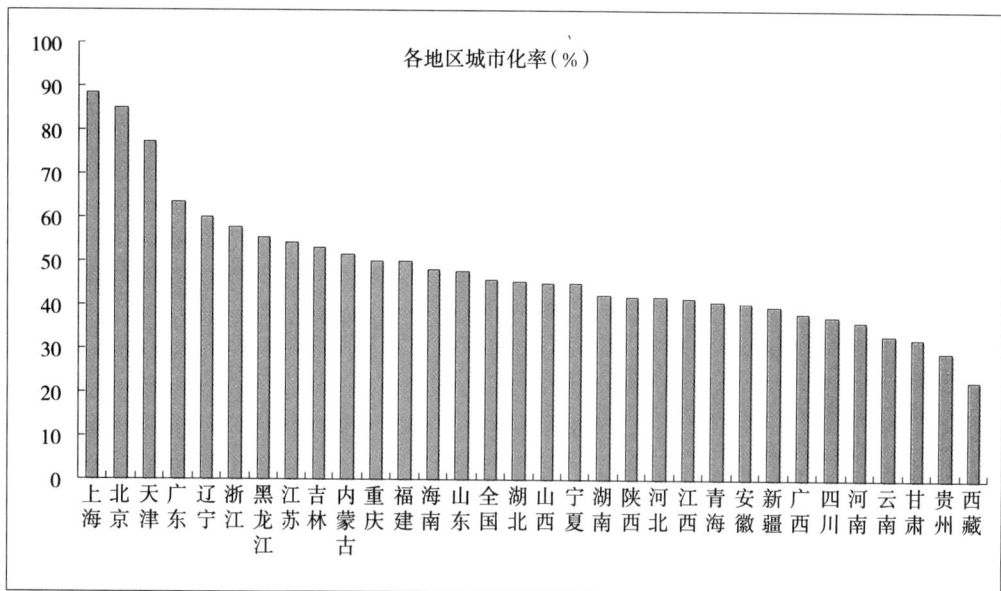

图 1-6 2008 年我国城市化水平的省际格局

资料来源：《中国统计年鉴 2009》。

（四）城市化为经济社会发展提供了强大动力

中国改革以来的经济社会高速发展，很大程度上得益于工业化与城市化的快速推进。图1-7显示了2008年中国各省城市化率与人类发展指数的正向关系，城市化水平越高的省份，其在人类发展上的成就也越突出。城市化对人类发展的促进作用，不仅在于城市化能够有力地促进经济的增长，还在于它推动了基本公共服务的改善，以及地区内部城乡发展差距的缩小。

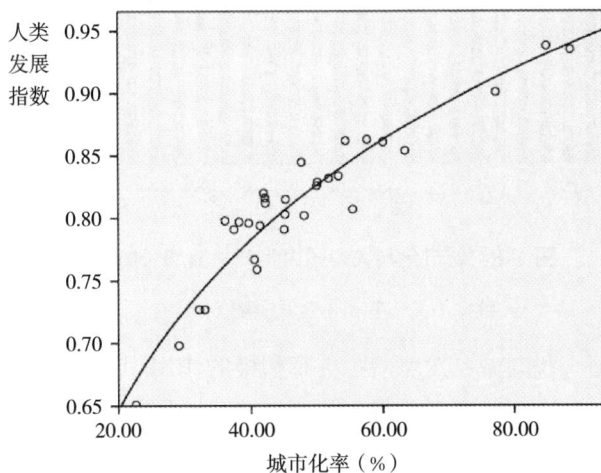

图1-7　2008年中国各省城市化率与人类发展指数

数据来源：城市化率数据来自《中国统计年鉴2009》，人类发展数据来自李实为本报告的计算。

城市化带动了经济的快速增长。我国改革开放以来的经济快速增长，是与城市化过程相伴随的（见图1-8）。城市的聚集效应和规模经济极大地提高了经济效率，有力地促进了经济的增长。首先，城市化大大提高了资源的利用效率，能够节约生产用地、居住用地及其他生活设施用地；提高基础设施和公共服务设施等资源的公共利用率和综合利用率，实现污染的集中治理，减少投入成本，提高治理水平和治理效率。

其次，城市化带来了大量的消费与投资需求，推动经济增长。大量农村劳动力向城市转移，相应增加消费需求。每1%的乡村人口转移到城镇，将使中国居民消费总额提高0.19至0.34个百分点（蔡昉，2006）。据统计，2008年我国农村居民年均消费支出约3661元，抽样调查表明，县城居民年均消费支出8869元，36个大中城市则为14326元。同时，城镇人口的增加，带来了庞大的城镇基础设施、市政设施和房地产等投资需求。近年来，我国城镇基础设施投资和房地产投资保持快速增长，对拉动经济增长发挥了重要作用。这种消费与投资的良性互动，为经济增长提供了强大的内生动力。

城市化还促进了经济结构的优化，大量的农村劳动力由低生产效率的第一产业转移到第二和第三产业，这也有力地促进了经济的增长。世界银行的一份研究表明，劳动力部门转移可以解释大约16%的中国的GDP增长（世界银行，1998），国内有学者认为劳动力转移对GDP增长的贡献率为20%（蔡昉和王德文，1999）。

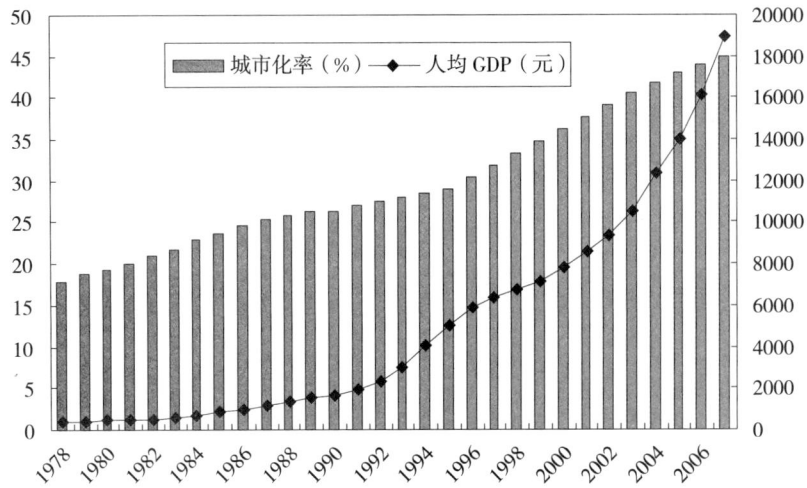

图 1-8　城市化与人均国内生产总值增长的关系

数据来源：各年份《中国统计年鉴》。

城市化的推进对于缩小我国城乡发展差距具有积极的作用。改革开放以来，中国的收入分配差距总体上呈不断扩大的趋势，但是从各省区内部来看，城市化程度越高的省份，其省内的城乡差距也越小。图 1-9 显示了 2008 年省内城乡收入差距与城市化之间的关系，城市化水平越高的省份，省内的城乡居民收入之比也越小，这一结果与世界银行（2009）的结论是一致的。当前我国正在致力于解决收入分配差距过大问题，加快推进城市化进程将为解决这一问题提供更多的政策选择空间。

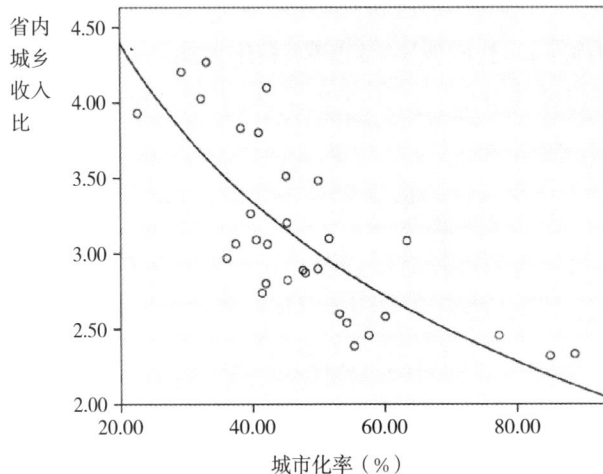

图 1-9　城市化率与城乡收入差距

数据来源：城乡人均收入数据来自《中国统计年鉴 2009》，人类发展数据来自李实为本报告的计算。

城市化对缩小城乡发展差距的作用不仅体现在收入上，还体现在公共服务上。图 1-10 展示了 2007 年各省市城市和农村每千人口拥有的卫生技术人员数之比与城市化水平的关系。可以看到，在城市化程度越高的地区，城乡之间在卫生技术人员拥有率上的差异也相对越小。

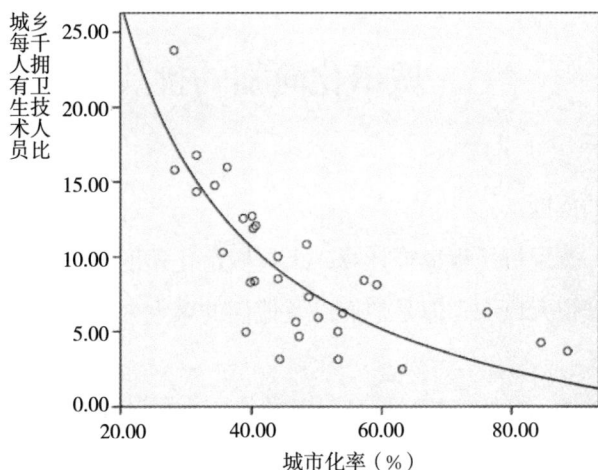

图 1-10 城市化率与城乡每千人拥有卫生技术人员比

资料来源：城乡每千人拥有卫生技术人员数来自《中国卫生统计年鉴 2007》，城市化率数据来自《中国统计年鉴 2008》。

城市化有助于促进我国基本公共服务的改善。由于城市部门有更好的经济基础和优质人力资源，加上过去长期以来偏向城市的公共政策安排，我国城市的公共服务数量和质量相比农村具有明显的优势。许多公共服务和产品都具有一定的公共物品特征，因此人口在城市的聚集将使更多人有可能获得公共服务。以 2008 年的卫生服务为例，城市化水平越高的地区，每万人所拥有的卫生技术人员也越多（见图 1-11）。在城市化程度最高的上海（城市化率接近 90%），每万人拥有的卫生技术人员数达到 86 人，而在城市化率不到 30% 的贵州，每万人拥有的卫生技术人员数只有 28 人。

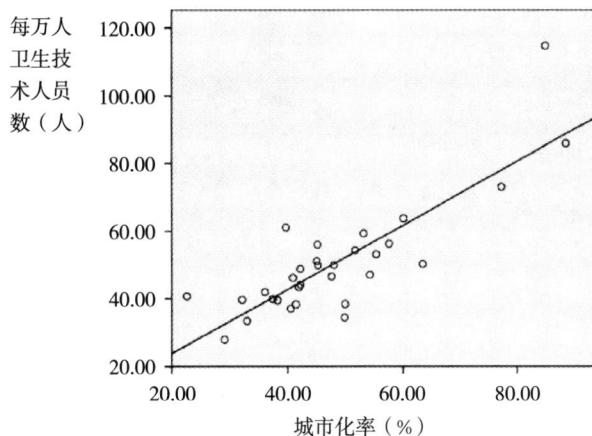

图 1-11 城市化率与医疗卫生服务普及

资料来源：《中国统计年鉴 2009》。

三、城市化面临的挑战

（一）"半城市化" 的问题

虽然改革开放以来，按现行统计口径计算，人口城市化速度很快。大量的农民工长期工作生活在城市里，被统计在城市人口中，但是他们以及他们的家人并没有享受到与户籍相联系的城市公共福利和政治权利。

这主要表现在两个方面：一是目前的统计口径将以农民工为主体的在城镇居住 6 个月以上的外来人口统计为城镇人口，这部分人占城镇总人口的 26%。在我国目前的体制下，这些农民工虽然已经在城市就业和生活，但他们在劳动报酬、子女教育、社会保障、住房等许多方面并不能与城市居民享有同等待遇，没有选举权和被选举权等政治权利，他们远没有融入城市社会。

二是按照现行统计，在 6 亿多城镇人口中，仍有相当数量的居住在郊区从事农业的农业户口人口。

基于 2000 年普查和 2005 年的 1% 人口抽样调查数据的计算，这五年城镇人口增量中的71.8% 是持农业户籍的进城打工的外地农民工和郊区的农业人口。又如图 1-12 所显示，人口的城市化率（城市常住人口比重）与人口的非农化率（非农业户籍人口比重）产生了较大差距且不断扩大，2007 年两者相差 12 个百分点。

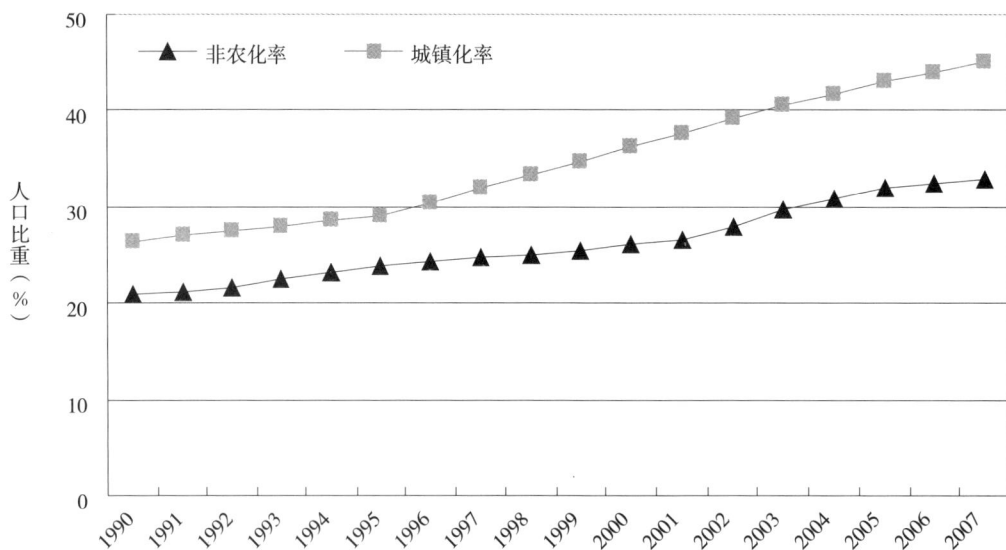

图 1-12 人口的城市化率与非农化率

资料来源：《中国统计年鉴 2008》。

从这一角度来说，中国所取得的发展成就中的相当一部分是以牺牲农民工的发展为代价而取得的。农民工低收入导致了低水平生活和贫困;恶劣的工作条件导致了职业病;留守儿童和进城儿童无法享受教育公平导致了学习、生活和心理问题;家庭分离导致了生活不幸福等问题。

随着年青一代农民工逐渐成为进城务工农民的主体,以及越来越多的农民工子女进城,如果不能很好地为他们提供公共服务,投资于人力资本,势必会造成中国未来劳动力的低素质,从而影响未来的产业、城市和国家的竞争力。同时,如果不能帮助农民工顺利地融入城市生活,势必会由于其所产生的社会冲突和不稳定而付出沉重的经济社会代价。

城市化的完整含义应该是农业人口转为非农人口以让进城就业的农民在城市定居,并享有城市居民享有的一切,不应该是身份上属于农民,职业上属于工人,也不应该是地域上属于城镇、职业上还是农民,更不应该是大规模、长期化、一代接一代地流动就业。人类历史上,农民转为产业工人及他们的家人转为城市人口是任何一个工业化国家必然经历的历史阶段。但长期持续而且大规模的"半城市化"的问题,只是由于我国特殊的户籍制度及其依附于其上的住房、义务教育、社会保障等制度,切断了劳动力集聚必然伴随人口集聚的规律,才产生了这一特殊现象。

专栏1   日本花20年完成"农民工"转型

1955年到1975年是日本经济高速增长时期,同期日本平均每年约有72.5万的农村劳动力进入城市,转入非农产业部门工作,占就业总人数的64%。当初,日本农村劳动力进城以后,也是绝大多数从事建筑业和制造业。但日本用20年时间实现了农村劳动力的市民化。

首先是日本不存在所谓的"城市户口"与"农村户口"的划分,只有所谓的"誊本"。这种自由往来的户籍制度,在相当程度上促进了劳动力的流动和经济的发展。其次,日本城市的住房制度也可以让农民劳动力在城市安定下来。在日本的城市里面,有公营住宅、住房公团等对中低收入家庭居住进行保障住房的制度。这种住宅中有的当初就是为了接受农民劳动力进城兴建的。再次,日本采取的是全民保险制度,进城的农民劳动力都要加入养老保险、医疗保险、工伤事故保险、雇用保险等。这种一视同仁的保险制度,看起来是增加企业的负担,实际上确保了企业的劳动力来源,让企业不至于出现"劳工荒"。第四,最为重要的应该是日本的教育制度。日本实施九年义务制教育,学龄儿童随父母转迁之后,必须在3天之内到当地教育委员会报到,由其安排入学。他们不存在借读和赞助入学问题,更不存在要回到当地参加高考的问题。

资料来源:国际在线—《世界新闻报》,2010年3月11日,http://taobao.cri.cn/27824/2010/03/10/4545s2779848.htm。

（二）土地与城市化形态问题

改革开放以来特别是新世纪以来城市化的快速发展，土地城市化扮演了"发动机"的角色。农地转为城市建设用地的巨大收益，对于城市建设资金缺乏稳定渠道的城市政府是一个巨大的诱惑。但这种土地城市化的负面效果也很明显，"经营城市"、"以地生财"、"土地财政"带来的城市面积的快速扩张，导致土地城市化明显快于人口城市化，城市人口密度大幅度下降。如果考虑到目前城市化率的统计中还包括了 1.45 亿农民工等并未完全融入城市的人口，土地城市化对人口城市化的比例失调更加严重（图 1-12 及第六章）。

（三）城市化形态和布局不均衡

在城市化率迅速提高的 30 年中，城镇新增人口主要集中到广东、福建、浙江、上海、江苏、北京等少数地区。2008 年，东部地区城市化率已达 56.2%，分别比中部地区和西部地区高出 13.2 个百分点和 17.9 个百分点。这种城市化布局带来的问题已经开始显现：一是城镇空间布局与资源环境承载能力不相适应，长三角、珠三角以及北京、上海等的资源环境承载能力开始下降，而中西部部分自然条件较好的地区的城市发育不足；二是城市化分布的区域差异，不仅不利于区域均衡发展，而且在一定意义上还扩大了区域差距；三是中西部地区大量农村人口流向少数几个东部地区，造成人口和资源的大规模调动，社会成本很高。

城市群发展不充分。城市群已经成为当代城市化的主流趋势，我国也有几个城市群得到了长足发展。但总体上看，我国城市群的数量明显不足，质量不高，城市群发展还处于初级阶段。以行政区为单位的经济社会治理模式阻碍了城市群的一体化发展，城市群内的各城镇尚缺乏功能性区分，产业结构和功能定位雷同，城市间恶性竞争严重，基础设施不够畅通便捷。许多号称"城市群"的地区，只是简单的行政归类、规划归类，还没有成为真正意义上的功能性、整体性、网络性的城市群。

（四）土地资源紧缺

如果按人均可利用土地资源比较，我国人均土地约 0.8 公顷，相当于世界人均水平的 1/4 多一点。人均耕地面积不足世界平均水平的 43%。土地资源的问题还包括，土地城市化的速度快于人口城市化的速度，城市化形态和布局也不集中，呈现低密度化趋势。更加上中国人口总规模还未达到峰值，未来人地矛盾还会进一步加剧。

走不同的城市化道路，对土地压力的程度不同。表 1-2 列出了三个情景，第一情景是未来新增的 4 亿城镇人口平均分布于特大城市、大城市、中小城市和小城镇四类城市形态中，各占 25%。这样，满足未来 20 年城市化需求，需要新增占地 3.9 万平方公里。第二种情景是走特大城市为主的城市化道路，50% 的人口集聚到目前的特大城市中，大城市和中小城市各占 20%，小城镇只吸收 10% 的人口。这样需要新增占地 3.4 万平方公里，与第一方案相比可以节约 4760 平方公里的土地。第三种情景是走以小城镇为主体形态的城市化道路，主要依靠小城镇吸纳新增人口，小城镇吸收 4 亿人口中的 50%，大城市和中小城市各吸收 20%，特大城市只吸收 10% 的人口。这样，需要新增城镇用地 4.54 万平方公里。比第一方案多占地 6440 平方公里，比第二方案多占地 11200 平方公里。显然，由于不同规模的城市和小城镇土地集约利用程度不同，走不同的城市化道路，对土地资源的压力也不同。

表 1-2　　　　　　　　　　　　　不同城市人口分布状态下的城镇土地需求

	人均占地面积（平方米）①	情景一		情景二		情景三	
		人口分布	新增城镇用地（平方公里）	人口分布	新增城镇用地	人口分布	新增城镇用地
100 万以上人口城市	73	25%	7300	50%	14600	10%	2920
50—100 万人口城市	81	25%	8100	20%	6480	20%	6480
中小城市	93	25%	9300	20%	7440	20%	7440
小城镇	143	25%	14300	10%	5720	50%	28600
用地合计（平方公里）			39000		34240		45440

资料来源：根据有关数据整理计算。

（五）水资源、能源和环境压力

我国是世界上水资源最缺乏的国家之一，年人均水量仅为世界人均水量的 1/4，并且地域分布和季节分布极不均衡。城市布局与资源分布的错配导致这种矛盾更为突出。由于水资源缺乏，一些城市过度开采地下水，导致地下水位不断下降，城市地面沉降日趋严重。同时，城市水污染问题也很突出，90% 以上的城市水域严重污染，近 50% 的重点城镇水源不符合饮用水标准。随着城市化的快速发展，城市水资源利用趋向规模化和集中化，将导致水资源的空间性矛盾更加突出。按 2008 年我国城市人均用水量 178.19 吨估算，每年新增 1500 万人，将带来 26.7 亿吨的城市用水需求。水资源短缺，将成为制约我国许多城市发展的瓶颈。城市化使大量人口的生活方式发生重大变化，特别是汽车时代的到来，将大大增加对能源资源的消耗。城市化在带来人口和产业聚集的同时，也会使城市化地区的生态环境问题更加突出。据测定，我国北方城市二氧化硫浓度平均超标 30%，南方城市平均超标 19%。我国城市历年垃圾堆存量已达 60 亿吨，侵占土地面积多达 5 亿平方米，已经对土壤、地下水和大气等造成极大危害。如果延续现有生产方式和生活模式，随着城市化水平的不断提高，我国的生态环境也将面临重大考验。

（六）满足城市居民多样化需求的挑战

在中国经济与社会的快速转型中，公民在公共需求的层次和特征方面都发生了深刻的变化，经济发展导致公民需求层次的变化，即由生存型向发展型转变。在物质生活基本满足的情况下，

---

① 人均占地中的"地"为城市建成区面积、建制镇建成区面积，人口为城市户籍人口以及以农民工为主的居住 6 个月以上的常住人口。

公民在生理、心理和精神等各层次上的需求将会越来越突出，除了对医疗、教育、社会保障的关注外，社会道德、公共安全和环境保护等也成为关注的焦点；同时，社会的转型导致了公民需求特征的变化。公民需求向多样化、个性化和法制化转变，追求幸福感和高质量的生活，渴望实现机会均等的价值趋向。公民开始关注自己在政治、经济、社会和文化等方面的权利，并寻求高质量的、个性化的公共服务和公共产品。

专栏 2   不同城市群体对城市不同公共需求的分析

　　西方研究城市问题的专家经过调查，就世界城市中不同利益群体对城市的期待进行了梳理。一般来说，社会的低收入群体比较关心城市是否存在着改善境遇的机会，城市的物价、子女受教育的机会等；城市中产阶级则比较关心城市的生活质量是否优越、税收是不是较低、对教育事业发展的有利因素是否充分；城市中的非永久居住者，包括因工作关系在城市中作长期或短期停留的商人和专业人士，则更关心城市是否是事业发展的场所、政治生活是否稳定、是否能花少量的钱享受更高质量的生活……总之，不同的人，要求的（公共）事物很不一样。

表 1-3   不同社会群体对城市不同公共性需求的分析

利益群体	与自己相关的城市功能	对城市的主要关注点
贫困阶层	尽管生活艰难，相比较而言城市仍比乡村好；能够存一些钱买土地；能够保证子女通过正规教育获得更好的未来	收入机会，能够承受的物价、教育机会、住房和交通
富裕与半富裕阶层	城市是理想的居住地，意味着更好的服务、容易建立同商界和政府的联系，是走向外部世界的大门	社会地位、收入、安全、廉价的劳动力，关注生活质量以及商品服务的质价平衡
非公民的商人与专业人士	城市是短时期内获得最高利润的场所，是进入各种公司和机构总部的理想之地，是少花钱但能享受体面生活的地方	政治和社会稳定、安全、城市的服务、就学机会、住房、社交、劳务市场。关注服务的可得性与可靠性、产品质量，不太介意价格高低
访问者与旅游者	城市的气氛、轻松宜人的环境、良好的购物环境以及一切保证使假日和短期舒适愉快的因素	食宿、交通、安全、舒适、购物环境、观光资源、特色商品服务的可得性；

　　资料来源：尹继佐：《世界城市与创新城市——西方国家的理论与实践》，上海社会科学院出版社 2003 年版，第 38—39 页。

（七）住房需求带来的挑战

从国外的经验看，许多国家在城市人口超过 50% 时都面临过严重的"贫民窟"问题。在未来几年，我国的城市化率将达到50%，现有的住房消费和供给模式可能难以有效应对新增人口对住房的需求。目前我国农民工的居住标准很低，卫生条件差，安全隐患多，配套设施缺等问题十分突出。建筑业农民工人均住房使用面积2平方米左右。考虑到未来10年2亿城镇新增人口的住房问题，我国城镇住房存在巨大缺口。按人均15平方米估算，将需要近30亿平方米建筑面积的住房。

专栏3　　　　　　　　　　杭州农民工的住房状况

杭州农民工主要通过租住"城中村"的农民出租房来解决住房问题，这一比例高达62.3%，居住在企业（公司）的集体宿舍里的占15.8%，居住在建筑工地工棚里的占16.0%，租住居民房的占4.7%，还有少部分农民工寄居于店铺工具间、医院病房（作为陪护）等工作场所。

农民工对目前住房条件表示满意的仅占15.2%。大部分农民工尤其是租住城郊农民出租房的农民工对目前住房的租金、环境等均表示不满。

经过对目前居住条件不满的169个农民工进一步的调查发现，他们主要认为房租太贵（30.1%），居住地脏乱差（29.7%）。尤其值得关注的是，有18人（7.9%）认为此处"非长久之地"，所以不满，可见农民工对不能在城市拥有长久居住用房的失落。

资料来源：住房和城乡建设部政策研究中心：《移居城镇的农民住房问题研究》，2001。

（八）城市社会治理面临挑战

随着城市化水平不断提高，未来的城市社会治理将成为我国现代化过程中面临的重大挑战之一。在现代城市社会里，开放的社会结构、大量流动人口，使基于道德的社会控制难以有效维系。经济全球化条件下，城市化管理与城市治理将面对更加激烈的市场竞争、资本的快速流动、不断分化的利益群体、公民社会的崛起等挑战。现代城市治理应是集社区内的政治管理、经济运行、文化生活、生态维护等各种社会管理于一体的复杂系统工程，我国城市治理距此要求还存在较大差距。目前城市治理中的问题不只是反映在交通拥堵、治安混乱、人居环境差等现象上，同样反映在适应现代城市发展需要的现代化社会治理体制尚未建立起来。

第二章

城市化进程中的农民工市民化问题

农民工是当代中国社会一个特殊的群体。他们离开家乡，离开亲人，工作并寄居在繁华而陌生的城市。他们是"中国制造"的核心竞争力，他们的汗水浇灌了栋栋高楼大厦、制造了件件价廉物美的产品，他们为改革开放 30 年国民经济的高速增长做出了巨大贡献、奉献了青春。但是，他们工作繁重、居无定所、缺少保障、妻儿分离、生活艰辛。当我们为中国的快速发展而欢呼，为中国进入中等收入国家而自豪时，千万不要忘掉这一最需要公共政策关怀的特殊群体。

农民工问题的关键是农民工的市民化，就是允许那些已经在城市长期就业和居住的农民工及其家庭成员在自愿基础上获得所在地城市的市民身份，并平等地享有现有城市市民享有的公共服务和政治权利，承担相同的市民义务，成为真正意义上的城市市民。农民工市民化是现阶段我国推进城市化的重要任务[①]。

一、农民工现状及难以市民化带来的问题

改革开放以后，对农民进城就业经历了被动地接受、逐步放宽的历程。20 世纪 80 年代，鼓励农村剩余劳动力"离土不离乡，进厂不进城"，试图就地解决农村剩余劳动力的就业和农民增收问题，不鼓励甚至限制农民进城就业。90 年代以来，农村劳动力从农村向城市、从内地向沿海的流动成为一种不可抗拒的趋势，用当时的语言就是"民工潮"越演越烈，"就地转移"模式已难以适应新的形势。90 年代以后，对农村劳动力转移就业的态度逐步转向了承认流动、接受流动直至鼓励流动。进入 21 世纪后，对农民进城就业政策发生了根本性变化，2002 年提出了对农民进城就业实行"公平对待，合理引导，完善管理，搞好服务"的方针，清理和取消了针对农民进城就业的歧视性规定和不合理收费。随着农民工规模的扩大，农民工问题成为社会关注的一个焦点。党的十六大以来，对农民工的政策又有重大突破，2006 年国务院颁布了《关于解决农民工问题的若干意见》，解决农民工问题成为各级政府的一项重要工作。但是，尽管如此，对农民工在就业地落户的政策，也就是农民工市民化的政策丝毫没有松动。鼓励农民进城就业与限制农民工落户两个不同的政策，共同造就了今天这支庞大的、极具中国特色的农民工群体以及由此带来的农民工问题。

（一）农民工总体规模与区域分布

随着经济发展和农民工就业政策的变化，农民工的流向和规模大体经历了三个阶段。一是 20 世纪 80 年代，以就地转移为主，乡镇企业是农民工就业的主要渠道。这一阶段，农民工总规

---

① 农民工市民化属于人口迁徙政策的范畴。但人口迁徙，既包括农民进城就业落户，也包括不同城市之间、城镇之间人口的自由迁徙。随着我国高等教育进入大众化阶段，如何解决大学毕业生就业及落户问题也已十分紧迫。但本报告主要针对农民进入城市就业及落户问题。

模从 80 年代初期的 200 万人左右迅速增加到 1989 年的 3000 万人。二是 20 世纪 90 年代，以跨地区流动为主，城市成为农民工就业的主要地域。农民工总规模增加到 21 世纪初期的 1 亿人左右。农民工流动范围扩大，跨省流动比重大幅上升。三是 21 世纪以后，农民工总规模增长稳中趋缓。2002—2006 年，农民工年均增加 678 万人，年均增长 6% 左右，低于 20 世纪 90 年代年均 15% 的平均增速。目前，尽管农村劳动力仍处于总体过剩阶段，但供求关系正从长期"供过于求"，转向"总量过剩，结构短缺"阶段。有一技之长的农民工供给不足，沿海一些地区、特定时段甚至出现了"民工荒"。2009 年，我国农民工总规模约为 2.3 亿人，其中离开本乡镇就业的农民工为 1.45 亿人，在本乡镇就业的农民工为 8445 万[①]。

农民工主要流向了经济发展较快，用工需求较多的东部地区。2006 年国家统计局的调查显示，在东部地区务工的农民工占 70.1%，中部地区占 14.8%，西部地区占 14.9%。与 2003 年相比，东部地区略有上升，中西部地区略有下降。到 2009 年，随着中西部地区经济发展步伐加快以及由于东部地区遭受国际金融危机影响程度更重，外出农民工的区域分布发生较大变化。在东部地区务工的农民工为 9076 万人，占全国农民工总规模的比重降低到 62.5%，与 2006 年相比减少 7.6 个百分点；在中部地区务工的农民工为 2477 万人，占比为 17%，在西部地区务工的农民工为 2940 万人，占比为 20.2%，与 2006 年相比，中部和西部地区比重分别提高 2.2 和 5.3 个百分点。

表 2-1　　　　　　　　　　农民工区域分布及变化[②]　　　　　　　　　　单位：%

	东部地区	中部地区	西部地区
2003 年	69.9	14.9	15.2
2006 年	70.1	14.8	14.9
2009 年	62.5	17.0	20.2

表 2-2　　　　　　　2001—2006 年农民工在不同类型城市的分布及其变化　　　　　　　单位：%

	2001 年	2002 年	2003 年	2004 年	2005 年	2006 年	2009 年
直辖市	8.2	8.4	9.5	9.6	9.9	9.4	9.1
省会城市	21.8	21.2	19.6	18.5	19.1	18.6	19.8
地级市	27.2	27.2	31.8	34.3	36.1	36.8	34.4
县级市	21.0	21.1	20.4	20.5	19.7	20.2	18.5
建制镇	13.0	12.9	11.6	11.4	10.0	9.9	13.8
其他地区	8.8	9.2	7.1	5.7	5.2	5.1	4.4

---

① 除特殊说明外，本报告关于农民工的数据均来源于国家统计局农民工监测调查报告。

② 外出农民工输入地分布，除东部、中部和西部地区外，另有 0.3% 的外出农民工在港澳台地区及外国从业。

农民工主要流向了特大城市和大城市，并呈不断增加趋势。2009 年，在全国地级以上大中城市就业的农民工占 63.3%，其中，在直辖市的占 9.1%，在省会城市的占 19.8%，在地级市的占 34.4%。与 2001 年相比，在地级以上城市就业的农民工比重增加了 6.1 个百分点。到县级市、建制镇和其他地区就业的农民工比重则由 42.8% 减少到 36.7%。

近年来，改革开放下成长起来的新生代农民工的问题对我们的工作提出了新要求。这一群体已经占外出农民工的六成以上，平均年龄 23 岁左右，近 80% 的人未婚。他们大多数都受到了比传统农民工更好一些的教育和职业技能培训，就业和生活环境也有了很大改善。他们中的大多数基本上没有从事过农业生产，自我意识较高，就业的动机已从改善生活向追求梦想转变。新生代农民工更注重体面劳动和发展机会，期盼在城里长期稳定生活。他们维权意识日益增强，要求在精神、情感生活需求上能够得到更好的满足（全国总工会，《关于新生代农民工问题的研究报告》）。新生代农民工问题的积累已经开始显露出对我国政治社会稳定、经济可持续发展的负面影响。有针对性地解决新生代农民工的问题已经成为社会发展中极其紧迫的问题。

（二）农民工面临的主要问题

随着农民工规模的扩大，农民工问题也日益凸显。对此，国家采取了一系列政策措施，试图解决农民工劳动条件较差、工资拖欠、社保缺失、居住条件差、子女教育和就医困难等问题。但由于农民工市民化这一核心问题没有松动，农民工及其家庭成员在享受义务教育、高考、劳动就业、医疗卫生、保障住房、社会福利以及政治权利等方面与城市市民有着明显的差别。

一是农民工子女无法平等地享受教育服务。教育公平是社会公平的重要基础。目前，虽然国家要求城市政府要将农民工子女纳入公办义务教育体系，但还有相当多的已经进城的农民工子女没有办法进入公办学校，只能就读于农民工子弟学校。民办的农民工子弟学校教学条件普遍较差，收费标准参差不齐。据国家统计局 2006 年调查，有 17% 的农民工带子女随行并在当地城市就学，在公办学校、民办学校和农民工子弟学校就读的比例约为 7∶2∶1。多数民办农民工子弟学校得不到公共财政支持，其义务教育经费没有列入财政预算，主要靠收费维持运转，既影响了教育质量，也加重了农民工负担。

更值得关注的问题是，在目前一切为了高考的教育体制下，即使农民工子女能够完全平等地在城市享受到义务教育，还是会面对高中阶段和高等教育阶段的不公待遇。农民工子女从义务教育阶段的初中升入到非义务教育阶段的高中，以及从高中升入大学时，还必须回到原籍，无法享受城市的优质高中阶段教育，无法与所在城市居民的子女一样地参加当地的高考。农民工子女的教育问题，是当前教育不公的主要表现之一。

专栏4　　　　　　　　"半城市化"状态下的农民工子女教育

　　杨洋的故事　杨洋5岁时随父母从四川来到上海，最初在农民工子弟学校就读，2006年，就读的学校校舍被收回后，杨洋和妹妹转到公办学校就读。在这所中学，农民工子女被独立编班，从预备班到初三年级，编号都是（五）班，所以（五）班就变成了"民工班"的代名词。2008年，杨洋将要初中毕业，据上海市最新出台的政策，中等职业教育向农民工子女免费开放。杨洋的梦想是成为一个街舞高手，然而，毕业后她却将要进入上海市某职业技术学校就读酒店管理专业，因为只有三个专业可供选择，除此之外是数控车床和烹饪，其他热门专业并没有向农民工子女开放。毕业后，杨洋班上的其余13名同学中，有5个女生和1个男生选择在上海接受职业教育，3个男生回老家上高中，另外4个女生觉得上学不能挣钱，还白白浪费了三年时间，已经开始做学徒工了。2009年上半年，杨洋卷入了所在职业学校的"帮派"纷争，被校方勒令退学。虽然这仅是个例，然而，农民工子女进入中专职校之后，因种种原因中途退学、辍学却不是罕见的现象……

　　农民工子弟学校校长的叹息："初中后"教育，看不见的天花板　根据目前的升学政策，农民工子女初中毕业后，必须回户口所在地读高中、考大学。可是，这些孩子好多是在城市里长大的，有的很小的时候就随父母进城了，有的就出生在城市里，他们应该算是城里的孩子了，再回老家去读几年书，生活上、学习上困难实在太多了。有的孩子不适应，在城市又上不了高中，工作又不够年龄，怎么办？只好辍学，有的无所事事，四处闲逛；有的浪迹在网吧、游戏厅；有的甚至走上犯罪的道路。

参考资料：
1. 熊易寒：《底层、学校与阶级再生产》，《开放时代》2010年第1期。
2. 张歌真：《为这些孩子想想出路》，《人民日报》2007年3月23日。
3. 张玉林：《中国教育：不平等的扩张及其动力》，《二十一世纪》（网络版）2005年5月号。

　　父母一方或双方在外地打工，而被留在农村的农民工子女，被称为"留守儿童"。据全国妇联统计，全国农村留守儿童约5800万人，占全部农村儿童28.29%，其中14周岁以下有4000多万。各种调查显示，与其他儿童群体相比，留守儿童存在营养不良、学习习惯不良、成绩欠佳等问题（高文书，2009；苏凤杰，2009）。由于亲情缺失，使得一些留守儿童心理和情感的发展受到负面影响，容易造成情感冷漠、内心封闭、缺乏自信、不相信他人等性格缺陷和心理障碍。此外，他们的安全面临较多问题，容易成为被侵害的对象。这种半城市化产生的人力资本培养的问题，最终可能形成贫困和社会分割的代际相传。

　　二是不能平等享受公共卫生和基本医疗服务。已经进城了的农民工子女计划免疫接种率较低，农民工疾病预防监测尚未完全覆盖，未能完全纳入城市计划生育服务体系。农民工没有被纳入城市医疗救助（大病救助）范围，无法享受与城市居民相同的医疗救助待遇。城市居民看病难，农民工看病更难。

三是社会保障覆盖面过低。由于养老保险缴费门槛高，而农民工流动频繁，多数农民工参保很难达到年限标准，因此农民工参加养老保险的比例很低。养老保险制度在省市甚至县市层次统筹管理运行，各地区之间制度不同、政策不统一，难以互联互通，养老保险关系难以转移接续，这也是影响农民工参加养老保险的因素之一。2009 年雇主或单位为农民工缴纳养老保险、工伤保险、医疗保险、失业保险和生育保险的比例分别为 7.6%、21.8%、12.2%、3.9% 和 2.3%。比较而言，在制造业从业的农民工参加社会保险的情况略好一些，但工伤风险较大的建筑业为农民工缴纳工伤保险的比例仅为 15.6%，离《工伤保险条例》要求相差甚远。同时，建筑业农民工参加养老保险、医疗保险和失业保险的比例也很低，参保比例分别仅为 1.8%、4.4% 和 1%。

专栏 5　　　　　　缺乏权益保护使农民工成了受职业病危害高危人群

农民工大多在企业中从事苦、重、脏、险的工作。这些企业中有相当一部分缺乏必要的职业病防护措施，一些企业没有对有毒有害作业场所进行尘毒监测，没有告知农民工职业危害因素和后果，没有组织过体检，没有配备职业病防护用品，甚至故意为逃避责任，不与农民工签订用工合同，还不停换人，有些岗位甚至半年就淘汰一批。企业低成本，却大大增加了农民工职业病患病几率，侵害了其安全健康合法权益，最后是农民工群体和社会支付代价。

1. 前两年，云南昭通市水富县向家坝镇相继有数十名从安徽省凤阳县砂石厂打工返乡的农民工，共同患上了一种"怪病"，12 名青壮年男子相继死亡。卫生部对事件初步调查结果显示，这些农民工死于矽肺，矽肺是尘肺病中最常见、进展最快、危害最严重的一种类型。事发后，当地政府为 400 多位曾在安徽石英砂厂打过工的农民工进行了体检。结果发现，有 30 多人得了尘肺病。

2. 自 2004 年 6 月起，农民工张海超到河南省郑州振东耐磨材料有限公司上班后，他先后从事过杂工、破碎、开压力机等有害工种。工作 3 年多后，他被多家医院诊断为尘肺，但企业拒绝为其提供相关资料，郑州职业病防治所却为其作出了"肺结核"的诊断。为寻求真相，这位 28 岁的年轻人只好跑到郑大一附院，不顾医生劝阻，铁心"开胸验肺"，以此举向人们讲述了一个令人心碎的故事。

3. 据卫生部发布的《2009 年全国职业病报告情况》揭示，国有煤矿农民工尘肺病发病状况调查中，接受健康检查的农民工患病率高达 4.74%，最短患病工龄只有 1.5 年，平均 6.69 年，而正式职工发病最短工龄 25 年、发病率 0.89% 的数字相比，农民工职业病具有发病工龄短、患病率高的特点，其职业病以尘肺病为主。

　　职业病本身具有的"潜伏期长"、"发病滞后"等特点，加之农民工流动性大、自我防护意识薄弱等因素，致使很多农民工职业病患者往往在调整务工单位或返乡之后才发现明显症状，给职业病的工伤认定、补偿和早期治疗带来很大难度，使很多患病农民工身体饱受病痛折磨，整个家庭也为此背上了沉重的经济负担。

参考资料：
《工人日报》2010 年 05 月 25 日。
《农民工患职业病健康权益保障难》，《法制快报》2010 年 2 月 1 日。

　　四是未纳入城镇住房保障体系。国家统计局《2009 年农民工监测调查报告》显示，2009 年农民工由雇主或单位提供宿舍的占 33.9%，在工地或工棚居住的占 10.3%，在生产经营场所居住的占 7.6%，与他人合租住房的占 17.5%，独立租房的占 17.1%，有 9.3% 的农民工在乡镇以外就业但每天回家居住，外出农民工在务工地自购房的仅占 0.8%。由于农民工在城市居民中属于低收入群体，农民工只能租住城市中条件差、距离远、租金低的房屋，农民工每人月均居住支出 245 元，占农民工平均月收入的 17%。据长江三角洲地区 16 城市农民工调查显示，江苏、浙江和上海的农民工，平均每月为居住支出在 350.78 元，占到其工资收入的 1/4 到 1/3 之间；平均居住时间为 21.18 个月，远远大于 6 个月的常住人口标准（莫建备，2007）。另据一项对上海、广州、武汉、成都和安徽省阜阳五市农民工居住情况的调查也表明，农民工居住条件远远低于务工地城市居民的居住水平[①]，农民工普遍存在住房狭小、居住环境差等问题。目前，城市的经济适用房、廉租房等还没有对农民工开放，各地政府对农民工在城市的住房问题实际上是放任自流，农民工住房仍游离于城市住房保障体系之外。住房问题严重影响着农民工的生活质量，并成为农民工市民化的最大障碍之一，也是目前解决住房问题的难点之一。

　　五是农民工权益得不到有效保障。前几年普遍存在的拖欠农民工工资的状况已经有很大缓解，2009 年被拖欠工资的农民工仅占农民工总数的 1.8%。但是农民工劳动时间过长，调查显示，农民工平均每个月工作时间是 26 天，每周工作时间 58.4 小时，每周工作时间多于法定 44 小时的农民工占农民工总数的 89.8%。农民工签订劳动合同的比例较低，近六成的农民工没有签订劳动合同。农民工长期游离于城市政治生活之外，利益诉求难以在城市公共政策的制定中得到反映。更为重要的是，现行的选举制度与户籍制度直接挂钩，按现行的选举法及相关法规规定，农民工不能在就业地参与选举。

---

　　① 例如，成都市 2005 年的调查数据显示，有超过四分之一的农民工人均居住面积在 5 平方米以下，三分之一的人均居住面积为 5—10 平方米，远远低于成都市划定的人均 16 平方米的居住困难户标准；上海市 2005 年底城镇人均居住面积达 15.5 平方米，而人均居住面积在 10 平方米以下农民工占到被调查农民工的 74.9%。人均租借居住面积在 7 平方米以下的农民工占五个城市被调查农民工的 66%。

　　六是农民工社会保护覆盖率低，造就一些边缘化的城市群体，构成社会风险。在城市化过程中，一些经济发达地区（如珠三角、长三角、环渤海、直辖市、省会城市等）城市的建成区面积迅速扩张，形成了大量的"城中村"。[①] 由于城市房租水平大大超过农民工住房支付能力，因此大多农民工都租住在城中村中条件较差的房屋。这些地方虽然为农民工提供了城市生存平台，但人口高度密集、环境卫生恶劣、公共设施不足、社会治安复杂，通常是城市管理的死角。除了农民工会在"城中村"居住（专栏6），一些大学毕业生也因支付不起市内的高房价和高房租，聚居在这些边缘性地区，成为城市中的边缘人群，形成所谓"蚁族"。

专栏 6　　　　　　　昆明主城的"城中村"现状和问题

　　2007 年底，昆明主城建成区 249 平方公里范围内有城中村 336 个，总建筑面积 3817 万平方米，居住人口近 100 万人，人口密度约为 5 万人 / 平方公里。昆明市主城规划区范围内的"城中村"呈现如下特点：

　　违法用地严重。"城中村"常常利用土地的区位优势，大量出租集体土地。2004 年违法用地清理的 8000 余宗，近 13 万亩土地，大部分发生在"城中村"。

　　建筑密度大，容积率高，改造难度大。"城中村"的违法建设较为严重，特别是当城市建设需要进行拆迁时，许多村民把加层等违法建设当作获取高额补偿的一种手段，严重破坏了原本村庄空间结构的自然和谐，机理混乱，空间结构与城市严重冲突，整个发展建设呈现无序状态。

　　市政设施缺乏，环境质量差。目前这些村庄开发强度普遍过大，公共活动空间（包括绿地）缺乏，环境质量低下；市政及公共配套设施不足，大部分村中的道路曲折不通，排水雨污不分，电力、电讯线路杂乱，煤气管道不通，给排水容量不足，且公共服务设施缺乏。

　　社会问题突出。私房出租的巨大收益，造成城中村不少原居民游手好闲、无所事事，成为"四不青年"（不耕作、不学习、不经商、不做工）。由于缺乏对快速膨胀的外来人口的有效监督管理，城中村的出租屋往往成为滋生各类犯罪的温床。

　　防灾救护能力弱，安全隐患多。"城中村"的建设缺乏规划控制，根本没有消防、救援通道，防灾救护能力极度脆弱。房屋建设中没有考虑地质条件、防震抗震要求。

　　资料来源：《昆明最大民心工程：城中村改造的"辛"路历程》，《昆明日报》，http://www.yn.xinhuanet.com/newscenter/2010-05/29/content_19922914.htm。

---

　　① 城中村是中国城市化进程中出现的一种特有的现象。由于快速城市化，导致城市用地的急剧膨胀，把以前围绕城市周边的部分村落及其耕地纳入到城市用地范围，大部分耕地的性质由集体所有制转化为全民所有制，而在征地过程中返还给乡村的用地和以前的村民宅基地、自留地、自留山丘等则维持以前的集体所有制性质不变，在这些用地上以居住功能为主所形成的社区称为城市里的村庄（苗立宁，2008）。

最后这种不合理的劳动力流动方式还扭曲了农村人口结构。以"常住的流动人口"为主要推动力的现行城市化模式，由于没有给予进城农民工及其家庭永久定居的选择，因而城乡人口年龄结构被逐渐倒置，在城市人口生产性提高的同时，农村老年人口的比重日益增大。因此，这种人口结构变化趋势意味着，城市得以延长人口红利期，是以农村人口结构扭曲为代价的。

二、农民工市民化的必然性

经过近30年的发展历程，农民工已经跨越了两代人，农民工队伍出现了一些新特点、新趋势。农民工之所以被称为农民工，是因为过去我们假定农民工最终还是会回到农村的，农民工在城市的就业只是暂时的，当就业困难或年龄大了以后，他们还可以回到农村自己的田地上，承包地是他们的社会保障。即使这种假设过去是正确的，现在也失去了客观性，"打短工"已经不再是农民工的主要就业形态。总体上看，跨地区就业的农民工正发生由"亦工亦农"向"全职非农"的转变，由"双向流动"向"融入城市"的转变，由"补充收入"向"终身职业"的转变。越来越多的农民工不愿意、不能够、也回不到农村去了。

（一）农民工已经成为创造财富的主体，国民经济的运行和发展离不开农民工

全国第五次人口普查资料显示，农民工在第二产业从业人员中占58%，在第三产业从业人员中占52%，在加工制造业从业人员中占68%，在建筑业从业人员中占80%。另据国家统计局的资料，2006年，在加工制造业、建筑业中就业的农民工分别为4712.4万人和2706万人，分别比2002年增长104.6%和55.7%。2008年，农民工占全部非农产业从业人员的比重已达到43.5%，比2005年提高8.4个百分点（国家发展和改革委员会城市和小城镇改革发展中心，2009）。这些数据说明，农民工已经成为我国产业工人的主体，成为创造社会财富的主体。既然已经是主体，经济发展怎么可能离开他们、让他们再回到农村呢？否则，国民经济将无法发展，城市生活将难以运转。现在，已经不是让不让农民工回去的问题了，而是经济发展已经离不开农民工。

（二）农民工就业的稳定性显著提高，在相当程度上具备了留下来的能力

目前，完全脱离农业生产、常年在外打工的农民工已经占到农民工数量的较大比重，同时，举家外出，不仅完全脱离农业生产而且完全脱离农村社会生活的农民工也已占到一定比例，还有一些虽不属于"举家外出"的农民工已经在就业地结婚生子。这些常年在城市就业的农民工和举家进城的农民工，在城市就业和居住少则三五年，多的已有十几年。据农业部调查，2005年农村外出就业的劳动力中，有稳定就业岗位的占57.8%。2009年外出农民工平均月收入为1417元，其中月收入在1600元以上的占27.3%。这些常年在城市的农民工和举家进城的农民工已经在相当程度上融入了城市社会生活，他们的技能、他们的收入、他们的能力，已经在相当程度上可以

支持他们在城市低水平地生活下去。他们的就业能力已经不比一些城市居民差，差的只是一个身份。

（三）新生代农民工比重越来越高，融入城市的意愿强烈

农民工已进入了代际转换时期，处在第一代农民工向第二代农民工转换的后期，20 世纪 80 年代和 90 年代进城务工的农民工子女已经开始成为农民工的主体。农民工队伍已经从数量型向质量型的产业工人转变，拥有较高文化程度的新生代农民工正为"中国制造"注入新的竞争力。2009 年，16 岁至 30 岁的 20 世纪 80 年代以后出生的农民工已占 60%。这些新生代农民工：一是受教育程度较高，30 岁以下农民工接受过高中及以上教育的比例为 26% 以上，其中 21 岁到 25 岁年龄组的这一比例达到 31.1%。二是新生代农民工已经丧失了从事农业生产的技能，尽管在户籍上还是归属于农民，但是他们中的多数人实际上是离开学校后即进城务工，没有参加过农业劳动，不具有农业生产的基本技能。三是新生代农民工对土地的情结弱化，其思想观念、生活习惯、行为方式已经城市化了，在城市就业已经不再是"补充收入"，而是他们终身的职业。"不会干农活，不知道一亩有多大"，新生代农民工与他们父辈的"打工挣票子，回去盖房子，娶妻生孩子"的人生道路完全不同。新生代农民工，对农业是不会干、不能干、不想干了。

（四）"无地农民工"[①] 开始出现，对城市的依赖性更强

表 2-3　　　　　　　　　　　　　　长江三角洲地区农民工家乡土地情况

	样本数	已经没有土地		撂荒		配偶经营		自己经营		将土地转包	
		样本数	%	样本数	%	样本数	%	样本数	%	样本数	%
江苏	2836	911	32.12	214	7.54	296	10.43	822	28.98	593	20.91
浙江	2036	512	25.14	—	—	158	7.76	736	36.15	630	30.94
上海	2575	462	17.94	42	1.63	857	33.28	587	22.79	627	24.34
合计	7447	1885	25.31	256	3.43	1311	17.6	2145	28.8	1850	24.84

资料来源：莫建备等主编：《融合与发展——长江三角洲地区 16 城市农民工调查》，上海人民出版社 2007 年版，第 27 页。

"无地农民工"是指在农村没有承包地的农民工。他们的产生有两个原因，一是计划外超生，受计划生育政策影响未能分到集体土地，二是农村土地承包经营 30 年不动政策实施后的新生儿，长大成人后加入农民工队伍。据安徽阜阳市劳动和社会保障局估计，阜阳市 228 万农民工中，"无地农民工"有 60 万人，今后每年将有 10 万没有土地的新增农村劳动力加入到"无地农民工"队伍。若按阜阳市的这一比例测算，目前全国农民工中"无地农民工"大概有 3000 多万人。此外，现阶段，因为廉价征占土地，我国每年有 100 多万农民失去耕地。[②] 我们不让农民工市民化的理

---

① 参见《"无地农民工"：抓得到的现在，看不见的未来》，《经济参考报》2009 年 10 月 19 日（http://dz.jjckb.cn/www/pages/jjckb/html/2009-10/19/content_26572.htm）。

② 《中国失地农民年均逾百万，官员称要严格保护耕地》，人民网，2006 年 3 月 9 日。

由是，耕地是农民工回去后的就业岗位和社会保障。但对这些无地农民工，还有正在失去土地的农民，他们的就业岗位和社会保障在哪里呢？他们将很难再返回农村，城市意味着他们未来生活和工作的永久地点。

三、农民工市民化是关系现代化建设全局的重大课题

国际金融危机后，人们对城市化是中国最大的内需源泉形成了共识。但是，没有农民工市民化的城市化不会成为推动经济增长的持久动力。因为过去十年，我们的城市化率平均每年提高近 1.2 个百分点，这一速度已经相当快了。但为什么内需特别是消费需求没有相应的扩大呢？根本原因是过去的城市化是农民工未能市民化的城市化。大家谈论较多的消费需求不足、服务业发展滞后、就业压力大、城乡收入差距大、区域发展不协调、耕地占用过多等与城市化相关联的话题，在中国，与其说是与城市化密切相关，不如更直接地说与农民工市民化密切相关。农民工市民化，不是一个小问题，也不仅仅是关系"三农"或由"三农"问题派生出来的一个问题，而是一个关系我国未来经济持续增长和现代化建设全局的重大课题。农民工市民化的好处至少有以下六个方面。

（一）有助于扩大居民消费，促进经济发展方式的转变

增强消费对经济增长的拉动作用是转变经济发展方式的重要内涵。扩大消费无非是三个途径：一是扩大就业，使无就业的人口变为有就业、有收入的人口，有了收入就会扩大消费。二是增加有就业人口的收入，就要调整收入分配结构，提高居民收入在国民收入分配中的比例，收入高了，消费就扩大了。三是使有就业有收入的人口多消费，这一途径的措施很多，包括改善消费环境，增加服务消费供给，解除扩大消费的后顾之忧，也就是政府履行好提供公共服务职能，使消费者敢于消费，使消费者准备用于未来公共服务的支出转用于当期的私人用品支出等。

使有就业有收入的人口多消费，最有潜力的途径，就是农民工市民化。我们扩大内需的政策，往往重点放在投资上。刺激消费的政策，1998 年亚洲金融危机时放了城市居民身上，2008 年国际金融危机时放在了农村居民身上。这两次刺激消费的政策，都漏掉了既不属于城市居民、也不完全属于农村居民的农民工这一很有潜力的消费群体。消费需求是要靠人来实现的，刺激消费，可以把重点放在消费意愿和消费能力较高的群体上，也可以增加这一群体的数量。由于城市消费基本上都属于购买性消费，基本没有或极少有自给性消费，因此，在城市居民与农村居民收入相同的前提下，城市居民的购买性消费也会多于农村居民。对于正处于城市化进程中的国家来说，扩大城市居民的规模，就是扩大消费的同义语。

农民工消费少，是因为收入少。笼统讲，这是没错的，但深入分析则并不全面，农民工收入低并不是农民工消费少的唯一原因。农民工消费少，也是农民工自身特点决定的。农民工具有"四分离"的特点：一是户籍与就业分离，户籍在农村，就业在城市；二是实际居住地与住房所在地分离，农民工一年当中大部分时间居住在打工地，在农村则一般拥有住房，但举家外迁的农民工，除春节期间外，其他时间在农村的住房无人居住[①]；三是劳动人口与其赡养人口分离，大多数农民工孤身一人外出打工，其需要抚养的子女和需要赡养的父母却留在了农村老家；四是收入地与消费地分离，他们在打工地获得收入，但在城市很少消费，收入主要拿回农村消费，主要用于自己及其家庭成员的婚丧嫁娶、翻建住房、教育医疗服务、赡养父母以及自己未来的养老等。

如果允许农民工及其家庭成员在打工地定居，并拥有与当地城市居民平等的住房、教育、医疗、社会保障等方面的公共服务和相同的保障，他们就会逐步改变消费模式，模仿城市居民的消费。他们就会租赁或购买相对固定的住房，就会简单装修，采购必要的家电；由于可以与家庭成员一起生活，就会购买一些日用品，就会在节假日进行休闲、游玩、文娱等家庭式消费；如果没有养老、失业、医疗保险、教育等方面的后顾之忧，他们也会把有限的收入尽可能多地用于改善当期的生活质量。总之，如果允许农民工及其家庭成员在城市定居，他们就会根据现有收入扩大消费，尽管每个人的消费能力有限，消费的增量不多，但农民工及其家庭成员的数量十分庞大，扩大消费的潜力不小。

（二）有助于服务业的加快发展，缓解就业压力

从根本上解决"三农"问题，必须减少农民，创造更多非农就业岗位；创造就业岗位，必须发展服务业；而发展服务业，必须推进农民工市民化。"三农"问题难就难在水土资源短缺和农民数量过多。水土资源短缺的自然状况是很难改变的，但农民数量过多的状况通过人口城市化是可以改变的。解决"三农"问题，既要保地，也要减人。减少农民，必须创造更多的就业岗位，但这并不意味着农村劳动力都要转移到工业上去。世界各国的发展经验表明，工业化初期，工业是农村劳动力转移的主要途径，但工业化进入中期阶段之后，随着城市化的发展，服务业将替代工业，成为创造就业岗位、吸纳农村劳动力转移的主要领域。美国 1820 年到 1890 年工业化初期，第二产业净增就业岗位与第三产业净增就业岗位之比是 1 ∶ 1.65；1890 年到 1998 年，第二产业与第三产业就业岗位之比为 1 ∶ 3.72。我国 1952 年到 2008 年，第二产业与第三产业净增就业岗位之比为 1 ∶ 1.21，比美国 18 世纪工业化初期的水平还低。

服务业是扩大就业的重要渠道，但服务业发展的规模，与人口集聚的规模密切相关。服务业的一个重要特点是，绝大多数服务产品，其生产与消费在时间和空间上具有同一性，不可能如工

---

① 据笔者调查，江西省某行政村分为老村、中村、新村三个自然村，新村为近年请专业人员统一规划设计，由农户按照"五通一化"（通路、通水、通电话、通有线电视、通沼气和绿化）自建的二层小楼，每户占地 180 平方米，但 22 栋小楼中仅有 4 户长期有人居住，其他房屋无人居住，因为这些房主都是常年在城市打工的农民工。

业品和农业产品那样，在一个地区生产，在另一个地区消费。服务业的另一个特点是要求最低的"入门人口"[①]，也就是人口必须集中到一定规模时，服务企业才能盈利，服务业才能作为产业来经营，才能进一步细分市场、扩大社会分工、不断增加服务业就业岗位。目前我国一些超大、特大城市边缘地区形成了许多以农民工为主体的"城中村"，这里没有什么工业，但绝大多数人之所以能够就业，是因为人口集中到一定规模后，相互提供服务、相互提供就业岗位。人口集中是服务业发展的前提，抛弃了这个前提，割裂工业化与城市化、城市化与服务业，服务业自然很难发展。

服务业规模往往与人口城市化的规模密切相关。我国服务业增加值的67%是236个地级以上城市创造的。超大城市服务业增加值占其GDP的比重是52%、特大城市是46%、大城市42%、中等城市38%、小城市34%。超大城市服务业的就业比重为52%、特大城市为48%、大城市为44%，中小城市为45%。辽宁省49%的服务业是沈阳、大连两个城市创造的，吉林省55%的服务业是长春、吉林两个城市创造的，浙江省27%的服务业是杭州、宁波创造的，福建省30%的服务业是福州、厦门创造的，广东省48%的服务业是广州、深圳创造的。陕西、海南、湖北三省服务业的40%至45%是其省会城市创造的。

（三）有助于从根本上解决城乡收入差距扩大问题

缩小城乡收入差距的办法应该是"三管齐下"：第一，促进农村人口转移到就业机会多、收入较高的城市，即减少分母；第二，尽可能发展现代农业，即扩大分子；第三，建立持续的"工业反哺农业、城市支持农村"的长效机制。近些年，注意到了第二和第三条措施，对第一条措施，则不彻底，仅是允许农民进城就业，不允许在城市定居。相应的统计口径改变也不彻底，从城市化的角度，把农民工当成了城镇人口；从收入角度，他们又成了农村人口和农民的收入。这种统计制度带来城乡居民收入差距持续扩大的假象，造成很大的政治压力。

城乡居民收入差距过大，这是事实。但城乡居民收入差距扩大，是不是事实呢？"扩大"与"过大"是两个不同的问题。对城乡收入差距作深入一步的分析可以发现，如果允许农民工及其家庭成员在城市定居，尽管不会改变城乡收入过大的问题，但可以解决城乡收入差距扩大问题，转移到城市的人口越多，差距缩小的幅度就越大。若假定目前农民工及其家庭成员总共有3亿人，假定他们都可以在城市定居，他们的收入也不再作为农民收入而是作为城镇居民收入统计在城镇居民收入中，他们也不再作为农村人口统计在农村人口中而是统计在城镇人口中。计算的结

①"入门人口"，即某种服务业的最低顾客数，达不到"入门人口"，生产者就不能实现正常利润。据美国的调查，加油站、食品店、饭店、教堂、酒店、小学的"入门人口"是200—300人；医生、地产代理、用具店、理发店、汽车零售商的"入门人口"是300—400人；保险代理、牙医、旅馆、五金店、汽车修理店、燃料商、药房、美容师、汽车零件商等的"入门人口"是400—500人之间；动物饲料店、律师等"入门人口"是500人以上。参见陆大道：《区位论及区域研究方法》，科学出版社1988年版，第33页。

果是，城乡收入差距将由按目前口径计算的 3.33 倍，变为新口径下的 2.42 倍①。

（四）有助于集约利用土地

耕地减少过多，保障国家的粮食安全和可持续发展能力面临严峻挑战。但是，究竟谁在占用耕地？城市化、基础设施和各类开发区建设的确占了不少耕地，但农村建设也没少占耕地。1996—2007 年，城市、建制镇、农村居民点用地面积分别净增 6787、6056 和 1783 平方公里，建制镇和农村居民点占地之和大于城市，其中住房又占了很大比重，且远远大于城市用地中住房占地的比重。

目前农村人均居民点用地为城市人口居住用地的十几倍。原因是，农民工不能在城市定居，他们就不可能在城市购房或租房，只能选择在农村建房。若 1.45 亿农民工都在自己的老家建设一套占地 180 平方米的住房，全国就要占用 3500 万亩的土地。更为严重的是，这一代农民工盖一处住房，占地 180 平方米，第二代农民工可能还要盖一处。如果农民工达到 3 亿，仅农民工回乡建房新增占地就可能接近 1 亿亩。我们相信这种局面不会出现，否则，对中华民族的永续发展将是一个灾难。

农民工不能市民化，就会造成农民工及其家庭成员在城乡"双重占用空间"。我国土地资源严重不足，满足经济发展和城市化的需要，必须占用土地；满足农产品需求，必须守住 18 亿亩耕地；满足生态产品需要，应对水资源短缺、气候变暖等资源环境问题，必须保住并适当扩大绿色生态用地。三难的选择中，出路只有一个，就是通过空间结构调整、集约利用每一寸土地的方式来满足各方面对土地的需求。允许农民工在城市定居，就是集约利用土地的方式，因为他们在城市居住的占地远远小于在农村居住的占地。农民工市民化，就是用"人"的空间移动来调整"地"的空间结构。目前，随着农民工工资的调整，他们的收入相比以前有了较大的增长，农民工的消费进入一个关键时期。如果农民工将这部分收入像以往一样用来在老家盖房，无疑会出现前文所述的农村居住占地急速扩张的灾难性局面；而如果通过农民工市民化政策的合理引导，将这部分收入用于农民工在城市中的住房等消费需求，将不仅极大集约利用土地，还将极大促进内需从而拉动经济发展。

（五）有助于促进农民长期持续增收和现代农业的发展

允许农民工市民化，需要转变的就是"三农"问题局限于在农业和农村内部解决的认识偏差。"三农"问题的核心是人、是农民、是农民收入、是农民收入的持续增长，但仅靠农业，在农村，难以解决农民持续增收问题。加之，农产品的需求弹性和收入弹性都很小，通过价格提高增收的

---

① 2007 年城镇居民人均可支配收入为 13786 元，农村居民人均纯收入为 4140 元，城乡居民收入差距为 3.33 倍。假定农民工资收入 1596.22 元均为农民工收入，将其乘以农村总人口后得出的 11612.5 亿元农民工总收入加到城镇居民总收入中，城镇居民总收入则为 93471.5 亿元，除以新的城镇总人口，即加上农民工及其家庭成员 3 亿人，得出新的城镇居民人均收入为 10458 元。在农民总收入中减掉 11612.5 亿元的打工收入，在农村人口中减掉 3 亿人，则新的农村人均收入为 4329 元。由此得出新的城乡收入差距为 2.42 倍。

空间有限。因此，不能指望靠农产品的产量增加和价格提高使现有农村人口的收入达到城市的水平。农村土地的资产化可以较大幅度增加农民收入，但这会大幅度增加我国工业化、城市化和基础设施建设的成本和难度，而且，土地资产化也只能解决少部分城郊农民的收入问题。

解决农民的持续增收问题，也不可能仅靠发展县域经济、发展乡镇企业、发展小城镇经济等在本地的农村解决。我们一直倡导在农村发展乡镇企业、发展小城镇经济、发展县域经济，希望借此解决农村剩余劳动力的就业问题和农民增收问题。但实行了30年后，我们应该看到，有些地方是做得不错的，但这主要是那些位于经济密集区的县和乡镇，那些拥有丰富独特资源的县或乡镇。全国百强县绝大多数位于长三角、珠三角、京津地区以及其他大城市周边，或者就是那些拥有独特资源的县。全国大多数的县、乡镇并不具备这种区位条件或资源条件。在不具备条件的县和乡镇，无论我们怎样倡导，无论给予多么优惠的政策，也不会很成功，相反，代价却很大。如果继续这样走下去，仅土地占用就是难以承受的。全国2859个县级行政单位，若每个县建一个5平方公里的工业开发区，全国占地就是1.43万平方公里；全国34369个乡镇，每个乡镇建设一个2平方公里的工业开发区，全国就是6.87万平方公里。因此，就全国范围来讲，很多地区不可能靠农业、靠在当地解决农民的持续增收问题。

我国人均耕地只有1.37亩，高效率地利用好这点宝贵的资源是发展现代农业、增加农业产出、增加农民收入的起码要求，同样，由有文化、会经营的劳动力经营这点宝贵的资源，也是高效率地利用好耕地的起码要求。而"半城市化"的状况，一方面，导致农业经营者日益"老龄化"，另一方面，由于农民工不能在城市定居而不愿退出承包土地，导致土地不能有效集中，经营规模不能扩大，难以依靠规模化、机械化实现农业增长，这又迫使年轻的农业劳动力进一步脱离农业，农业经营者"老龄化"进一步加剧，形成不利于现代农业发展和农民持续增收的恶性循环。

（六）有助于保障全体人民的权益，促进社会和谐

农民工长期处在城市的边缘，不被城市认同接纳乃至受到忽视、歧视和伤害，融不进城市社会，享受不到应有的权利，累积了很多社会矛盾。

我们已经认识到了计划经济时代通过农产品价格"剪刀差"完成了工业化的原始积累，却没有看到改革开放后"半城市化"带来的另外一种原始积累。当年富力强的农民工走进城市的时候，他们被作为可以"无限供给"的廉价劳动力，成就了我国出口大国、经济大国的地位。但由于不能市民化，上一代农民工中那些付出了血汗、但不再有"劳动价值"的老伤残病弱者不得不离开城市、回到乡村。当数亿的农民工进入退休年龄回到农村后，其养老保障以及由此带来的各种问题可能加剧社会矛盾。

由于大多数农村青壮年劳动力转移，留在农村的更多是老人和儿童，出现了大量小孩要承担照顾老人，老人被迫承担孙辈教育的"隔代责任"，许多孩子的教育和管理处于空白状态，影响了农村儿童的教育和培养。许多常年见不到父母的孩子成了心理上的"孤儿"，变得性格孤僻，有些变得无法与父母相处。这样的儿童成人后，也会带来许多的社会问题。

武汉大学学生团队的一项问卷调查显示，72% 的农民工子弟选择初中毕业后上技校或职高，准备继续读高中的只有 18%，而 10% 选择直接去打工。农民工子弟可以选择当农民工、上职业学校，但如果在教育水平上与城市子弟差别过大，不利于减少收入差距，也不利于农民工子弟未来的长期发展。农民工子弟除了做农民工，还应该有更多的选择。

由于选举权与被选举权是与户籍挂钩的，农民工实际上既不能在农村、也不能在城市参与民主选举、民主决策、民主管理、民主监督。他们的选举权被悬置在空中，他们本来有条件在城镇投票，但被划入农村选区而无法投票，作为公民的基本权利得不到保障，他们就难以成为完整意义上的公民，利益诉求也无法在城市公共政策制定中得到充分反映。农民工在居住地无法参与社区自治，因此也就没有社区成员意识，参与城市和社区公共活动、建设和管理的权利也得不到切实保障。

构建和谐社会，必须坚持公平正义原则，使全体社会成员拥有平等的权利。这种平等的权利，应该包括农民工及其家庭成员的权利，应该包括他们在打工地平等地参与经济、政治、文化、社会、生态建设的权利，公平地享有这"五大建设"成果的权利。上亿人口无法平等地享有公民权，显然不是我们所期盼的和谐社会。

四、农民工市民化的政策方向

中国规模巨大的农民工市民化是世界城市化历程中所仅见的，对中国经济社会的持续发展，既是一个巨大的挑战，也是一个难得的机遇。目前，农民工市民化的条件和时机已经成熟，城市的承载能力在逐步提高，应该从"十二五"时期开始起步，逐步解决农民工及其家庭成员的市民化问题。对新生代的农民工的新特征、新诉求和新问题要给予特殊的关注。在这一过程中，中央层面必须有明确的导向和政策，既要继续鼓励各地根据实际情况进行制度创新，更要在国家层面明确政策方案和目标，仅靠目前这种由地方创新和零敲碎打的试验而缺乏统筹协调，不仅会使这一全局性改革缺乏清晰的路线图，也会造成各地执行的政策差异和资源浪费，给未来的改革制造麻烦。只有设定明确的目标和切实有效的措施，才能在有限资源条件下，实现有序的市民化和完整的城市化，最终实现全民共享的小康社会的宏伟目标。

（一）采取自愿、有序、分类、统筹的方针

自愿，就是在确定公开透明的落户条件、明确农民工在城市享受的权益和承担的义务基础上，充分尊重农民工本人及其家庭成员的意愿，符合条件自愿落户的给予落户，对于要求维持目前"亦工亦农"状况的农民工，也不要强行将其转为城市居民。农民工落户的条件不同，农民工自愿率可能不同。比如，按照现行法律，农民工在设区的市即地级以上城市落户，要收回承包地，这就会影响在城市就业不稳定农民工落户的自愿率。再如，若不将农民工纳入现行城市廉租房、公租房保障体系，也会影响农民工落户的自愿率。总之，应该制定十分透明的政策，将落户的条件说清楚，农民工会作出理性的选择。

有序，就是逐步放宽农民工落户条件，每年根据经济社会发展和各城市综合承载能力情况，解决一定数量的农民工市民化问题。农民工积累到目前的上亿规模，是一个长期的过程，解决农民工市民化问题，也应该是一个长期的过程，不能操之过急。不可能简单采取废除户籍的方式，一夜之间改变所有1.45亿农民工及其家庭成员的身份并让其在就业城市定居。

分类，就是要根据不同农民工群体、不同区域、不同类型城市的实际情况，制定相应的准入条件和采取不同的政策，并给各地区、各城市充分的自主权，由各城市制定本地的准入条件。按照户籍所在地、就业能力、职业等，农民工可以分为不同的类型。从操作层面看，应该优先解决本地户籍的农民工，优先解决举家到城市多年的农民工及其家庭成员，优先解决在城市领取营业执照多年的农民工，优先解决在城市已经稳定就业、签了长期就业合同的农民工。从农民工就业的行业看，应优先解决在服务业和制造业就业的农民工。比如，建筑业的农民工工作和居住地点流动性较强，一个地区的建设高潮过后，会转到其他建筑市场规模大的地区，因此建筑业的农民工可以不作为市民化的优先领域。此外，不同区域或不同类型城市的承载能力很不相同，不宜采取全国制定一个统一落户条件的办法，应该给地方、城市制定落户条件的自主权，由各地区、各城市根据实际情况，制定门槛高低不同的落户条件。如北京、上海等超大型城市人口超载严重，可以制定条件较高的落户政策；深圳、东莞等农民工数量众多，短期内全部自行消化困难较大，也应允许制定相对较高的条件等。

统筹，就是要统筹考虑农民工市民化、城市其他外来流动人口、本地"城中村"人口三类人口，统筹考虑农民工市民化背景下的财政、教育、医疗卫生、社会保障等的改革，统筹考虑农民工的存量与增量，当前政策与长远机制的建立等等。从人口城市化的角度看，农民工市民化是城市化的主体，但不是全部，还有两类人口，也需要在制定政策时统筹考虑。一是在一些特大城市，集聚了大量已经就业但没有签订长期就业合同，因而没能在就业地落户的大学生，以及其他中小城市、县城到特大城市就业的外来流动人口。二是许多原来的城市郊区，在城市化的进程中，农民的承包地甚至宅基地被占了，其职业早已不是农民了，但户口性质仍属于农业户口，社会管理还是农村的管理。对这两类人口，也应该在农民工市民化的政策中统筹解决。

（二）编制农民工市民化一揽子计划

鉴于农民工市民化涉及方方面面，建议国家组织编制推进农民工市民化的一揽子计划，由国务院批准实施，并定期进行中期评估和修改。这一计划应该是一种方案性、实施性、操作性，能解决问题的规划。至少要确定以下几点：

一是要有明确的原则。对不同地区、不同城市、不同人群的分类解决的原则。如就不同规模的城市来讲，应该是城市规模越大，成本越高，进入越难，准入条件也应该越高。可以采取按照不同区域、不同城市设置几种最低准入条件，再由各地区政府制定细则的办法。

二是要有可行的目标。从国际城市化率与人均 GDP 的对应关系来看，当人均 GDP 达到 4000 美元左右时，对应的城市化率大约在 50%，当人均 GDP 达到 13000 美元的时候，城市化率的平均水平大约在 65% 左右。2009 年中国人均 GDP 约为 3800 美元，我国城市化率为 46.6%，低于同等经济发展水平下的国际平均城市化水平。假如未来 20 年中国人均 GDP 的年平均增长率能达到 6% 左右，到 2030 年可达到 13000 美元左右。如果能够顺应市场经济的发展趋势，逐步消除阻碍城市化发展的制度和其他障碍，我们预计在 2030 年我国城市化率应该能够达到 65% 的水平。其中从 2010 到 2020 年每年增加城市化率一个百分点，从 2020 到 2030 年每年增加城市化率 0.8 个百分点。

农民工的市民化的进程要循序渐进。从现在起用大约十年时间，通过先使具有稳定职业、缴纳税收、享有社会保障和固定住所的农民工及其家庭成员转为市民，同时逐步降低门槛，解决其他进城农民工以及他们愿意留在城里的家属。到 2020 年先解决 2 亿人左右的身份转换问题。从 2020 到 2030 年再解决 2 亿左右农民工及其家属的市民化问题。即今后 20 年平均每年要解决 2000 万人的户籍以及与之配套的社会福利问题。

农民工市民化需要巨额的资金投入。报告课题组调研结果显示，我国当前农民工市民化的平均成本约在 10 万元左右[①]。这意味着我国未来每年为解决 2000 万农民工市民化需要投入 2 万亿资金。2 万亿投入需要由中央政府、地方政府和市场来共同分担。中央政府可以通过财政的转移支付分担 5000 亿元，主要用于支付农民工市民化的教育、医疗和社会保障支出；地方政府通过财政配套承担 5000 亿元，主要用于支付农民工市民化的廉租房等的住房成本支出；剩余的 10000 亿元可以通过市场解决，用于支付农民工市民化的土地、基础设施和部分住房成本的支出。具体的资金筹措，由于农民工市民化的资金投入多属于一次性投入，因此可以考虑通过发行债券的方式筹措资金。

预计到 2030 年农民工的半城市化问题应该得到了根本上的解决。除了有总体目标外，还要有年度化、区域化的指标，包括全国每年要解决多少农民工及其家庭成员的市民化，各个地区要各自解决多少，哪类城市、哪些城市应该解决多少等等。

三是要有切实措施。明确改革城乡二元结构体制的基本原则和方向，包括未来的户籍制度，公共服务体制、社会保障体系、农民工市民化后承包地的流转和宅基地的转让、财政体制及其与农民工市民化相关的近期改革的重点，如何解决农民工市民化中的住房问题，农民工住房的土地和资金来源，大量吸纳农民工市民化的城市公共服务设施建设所需资金、所需土地的来源等。考虑到农民工市民化的复杂性，应该先试点、后推广。国家层面的规划中应该明确试点的地区、城

---

① 本报告所测算的农民工市民化成本是指使农民工市民化所必须投入的教育、医疗、住房、社会保障和基础设施等的最低资金量。

市以及试点的原则、时间、推广的时间等。

四是对新生代农民工问题既要从全体农民工群体出发着力完善制度和体制、机制；又要从新生代农民工的特殊性出发，以他们最为关心的环节——就业培训、住房、社会保障和公共服务为重点，以技能门槛、人力资本积累门槛、社会保险缴纳门槛和稳定居住门槛等为主要标准采取有针对性的措施。

专栏 7　　　　　　　　　　　各地农民市民化的探索

重庆市力争 2020 年实现 1000 万农民转为市民

2010 年 7 月，重庆市通过了《重庆市统筹城乡户籍制度改革意见》及《重庆市户籍制度改革配套方案》，力争 2020 年全市户籍人口城市化率从目前的 28% 上升至 60% 到 70%，这意味着近 1000 万农村人口将转为市民。重庆此次改革的关键点，是尝试通过建立转户居民宅基地、承包地和林地的弹性退出机制，以合理的过渡期保障农民合法权益。1000 万转户计划首批转户的 310 万农村人口，包括当地农民工、当地农村籍中专学生和 40 多万农转非人员三部分，这三部分拟在 2012 年前全部实现市民化。最终目标，是在 2020 年前实现 1000 万农村人口进城落户。

江苏省南京市统筹城乡发展五年减百万农村人口

2010 年 7 月，江苏省南京市出台了《关于加快推进全域统筹、建设城乡一体化发展的新南京行动纲要》。该《行动纲要》明确提出，通过"三个置换"实现"三个转变"，即：以土地承包经营权置换城镇社区保障，以分散的农村宅基地和农民住房置换城镇产权住房，以集体资产所有权置换股份合作社股权，转变农业生产方式、农民生活方式和农民身份，力争用 6 年至 8 年的时间，全市农村人口从目前的 205 万减少 100 万左右。

广东省计划 11 年内农村向城市迁移人口 220 万

2010 年初，广东省政府印发了《广东省基本公共服务均等化规划纲要（2009—2020）》提出了实施公共服务人口迁移策略，即促进人口由农村向城市转移，由欠发达地区向珠三角地区迁移，以减轻欠发达地区基本公共服务财政负担，缩小城乡间、区域间基本公共服务差距。考虑到人口迁移的复杂性及广东实际情况，该规划主要考虑户籍所在地在广东省内的人口迁移。其规划通过将省内流动人口纳入城市发展规划，积极主动与量力而为并行地提供基本公共服务，逐步开放户籍。按每年增加 20 万人测算，人口迁移规模从 2009 年的 20 万人增加到 2020 年的 240 万人，实现区域基本公共服务水平差距控制在 20% 以内的目标。

整体上，上述省市未来农民市民化的探索和规划实践，仍以解决本地户籍农民的市民化为重点，而对于流动农民工如何落户流入地城市的相关规定，则落户门槛很高，相应的土地、住房、社保、教育等相关制度的配套跟进尚不完善。

参考资料：

1.《重庆力争 2020 年实现 1000 万农民转为市民》，《21 世纪经济报道》2010 年 7 月 14 日，转引自川财证券网，http//www.cczq.com/VsInfo/0000002A071441.32.html。

2.《南京 5 年减百万农村人口　将投千亿构建新型城镇》，网易新闻网，http://news.163.com/10/0703/10/6ALL0FA0000146BC.html。

3.《南京城乡统筹"大跃进"投资千亿推进城乡一体化》，新华网江苏频道，http://www.js.xinhuanet.com/xin_wen_zhong_xin/2010-07/09/content_20297702.htm。

4.《广东计划 11 年内农村向城市迁移人口 220 万》，新浪新闻中心，http://news.sina.com.cn/o/2010-01-04/092716875367s.shtml。

（三）采取放宽落户条件方式实现农民工市民化

对农民工如何实现市民化，有两种思路或方式。一种是先着力推进城市居民与农民工的公共服务均等化，待公共服务均等化后再放开户籍统一解决；另一种是维持现有户籍制度和公共服务制度，采取放宽落户条件的方式逐步解决。

前一种思路的理由是，户籍本身只是一张纸，但它是竖立在农民工与市民之间的一个"大坝"。农民工市民化的主要障碍是附加在户籍制度上的各种福利和权利。因此，目前应该着力推进农民工公共服务的均等化，逐步剥离附着于户籍上的各种福利，待这些福利制度改革完成后，也就是"大坝"两边的水位一样高的时候，放开城市户籍，农民工市民化也就水到渠成了。

考虑到实际操作的可行性，本报告主张采取第二种思路，即"阶梯放水、逐步开闸"，保留户籍、总量控制、放宽条件、逐步推进。"保留户籍"，就是目前阶段仍要保留城乡不同的户籍制度。"总量控制"，就是各地区根据本地区一定时期的承载能力，每年给一定数量的农民工落户，使之控制在城市财政能力、住房、公共服务和基础设施允许的范围内。"放宽条件"，就是各地根据本地实际，放宽农民工在城市落户的条件，而不能像现在某些地区的规定，只给"获得省部级优秀农民工"的极少数人落户；同时，对能够落户的农民工必须提供与市民同等水平的公共服务。比如，稳定收入的条件，在不同地区可以不同，使落户农民工有基本的经济来源和保障，能在城市生活下去。固定住所的条件，可以界定为购买产权房、政府提供廉租房、就业单位提供住房以及租房一年以上的租约。稳定就业的条件，可以界定为签订一定年限的就业合同或获取个体营业执照的。"逐步推进"，对符合条件的，第一年发给暂住证，第三年发给蓝印户口，第五年发给正式户口。这样，既给进城农民工实现在城市定居的希望，又兼顾了城市的承受能力，使农民工能够有序落户，使农民工落户的规模控制在城市承载能力之内，不给城市管理带来过大的压力。

采取保留户籍、总量控制、放宽条件、逐步推进的方式，也应该是城市政府所能接受的办法。目前，上海、北京、南京、中山、常州、无锡、昆明等城市和广东省、江苏省等省份均出台了流动人员有条件准入的落户办法。总的看，这些办法都是引进人才的，而不是针对农民工的，对农民工来讲落户门槛过高。但其基本精神是好的，只要放宽准入条件，即可作为农民工市民化的办法。如考虑到农民工多数都是初中和高中毕业生①，应该降低学历要求，初期只要求高中毕业即可；农民工稳定就业的条件，应该视签订劳动合同的长短而定；对从事个体私营经营的农民工，只要取得合法营业执照即可，不应该提出过高职业资格要求，例如，要求必须达到如中级技师资格以上显然过高；对职务、荣誉称号、参加社会公益活动等不应作为落户条件。不能依照城市规模作为允许落户或不允许落户的标准，不仅中小城市要放宽落户条件，大城市、特大城市和超大城市都应放宽落户条件。中西部地区的中小城市和小城镇，可很快完全放开户籍限制，享受城市居民的所有待遇；东部地区的中小城市和小城镇，原则上也可完全放开户籍限制；大城市和特大城市，可以根据本地综合承载能力逐步放宽落户条件。人口超载的城市可以设定高一些的准入条件，但从根本上解决人口超载问题，必须从就业岗位和经济发展入手，调整产业结构，疏解城市功能，而不是简单地采取限制的方式。对于不愿在就业地落户的农民工，继续实行在城乡之间双向流动，但应保障农民工权益，做好劳动报酬、劳动保护、子女教育、社会保障、医疗服务、居住等方面的工作。

专栏8　　　　　　　　部分城市居住证与流动人员落户规定

　　居住证制度是户籍制度改革的重要内容之一，各地经济实力和实际情况不同，因而探索和规定也比较多样：

　　一、上海市。2009年2月，上海市政府发布《持有〈上海市居住证〉人员申办本市常住户口试行办法》的通知。规定符合以下条件者，可以申办本市常住户口：（一）持有《上海市居住证》满7年；（二）持证期间按规定参加本市城镇社会保险满7年；（三）持证期间依法在本市缴纳所得税；（四）在本市被聘任为中级及以上专业技术职务或者具有技师（国家二级以上职业资格证书）以上职业资格，且专业及工种对应；（五）无违反国家及本市计划生育政策规定行为、治安管理处罚以上违法犯罪记录及其他方面的不良行为记录。在每年办理落户数量方面，本市对持证人员申办常住户口实行年度总量调控，符合条件的持证人员按规定排队轮候办理。超出当年调控人数总额的，依次转入下一年度办理。

　　二、浙江省嘉兴市。嘉兴市推出两大类三种居住证，其申报条件各不相同。"临时居住证"申办条件与暂住证基本相同。年满16周岁、拟在暂住地居住30天以上都需要办理。"普通人员类居住证"条件为，持嘉兴市临时居住证一年以上的新居民；有合法的固定住所；

———————
　　①　据国家统计局的数据，2006年外出务工劳动力中，初中文化程度占67%，高中文化程度占11.1%，中专及以上文化程度占5.8%。总体看，外出劳动力文化程度高于农村劳动力平均水平，初中及以上文化程度占83.9%，比全国农村劳动力平均水平高出16.9个百分点。

有合法稳定的生活来源；无治安不良记录等。"专业人员类居住证"的条件为，具有中专、高中以上学历或者具有熟练技术和管理经验的嘉兴新居民。其审核办法最为复杂，采用积分制，规定凡满150分的方可领取。三类证件背后福利待遇也不相同，如，临时居住证持有者，其7岁以下子女在居住地卫生院可享受计划免疫基础疫苗免费接种，符合计划生育政策的子女可免除义务教育阶段学杂费等。普通人员居住证持有者：符合计划生育政策的子女，义务教育阶段在公办学校就读的，减半收取借读费；符合计划生育政策及相关报考条件的子女，可报考嘉兴市所属的各高中、中等职业学校等。专业人员居住证持有者：子女在公办学校就读的免收借读费；符合相关规定条件的可申请廉租住房和经济适用房；可申购当地建设的专门面向新居民的小户型经济适用房；持证10年以上的可申请最低生活保障；持证15年以上的可根据本人意愿准予在暂住地城镇落户。

三、广东省中山市。中山市的计分标准由基础分、附加分和扣减分等三部分组成。基础分指标包括个人素质、工作经验和居住情况三项内容。附加分指标包括个人基本情况、急需人才、专利创新、奖励荣誉、慈善公益、投资纳税、计划生育、卫生防疫、登记管理、个人信用十项内容。扣减分指标包括"违法犯罪"和"其他违法行为"两项内容。评分指标中个人素质权重最高：在学历方面，本科为80分，研究生及以上学历则为90分；技能方面，具备高级职称或职业资格三级及以上者则可获90分。个人拥有房产获得10分。投资方面，投资满50万元者有1分，每增加20万元加1分，个人年纳税满1万元可计1分，每增加1万元加1分，但上述两个项目10分封顶。流动人口积分达到100分者可落户。

中央层面来看，2007年中央提出探索建立城乡统一的户口登记管理制度，2008年提到允许符合条件的农民在城市落户，2009年作出了推动流动人口服务和管理体制创新的原则要求。2010年5月，国务院批转了国家发展和改革委员会《关于2010年深化经济体制改革重点工作的意见》，要求各地认真贯彻执行该意见，意见中明确要求："深化户籍制度改革，加快落实放宽中小城市、小城镇特别是县城和中心镇落户条件的政策。进一步完善暂住人口登记制度，逐步在全国范围内实行居住证制度。"这是首次在国务院文件中提出在全国范围内实行居住证制度。

资料来源：
1. 李刚：《广东中山市启动"积分"入户政策》，人民网，http://gongyi.people.com.cn/GB/10763790.html。
2. 《浙江户籍改革含金量调查》，《中国新闻周刊》2007年第45期。

通过推进公共服务均等化，待公共服务均等化后再统一放开户籍解决农民工落户问题，这种思路在现实中缺乏可行性。因为，剥离附着于户籍上的各种福利，待这些福利制度改革完成后再来解决农民工市民化问题，在实践中既难操作，也缺乏对政府的约束力。依附于户籍上的公共服务，不仅意味着城乡之间的差距，也意味着不同区域之间的差距，而城乡之间、区域之间的公共服务差距，不仅仅是改革问题，也涉及经济发展水平和重大利益调整，需要较长的时间，不是几年内就能完成的①。先让农民工享受公共服务，这种出发点是好的，但这是在假定农民工不能落户前提下的改良办法。推进农民工与所在城市居民公共服务的均等化，有些是一纸改革决定加上公共服务投入就可以办到的，有些则需要调整城市的空间结构，增加土地的投入等。如，对于一些农民工数量超过本市户籍人口的城镇而言，若采取一揽子放开户籍限制的方式，短期内将进入大量处于义务教育阶段的农民工子女。建设义务教育阶段的学校不仅需要资金和时间，还要为这些学校配置土地，而这类城镇往往开发强度已经很高，再挤出建设学校的空间已经非常困难。

解决农民工市民化问题应放在中国社会发展的远景中来考量，目前，教育、医疗卫生、社会保障、社会救助、住房保障等制度都处于完善过程中，需要有针对农民工群体的一系列过渡性政策和体制。城市降低进入门槛并不是说降低提供给农民工及其子女的公共服务水平，而是让更多农民工进入城市，享有与市民一样的教育、医疗等基本公共服务，其未来发展方向是，逐渐让农民工融入城市的社会福利体系，实现城乡一体的一元化社会。

（四）建立"人地"挂钩机制

农民工市民化意味着城市定居人口的增加，意味着对城市公共服务设施、市政设施和住房需求的增加，意味着对城市用地需求的增加。这就要求，在城市目前的用地计划指标之外，提供一些用地增量指标。

应建立"人地"挂钩机制，解决"地"从哪里来的问题。国家层面，可根据各地区、各城市吸纳农民工定居的数量，在目前土地计划基础上每年增加一部分用地指标，主要用于解决农民工市民化后的住房、基础设施、公共服务设施的用地问题。用地指标，根据吸纳人口的规模决定，吸纳多的多给，吸纳少的少给，不吸纳的不给。同时，根据不同城市人口密度的标准，考虑所在城市目前的人口密度情况，人口密度已经较高，比如50万人口以上规模的大城市，若人口密度达到了每平方公里1万人，挖掘潜力已经不大的就多给。反之，目前人口密度不够高，集约利用土地的潜力还较大的就少给。

这样做，一方面有利于防止新一轮城市化中再出现过去那种土地城市化速度大大快于人口城市化的问题，集约和节约利用土地资源；另一方面也有利于调动城市政府接纳外地农民工落户的积极性，因为在目前以及今后一个时期，如果中央与地方财政体制没有根本性变革，则土地意味着资金，有了土地，地方也就有了钱。

为防止一些本来对农民工没有多少吸引力的中小城市为了多要用地指标而吸引农民工到本地落户，还应该同步建立起这样的机制：一是，明确规定已经在本地稳定就业的才能落户；二是，

① 大学较多的城市与其他城市在高考录取率上的差距是明显的，但这不是放开户籍就能解决的问题。而且一旦放开户籍，人人都可落户，可能还没有轮到农民工，大学较多的城市已经不堪重负了。

同步建立起全国性的房屋登记制度，并实施物业税或房产税制度，多占房，多交税；三是，每年的用地指标根据上一年农民工落户规模以及常住人口核定的人口密度确定，人走了，下一年的用地指标要扣减。

多增加一部分主要用于解决农民工进城落户后的土地需求，从长期看不会增加全国的开发强度，相反，会有利于控制全国的开发强度，进而保护耕地。这样做，实际上是一种空间结构调整，是把农村宅地建设的用地指标换到城市使用。因为，不解决农民工在城市的落户及居住问题，他们还是要在农村建房，也要占用土地，而且要占用更多的土地。

（五）建立"人钱"挂钩机制

要帮助城市政府解决好"钱"从哪里来的问题。从城市政府的角度看，城市人口的增加，意味着公共服务支出的增加，城市财政负担的加重，这也是城市政府不愿意接纳农民落户的重要原因。从根本上建立起"招人"与"招商"并重的机制，需要对财税体制进行深度改革，包括建立税收更多地随着人口增加而增加、而不是更多地随着工业产值的增加而增加的机制，建立财政转移支付规模主要随着人口增加而增加、而不是主要随着财政收入增加而增加的机制。

目前，可以考虑建立"人钱"挂钩的机制。中央财政和省级财政建立农民工市民化转移支付，根据各城市吸纳农民工定居的规模，连续几年每年定向给予财政补助。财政补助主要用于，支持城市政府建设更多面向农民工及其家庭成员的社会保障，建设医疗设施、义务教育和职业教育设施，将农民工子弟学校改造成与当地公立学校无差别的国民教育学校，并使农民工子女可以自由在当地公立学校或改造后的农民工子弟学校就学，建设廉租住房，加强城市供电、供水、供气、道路、污水处理、垃圾处理、公共交通等市政设施的扩容改造等。农民工市民化的资金，是迟早要花的钱，早花早主动。财政补助的资金来源，可以考虑发行专项国债，也可以考虑从国有企业上缴利润中提取一定比例。

（六）将农民工纳入城镇住房或租房体系[①]

深化住房制度改革应该考虑到进城农民工的需要，实施房地产调控也要体现农民工进城定居的要求。一方面，要引导农民工把其收入和积蓄用到城市购房上来；另一方面，由于目前城市特别是特大城市的房价过高，绝大多数农民工无力承受，这也是制约农民工市民化的重要因素。第一，应设法从总体上降低商品房价格。为此，既要扩大城市土地供给，并主要用于居民住房建设，而不是主要用于工业。还要配套开征物业税作为城市基础设施建设的稳定资金来源，研究探索允许城市政府发行市政建设债券。第二，扩大廉租房规模。鼓励城市政府多渠道建设廉租房，把符合条件落户的农民工纳入廉租房援助范围。第三，允许探索由集体经济组织利用农村建设用地建立农民工公寓。第四，对于购买城市经济适用房、限价房的定居农民工，可采取降低其购房

---

① 中国发展研究基金会发布的《中国发展报告 2008：构建全民共享的发展型社会福利体系》从社会福利角度，提出了"建立一个多层次的农民工住房保障体系，通过多种形式来满足农民工不同层次的住房需求"的具体建议，详细内容可参考阅读该报告。

首付款比例，延长还款期，给予契税和利率优惠等政策。第五、鼓励房地产商开发建设适合农民工租赁的社会化公寓，培育小户型房屋租赁市场。

（七）探索建立农民工市民化后的土地退出机制

农民工市民化的目的并不是要把农民的承包地和宅基地收回来，更不是把农民工的土地权益"变没了"。但另一方面，若农民工已经长期在城市定居下来，其承包地长期摞荒、房屋和宅基地废弃不用，也是一种资源浪费，不利于农业的规模经营。因此，应该鼓励农民工自愿流转和转让其承包地、宅基地，并做出制度性安排。需要把握的原则：一是切实保障农民工在农村的权益，土地承包权利是农民的财产权利，即使农民工进城定居，其土地承包权益也不能随意剥夺，禁止违法调整、收回进城定居农民工的承包地或强迫流转承包地。二是允许农民工在自愿基础上通过市场流转方式出让承包地和房屋及其合规面积的宅基地并获得财产收益，作为进城定居的资金来源。中央财政和各级地方财政也可以安排一定数量的资金用于购买进城定居农民工的承包地、宅基地，并无偿返还给农民工所在地的集体经济组织，作为以城带乡、以工促农的一种方式，用于改善农业农村生产生活条件。

（八）落实政治权利，促进农民工融入城市

农民工市民化是中国社会巨大转型的一个侧面，数以亿计的农民工的政治权利得到有效保障和落实，能够积极参与到城市治理之中，构成城市社会的有机组成部分，才能够说，这些人真正融入了城市，真正实现了市民化。为此，建议修订选举法，解决农民工为主体的外来人口选举权悬置问题，可以建立以户籍人口为基础、外来常住人口占有一定比例的选民登记制度，使国民无论在任何地方都可以行使自己的公民权利。同时，要探索农民工有序参与城市民主化治理、表达自身利益的切实机制和渠道并逐步制度化，促使城市既有义务又有意愿地吸纳农民工。可以以居住证为基础，达到一定条件的农民工就可以参与基层民主议事和民主监督。另一方面，动员政府、民间组织等多元力量，发挥社区的社会整合功能，促使农民工融入城市。在农民工集中居住的社区，建立"民意调查"和"居民议事会"等制度，加强与农民工的交流与沟通，促使其了解关心社区，激发其参与社区建设的热情和积极性。公共预算改革、民主恳谈会、市民听证会等公众参与城市治理的形式，也应该吸纳农民工加入。

第三章

构建"两横三纵"的城市化空间格局

　　城市化是社会结构和产业结构变化的过程，也是国土空间结构变化的过程。空间结构是不可逆的、耕地、林地、水面等变为城市空间后，调整的难度极大。国际经验和中国的实践表明，在城市化快速推进过程中，清晰合理的城市化空间布局导向极为重要。国家应该明确作出城市化空间布局的导向，在全国国土空间开发的总体战略格局下，既要合理规划城市化的空间格局，也要保护好农业空间和生态空间①。在今后十几年的时间内，在 960 万平方公里的陆地国土空间中，构建"两横三纵"的城市化战略格局、"七区二十三带"的农业战略格局和"两屏三带"的生态安全战略格局。

一、国土空间开发的现状及问题

　　国土空间是人们赖以生存和发展的家园。近年来，随着中国城市化进程的加速，城市发展对空间的需求增大，尤其是许多大中城市面临着城市空间的外向快速扩展以及城市内部空间的频繁重组。中国国土空间辽阔，但适宜开发的面积并不宽裕，人均面积就更少。中国约 60% 的国土空间为山地和高原且空气稀薄。适宜城市化开发的面积中扣除必须保护的耕地和已建设空间，今后可用于城市化开发的面积只占全国陆地国土空间的 3%②。适宜城市化开发的国土面积狭小，决定了我国的城市化可供选择的地域空间极为有限。如何协调城市化的加速发展带来的城市空间需求压力与有限的国土资源之间的矛盾，保障社会经济的健康和可持续发展，创造宜居的城市环境，是迫切需要解决的问题。

　　从许多工业化国家的实践来看，城市化的空间布局经历了一个"集中—分散—再集中"的过程，表明了当前的国土规划在仍然追求均衡发展的公平诉求的同时，加大了对效率的追求。城市化的空间布局体现了一个国家对经济与社会发展的效率、公平性和可持续性的基本导向。在不同的历史阶段，这种导向亦有所差异。在 20 世纪五六十年代，许多工业化国家为了避免人口在大都市的过度集中以及平衡地区和城乡发展差距，在国土规划和城市规划中往往强调区域均衡性。譬如，1954 年法国开始"领土整治"，限制大城市发展，鼓励发展中小城市，以建设大都市卫星城和地区"平衡大城市"作为协调国土均衡发展的重要方式。1960 年，日本也制定了第一个国土开发综合计划，以避免人口和经济活动在三大都市圈的过度集中，缩小三大都市圈与地方圈的发展差距。伴随着经济全球化的进程，提高国家竞争力日益成为国土和城市规划的重点。如日本为适

---

　　① 生态功能区是指以提供生态产品为主体功能的地区。讨论城市化的空间格局，必须从全国国土空间中，农业生产的空间格局、生态产品的空间格局和城市化空间格局三位一体的角度考虑。本报告从提供产品类型的角度将国土空间分为城市化地区、农产品主产区和重点生态功能区，确切含义将在下文展开。

　　② 经中科院资源环境承载能力评价，我国适宜工业化、城市化开发的国土空间约为 180 万平方公里，扣除必须保护的耕地和已有建设空间，今后可用于工业化、城市化开发的面积只有 28 万平方公里，约占我国陆地国土空间的 3%，但这 28 万平方公里，现在也不能都开发，还必须给我们的子孙留下必要的空间。

应全球化以及日本步入国际化发展阶段的新形势，就在不断强化东京世界城市的功能，同时支持地方具有个性的、自立型的发展，形成以地方为中心的大范围的广域国际交流圈，其国土规划理念从最初一定程度限制大城市过度集中、追求区域均衡逐步发展到强调都市群和世界城市建设。

国情决定了中国在快速城市化时期，需要强化国土空间规划宏观调控的职能，在促进国土均衡发展的同时，也需要通过合理的城市化空间格局来追求效率。根据当前的发展阶段，应尽快制定合理清晰的城市化战略格局以及相应的农业化战略格局和生态安全战略格局的规划。

专栏 9　　　　　　　　　　国土空间的分类

一般而言，如果从提供产品的类别来划分，一国的国土空间，可以分为城市空间、农业空间、生态空间和其他空间四类。

城市空间，是指以提供工业品和服务产品为主体功能的空间，包括城市建设空间和工矿建设空间。城市建设空间包括城市和建制镇的建成区，工矿建设空间主要是独立于城市建成区之外的独立工矿区。城市空间是现代社会人类居住和活动的主体，人口多，居住集中，开发强度较高，产业结构以工业和服务业为主，居民点形态主要是规模较大的城市、城市群、城市圈、都市区等。

农业空间，是指以提供农产品为主体功能的空间，包括农业生产空间和农村生活空间。农业生产空间主要是耕地，也包括园地和其他农用地等；农村生活空间为农村居民点和农村其他建设空间，包括农村公共设施和公共服务用地。耕地、园地等也兼有生态功能，但其主体功能是提供农产品，所以应该定义为农业空间。在现代社会，相对于城市空间，农业空间的人口较少，居住分散，开发强度不大，产业结构以农业为主，居民点形态多为相对密集的分散的小城镇和村庄。

生态空间，是指以提供生态产品或生态服务为主体功能的空间。从提供生态产品多寡来划分，生态空间又可以分为绿色生态空间和其他生态空间两类。绿色生态空间主要是指林地、水面、湿地、内海，其中有些是人工建设的如人工林、水库等，更多的是自然存在的如河流、湖泊、森林等。其他生态空间主要是指沙地、裸地、盐碱地等自然存在的自然空间。林地、草地、水面虽然也兼有农业生产功能，可以提供部分林产品、牧产品和水产品，但其主体功能应该是生态，若过于偏重于其农业生产功能，就可能损害其生态功能，因此，林地、草地、水面等应定义为生态空间。相对与农业空间，生态空间的人口稀少，开发强度很小，经济规模很小，居民点形态为点状分布的数量很少的村庄。

其他空间，是指纵横于上述三类空间中的交通、能源、通信等基础设施，水利设施以及军事、宗教等特殊用地的空间。

（一）国土空间的变化

改革开放以来，我国经济持续快速发展，工业化和城市化加速推进，国土空间也发生了巨大变化。

表 3-1   空间结构的变化   单位：万平方公里

年份	城市空间		农业空间		生态空间		其他空间
	城市建设空间	工矿建设空间	农业生产空间	农村生活空间	绿色生态空间	其他生态空间	
2000 年	2.98	2.99	164.63	16.56	510.04	248.48	4.99
2005 年	3.61	3.66	159.16	16.57	515.41	246.92	5.35
2007 年	3.93	4.00	159.04	16.54	515.58	246.10	5.51
2008 年	4.06	4.15	158.95	16.53	515.53	245.91	5.56

资料来源：根据国土资源部历年国土报告计算。

2008 年，在 960 万平方公里的陆地国土空间中，各类建设空间占地共计 33 万平方公里，其中农村居民点占地 16.53 万平方公里，城市建设空间 4.06 万平方公里，独立工矿区 4.15 万平方公里，交通占用空间（不包括农村道路）2.5 万平方公里；耕地 121.72 万平方公里；主要作为生态空间并兼有农业功能的林地、牧草地分别为 236.09 万平方公里和 261.83 万平方公里。

表 3-2   细分类的国土空间结构的变化   单位：万平方公里

		2000 年	2005 年	2007 年	2008 年
耕地		128.24	122.08	121.74	121.72
园地		10.58	11.55	11.81	11.79
林地		228.79	235.74	236.12	236.09
牧草地		263.77	262.14	261.86	261.83
其他农用地		3.81	25.53	25.49	25.44
城镇建设用地		2.98	3.61	3.93	4.06
农村居民点		16.56	16.57	16.54	16.53
独立工矿		2.99	3.66	4.00	4.15
交通用地		1.95	2.31	2.44	2.50
水库	小计	3.53	3.60	3.63	3.65
	水库水面	2.66	2.72	2.74	2.76
其他建设用地		2.18	2.17	2.18	2.18
未利用土地	小计	285.30	261.72	260.95	260.76
	河流、湖泊	14.81	14.80	14.85	14.85

资料来源：根据国土资源部历年国土报告计算。

由于统计口径及其数据可比性的原因，我们无法得到时间跨度更长的可比数据，只有 2000 年以来的数据。但这几年国土空间结构的数据，对判断空间结构长期性的变化趋势不应该有大的影响，总的趋势和方向应该是一致的。这些变化主要有：

一是随着工业化、城市化进程的加快，城市空间快速拓展。2000—2008 年，城市建设空间增加了 1.08 万平方公里，增长 36%。工矿建设空间增加 1.16 万平方公里，增长 39%。随着交通基础设施建设步伐的加快，占用土地的增长也很快，由 2000 年的 1.95 万平方公里，增加到 2008 年的 2.5 万平方公里，增长 28%。其他建设用地变化不大，保持在 2.18 万平方公里左右。

二是农业生产空间持续减少，但随着农业生产结构的调整，农业空间内部结构也在变化。2000—2008 年，农业空间共减少了 5.68 万平方公里。在农业空间中，耕地减少最多，达到 6.53 万平方公里，减少 5%；园地增加了 1.21 万平方公里，增长 11%；农村居民点占地略有减少，在 2005 年达到高峰值的 16.57 万平方公里后逐步减少，2000—2008 年共减少了 300 平方公里。

三是随着对生态环境保护的逐步加强，绿色生态空间总量增加。2000—2008 年，林地增加 7.3 万平方公里，增长 3%，这是退耕还林和植树造林的成果。但牧草地则减少了 1.93 万平方公里，这一方面是因为草原退化还很严重，一些草地退化成沙化土地；另一方面是因为保护耕地更加严格后，一些城市建设和工业建设转向占用管理相对较松的草地。水库水面增加了 0.9 万平方公里，这是大力兴建水利设施的成果。

（二）国土空间开发中的问题

国土空间的上述变化，支撑了我国的工业化和城市化的快速推进和经济的快速发展，但也有一些问题需要引起注意。

首先，空间结构不合理①。主要表现为"三多三少"：

1. 就农业空间与生态空间来看，表现为生产空间偏多、生态空间偏少，过度开荒和扩大养殖面积等侵占了生态空间。近年来实行的退耕还林、退牧还草、退田还湖等，就是对这种空间结构的调整，把已经作为农业生产的空间再调整回到绿色生态空间。

2. 就城市空间来看，工业生产空间偏多，城市居住空间偏少。我国独立工矿空间多达 4.15 万平方公里，城市建设空间中还有 8035 平方公里的工业生产空间，9949 平方公里的国家和省级开发区中大部分也是用于工业生产的，扣除重复计算的部分，工矿业生产占用的空间有 5 万平方公里。我国城镇建设空间是 4.05 万平方公里，其中居住空间占 30.9%，据此测算，城镇空间中用于居住的空间仅为 1.2 万平方公里②。

---

① 空间结构是指不同类型空间的构成及其在不同地域的分布，如城市空间、农业空间、生态空间的比例，城市空间中城市建设空间与工矿建设空间的比例，城市空间、工矿空间在区域之间的分布状况等。

② 日本工业产值与我国差不多，但其工业生产空间只有 1600 平方公里，1965 年到 2004 年的 40 年间，日本工业空间仅增加了 700 平方公里。日本有 1.3 亿人口，城乡居住空间是 1.1 万平方公里，平均每人的居住空间是 80 多平方米。日本三大都市圈地区的工业空间只有 600 平方公里，居住空间是 3700 平方公里，居住空间是工业空间的 6 倍。法国巴黎大区 1.2 万平方公里的总面积中，工业空间只有 205 平方公里，居住空间是 1100 平方公里，居住空间是工业空间的 5 倍。

3. 就城乡之间的生活空间来看，农村居住空间偏多，城市居住空间偏少。我国农村居民点空间 16.53 万平方公里（包括农村居民散养畜禽的庭院，不包括农村道路），农村人均居住空间 229 平方米；按我国城镇居住空间的有关标准测算，城镇人均用于居住的空间为 20 平方米（城市居住空间包括住宅占地，居委会、幼儿园等设施占地，小区道路和小区绿地）。

其次，部分地区开发强度过高①。目前全国的开发强度只有 3.48%，看起来并不高，但从我国有近一半的国土空间并不适宜城市化开发的角度来看，开发强度已经不低。若考察部分地区，则开发强度已经很高。上海是我国最发达的城市化地区，人均 GDP 刚刚跨越 1 万美元，开发强度已经达到 29%（若扣除三岛②面积则开发强度为近 50%），法国的大巴黎、英国的大伦敦以及日本的东京圈、大阪圈、名古屋圈三大都市圈的平均面积与上海大体上属于同一尺度的空间单元。大巴黎的人均 GDP 达到了 6.3 万美元，开发强度只有 21%；大伦敦的人均 GDP 是 6.4 万美元，开发强度只有 23.7%；日本三大都市圈的人均 GDP 达到 3.7 万至 4.2 万美元之间，平均的开发强度只有 15%，东京的开发强度最高也只有 29.4%。香港、深圳、东莞大体上属于同一尺度的空间单元，香港的开发强度为 21%，深圳、东莞分别为 46.95% 和 42.3%。开发强度高，意味着在一定的空间单元内，集聚的经济规模和人口多，也意味着农业空间和生态空间变小，农产品和生态产品的生产能力受到影响。

土地开发中的浪费和低效率是导致我国部分城市化地区开发强度过高的重要因素。我国部分城市化地区的开发强度高，主要是工业、乡镇建设和农民宅基地占用的土地过多。上海的工业用地为 900 多平方公里，占全部建设用地的 33%，乡镇建设用地近 400 平方公里，占 13.8%，农民宅基地占地近 500 平方公里，占 17.3%。以上三项占上海全部建设用地的 64%。工业用地多是因为园区多而分散，上海有各类园区 700 个，其中国家级只有 15 个，市级也只有 26 个，其他 600 多个均为区级和乡镇级的园区，这些国家公告外的园区总占地近 400 平方公里。乡镇建设用地多且布局分散、零乱，容积率只有 0.3，大量厂房闲置。上海共有农户 100 万左右，每户占地 450 平方米，农村人口 215 万人，农村人均住宅占地为 230 平方米左右。上海没有山地，水面和耕地就是生态空间，开发强度过高，不仅意味着农地的减少，也意味着生态空间的减少。

第三，生态环境损害严重。由于不合理的开发活动，加剧了我国原本就比较脆弱的生态环境。在工业化和城市化的开发中，一些生态脆弱地区不顾资源环境承载能力的肆意开发，带来湿地萎缩，河湖干涸，土壤侵蚀严重，沙漠化、石漠化、草原退化加剧，地质灾害频发等生态环境问题，使越来越多的国土空间成了不适宜人们居住的空间。我国荒漠化面积 10 年间扩大了 2 万平方公里，达 264 万平方公里，占国土面积的 27%；沙漠化面积 174 万平方公里，占国土面

---

①　开发强度是指一定空间单元中建设空间占该区域总面积的比例。建设空间包括城市和建制镇的建成区、独立工矿区、农村居民点、交通、能源、水利设施（不含水面）和军事、宗教等其他建设用地等。

②　三岛由崇明、长兴、横沙三岛组成。三岛陆域总面积 1411 平方公里。

积的 18%。全国水土流失面积达 356 万平方公里，沙化土地 174 万平方公里，石漠化面积 12.96 万平方公里，退化、沙化、碱化草地达 135 万平方公里。2008 年全国有地下水降落漏斗 222 个，其中浅层 133 个，深层 78 个，岩溶 11 个。我国主要污染物排放总量已经超出环境容量，其中严重超出环境容量的地区占国土面积的 27%。流经城市的河段普遍受到污染，许多城市空气污染严重，持久性有机污染物的危害开始显现，土壤污染面积扩大，近岸海域污染加剧，环境污染已经严重威胁人民的健康。

专栏 10　　　　　　　　　　　西部的生态贫困

　　西部曾是中华文明的重要发祥地。历史上，西部曾以生态良好、经济繁富而著称，西安曾经一度还是国家的政治经济和文化中心。一般认为，西部自安史之乱以来逐渐衰败。西部地区的水资源过度开发、水土流失、生态环境退化等问题自 20 世纪 50 年代以来变得日益突出。有学者认为，自 20 世纪 50 年代以来，西部地区经济快速发展，一直伴随着生态环境不断恶化，西部民族地区的长期可持续发展已受到生态瓶颈的严重制约，整个中华民族的长期可持续发展也有赖于该地区生态环境的有效保护和改善（阿布力孜·玉苏甫、陈祖群，2007）。

　　在西部，贫困和生态退化是一组伴生问题。贫困与生态退化形成了恶性循环。这种恶性循环的贫困就是生态贫困。据 2002 年初统计，我国文盲约 8507 万，而这巨大的文盲队伍 90% 在农村，50% 在西部（李林樱，2007）。西部贫困地区主要地处高原高寒山、沙漠荒漠以及水土严重流失区，自然条件恶劣，生态破坏严重。近年来，西部人口增加明显。人口的增加加剧了过度开垦，进而进一步加剧了生态环境的恶化。"生态恶化与经济发展滞后互为因果，相互强化，加大了累积效应。形成生态环境恶化→经济发展滞后→生态环境继续恶化……累积恶性循环，进一步削弱了西部地区经济发展的基础。据估计，西部地区每年因生态破坏造成的直接经济损失为 1500 亿元，占当地生产总值的 13%，至于间接潜在的损失和生态恢复费用则比这一数字还要高出数倍"（茶洪旺、熊冬良、汪茂泰，2005）。

　　资料来源：陈涛：《生态移民：环境社会学的视角》，邴正主编：《改革开放与中国社会学：中国社会学学会学术年会获奖论文集》，社会科学文献出版社 2009 年版。

　　第四，经济布局与人口空间失衡。由于以农民工为主体的流动人口只能流动就业，而其需要养育的子女和赡养的老人却不能随其在就业地落户，导致劳动人口与赡养人口的空间分离。

　　集聚经济的地区，并未集聚相应规模的人口，在一定程度上夸大了不同区域间人均 GDP 的差距。2009 年，中西部地区净流入到东部地区务工经商的农民工有 4464 万人，其中，不带家庭成员的农民工有 3553 万人。假定这些人平均每人能带一个家庭成员到东部地区居住，则东部地区的总人口就要增加 3553 万人，东部地区的人均 GDP 将由原来的不计入农民工家庭成员时的 3.98 万元，减少到 3.72 万元。相应地，中部和西部地区的人均 GDP 将由原来的 2.03 万元和 1.82 万元，分别提高到 2.14 万元和 1.89 万元。东部地区与西部地区人均 GDP 的差距将由原来的 2.18 倍，减小到 1.97 倍，东部地区与中部地区人均 GDP 的差距将由原来的 1.96 倍，减小到 1.73 倍。差距缩小的程度取决于农民工平均带来的家庭成员的数量。目前人均 GDP 排在全国前列的省市，往往也是农民工净流入最多的地区。因此，在经济继续向少数区域集中的趋势下，如果我们继续把人口固化在原来的行政区，就会夸大地区之间人均 GDP 的差距，形成不必要的政治压力和社会压力。

表 3-3　　　　　农民工及其家庭成员市民化对缩小区域间人均 GDP 差距的影响

	现有常住人口（万人）	农民工净流入数量（万人）	按假设条件核定的总人口	按现有人口数计算的人均 GDP（万元）	按现有人口计算的人均 GDP 差距（以西部为1）	按核定总人口计算的人均 GDP（万元）	按核定人口计算的人均 GDP 差距（以西部为1）
东部地区	52761.75	4463.9	56315.01	3.98	2.18	3.72	1.97
中部地区	42169.07	-2810.8	39931.67	2.03	1.12	2.14	1.14
西部地区	36729.69	-1653.2	35413.74	1.82	1	1.89	1

资料来源：根据 2009 年农民工监测调查报告、全国及各省（自治区、直辖市）统计公报计算。其中按假设条件核定的总人口，是按农民工净流入中非举家搬迁人数（约 80% 估算）每人再带 1 名家眷，去调整各地区人口总量得出。

劳动人口与赡养人口的空间分离，以及城乡公共服务不合理的供给体制等，造成地区间公共服务水平的差距过大。劳动人口流入地得到了他们创造的 GDP 和税收，流出地却要负担他们家属的公共服务，加上不尽合理的财税体制，必然带来各地区人均公共财政支出和公共服务水平的反差。

二、城市化的空间变化

（一）城市化空间拓展的状况

改革开放以来，城市建成区面积拓展不断加快，反映了城市化进入中期阶段后不断加快的趋势。全国城市建成区面积由 1981 年的 7438 平方公里，增加到 2008 年的 3.6 万平方公里，增加 3.88 倍，年均拓展速度为 6.3%。20 世纪 80 年代，城市建成区面积年均增加只有 600 平方公里左右，90 年代年均增加 960 平方公里，新世纪以来，拓展速度明显加快，年均增加多达 1732 平方公里。

表 3-4　　　　　　　　　　全国城市建成区面积　　　　　　　　单位：平方公里

年份	建成区面积	比上年增长（%）	年份	建成区面积	比上年增长（%）
1981 年	7438.0		1995 年	19264.2	7.38
1982 年	7862.1	5.70	1996 年	20214.2	4.93
1983 年	8156.3	3.74	1997 年	20791.3	2.85
1984 年	9249.0	13.40	1998 年	21379.6	2.83
1985 年	9386.2	1.48	1999 年	21524.5	0.68
1986 年	10127.3	7.90	2000 年	22439.3	4.25
1987 年	10816.5	6.81	2001 年	24026.6	7.07
1988 年	12094.6	11.82	2002 年	25972.6	8.10
1989 年	12462.2	3.04	2003 年	28308.0	8.99
1990 年	12855.7	3.16	2004 年	30406.2	7.41
1991 年	14011.1	8.99	2005 年	32520.7	6.95
1992 年	14958.7	6.76	2006 年	33659.8	3.50
1993 年	16588.3	10.89	2007 年	35469.7	5.38
1994 年	17939.5	8.15	2008 年	36295.3	2.33

资料来源：《中国城市建设统计年鉴》（1990—2005 年），《中国统计年鉴》（2006—2007 年）。

表 3-5　　　　　　　　全国县城和建制镇建成区面积　　　　　　　单位：平方公里

年份	建制镇建成区面积	年份	县城建成区面积	建制镇建成区面积
1990 年	8220	1999 年		16750
1991 年	8700	2000 年	13135	18200
1992 年	9750	2001 年	10427	19720
1993 年	11190	2002 年	10496	20320
1994 年	11880	2004 年	11774	22360
1995 年	13860	2005 年	12383	23690
1996 年	14370	2006 年	13229	31200
1997 年	15530	2007 年	14260	31200
1998 年	16300	2008 年	14776	30160

资源来源：《中国城市建设统计年鉴》（2008 年）。2000 年以前县城建成区无数据。

城市化的空间布局与人口分布、经济布局高度相关，城市主要分布在东部沿海地区。城市化空间格局的区域差异很大，总体上呈现东、中、西逐级递减的分布特征。用每万平方公里城市数量衡量，各省、自治区的城市密度情况为：江苏、浙江和山东的城市密度最高，每万平方公里城市数量为3.86个、3.3个和3.2个；广东、河南、海南、辽宁、湖北、福建等的城市密度在1.9—2.5个/万平方公里之间；安徽、河北、北京、天津地区、吉林、山西、湖南、江西、宁夏、广西等8个省区市的城市密度在0.9—1.8个/万平方公里之间；贵州、陕西、黑龙江、四川（含重庆）等4个省区市在0.5—0.8个/万平方公里之间；云南、甘肃、内蒙古、新疆、青海、西藏等6个省区则低于0.5个/万平方公里，其中内蒙古、新疆、青海、西藏低于0.2个/万平方公里（表3-6）。

表3-6　　　　　　　　　　　　2007年各地区城市密度　　　　　　　　单位：个/万平方公里

地区	城市密度	位序	地区	城市密度	位序
河北	1.61	11	湖南	1.38	14
山西	1.47	13	广东	2.44	4
内蒙古	0.18	24	广西	0.91	17
辽宁	2.07	7	海南	2.35	6
吉林	1.56	12	四川	0.66	21
黑龙江	0.67	20	贵州	0.76	18
江苏	3.86	1	云南	0.45	22
浙江	3.30	2	西藏	0.02	27
安徽	1.69	10	陕西	0.68	19
福建	1.92	9	甘肃	0.38	23
江西	1.31	15	青海	0.04	26
山东	3.20	3	宁夏	1.06	16
河南	2.38	5	新疆	0.14	25
湖北	2.00	8			

注：引自顾朝林：背景报告，2009。资料来源：住房和建设部城乡规划司：《2007年全国设市城市及其人口统计资料》。

（二）城市空间拓展的特点

根据遥感影像，选取全国55个有代表性的城市[①]，对20世纪70年代以来主要城市发展过程的遥感监测，可以观察到城市的持续扩展和扩展速度不断加快的基本特点。

从城市空间形态来看，位于平原地区或依山傍水的城市，城市扩展受地形影响相对较小，具有相对较大的地域空间，城区规模一般较大，扩展速度也较快，多数情况下是以原城区为中心的环带扩展或沿交通干线放射扩展，越来越多的城市形成了环城布局形态，如北京、郑州等。很多

---

① 这55个城市包括4个直辖市、27个省会（首府）城市和其他城市24个。24个城市均为有一定代表性的城市，包括唐山、大同、包头、大连、阜新、吉林、齐齐哈尔、无锡、徐州、宁波、蚌埠、厦门、枣庄、青岛、宜昌、湘潭、深圳、珠海、防城港、克拉玛依、武威、南充、丽江、日喀则。直辖市和省会城市的监测初期时间多从20世纪70年代开始，其他城市受数据获取的限制，多从1987年开始，大多数城市的监测末期为2008年。

城市在原有纵横交错的布局或放射状布局基础上逐步扩大，如天津、石家庄等。

位于大江大河两岸的城市，越来越与流经城区的河流融为一体，多数城市在河流两侧拓展，如上海、南昌等，原来在河流一侧为主的城市，随着城市规模的扩大，在河流对岸的扩展也非常引人注目。

相对于平原地区的城市，在山地依河谷发展形成的城市，扩展过程明显受到河谷两侧山地地形影响，多数情况下依河谷方向延伸发展，西部地区的城市表现更加明显，如重庆、乌鲁木齐等。随着城市的扩展，城市外围到周边山地或河流的距离越来越近，原来较大的空间，受到地形限制逐步缩小，如太原、福州等，或夹在山地中间或位于山地、河流之间，已经紧邻周边山地或河流，进一步扩展的空间受到明显挤压。

位于沿海的城市，在占用陆地面积的同时，也在向海洋延伸，城市空间布局深受海洋或其岛屿影响，沿海岸延伸的形态十分明显，如青岛。

从城市空间扩展的速度来看，建成区扩展速度相当快，但不同城市的拓展速度差异巨大。1973—2007年，海口建成区面积增加23.42倍，扩大了100平方公里，防城港、郑州、宁波等增加5倍以上，变化最小的是齐齐哈尔，2008年建成区仅为1989年的1.21倍；北京、上海、深圳、南京、广州、郑州、成都七个城市的年均扩展面积均超过10平方公里，其中，北京年均扩展面积最大，30多年来年均扩展26.69平方公里；日喀则、克拉玛依、武威、宜昌、齐齐哈尔、南充、拉萨、丽江、湘潭、西宁、蚌埠11个城市的年均扩展面积都小于1平方公里，其中日喀则年均仅增加0.25平方公里。

从不同规模城市看，呈现出城市规模越大，扩展速度越快的趋势。在整个监测期内，人口400万以上城市的平均年扩展速度一直居于首位。人口400万以上城市的平均扩展速度呈现明显的四次台阶式增长；20世纪70年代后期至80年代前期，平均每年扩展速度基本都在5平方公里以下，80年代后期和90年代稳定在10—15平方公里，进入21世纪城市建成区面积突飞猛进，2001—2004年间达到每年25平方公里以上，2005年以后又回落到12.9平方公里，并呈逐年下降趋势。人口在200万—400万的城市和人口在100万—200万的城市也表现出了两次扩展速度的抬升，但趋势较为平缓：前一类城市第一次抬升是1988—1993年，第二次是从1998—2003年，2005年后开始逐年回落；后一类城市扩展速度的进程较前一类滞后，在2000年才出现第一次提升，第二次同样出现在2003年，一直持续到2008年。人口在50万—100万的城市自1988年开始，年平均扩展速度在2平方公里以下，2003年猛增至7.55平方公里，但这一高速度仅持续了两年，2005年后又回落到5平方公里以下。人口50万以下的城市年平均扩展速度波动很小，仅在2005—2006年超过了1平方公里/年，其余时间都在1平方公里/年以下浮动。

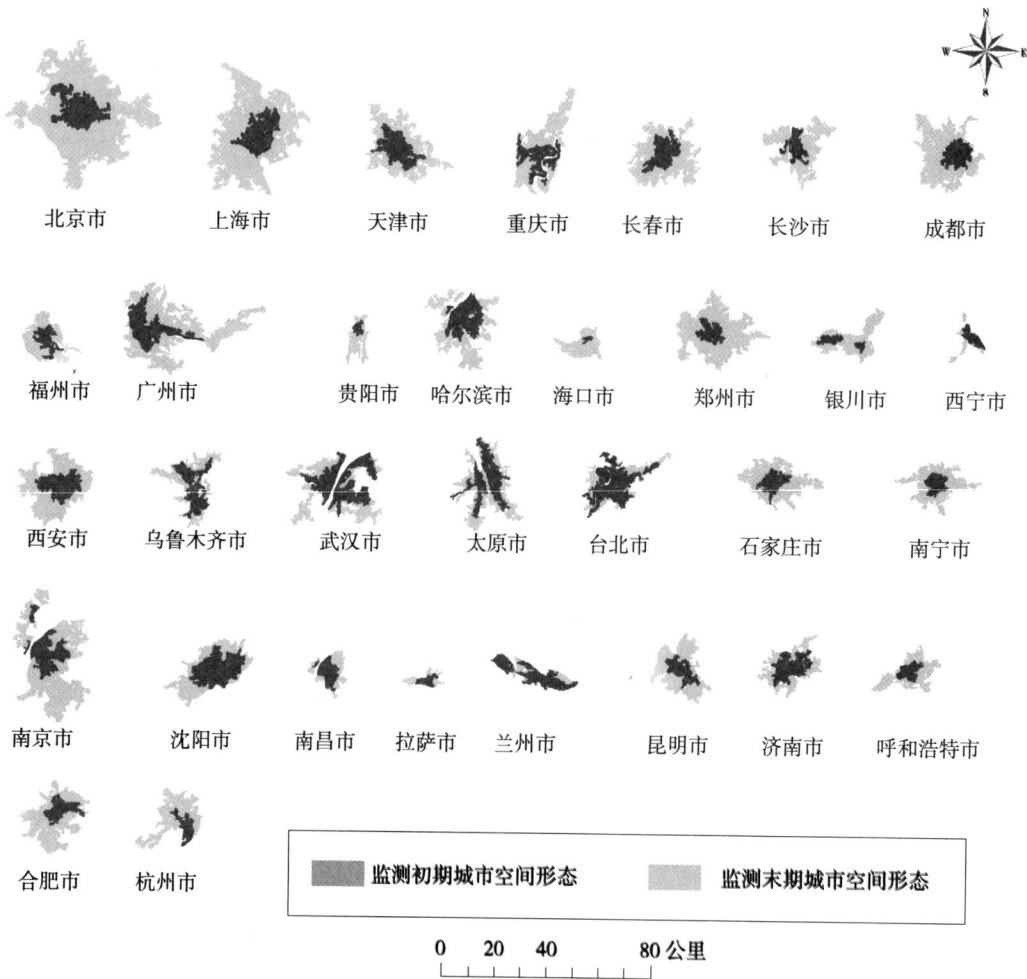

北京市　　上海市　　天津市　　重庆市　　长春市　　长沙市　　成都市

福州市　　广州市　　　贵阳市　哈尔滨市　海口市　　郑州市　　银川市　　西宁市

西安市　乌鲁木齐市　　武汉市　　太原市　　台北市　　石家庄市　　南宁市

南京市　　沈阳市　　南昌市　　拉萨市　　兰州市　　昆明市　　济南市　呼和浩特市

合肥市　　杭州市

| ▇ 监测初期城市空间形态 | ▨ 监测末期城市空间形态 |

0　20　40　　80公里

图 3-1　不同规模城市平均扩展速度

资料来源：张增祥：背景报告，2009。

从城市土地来源[①] 看，城市化空间扩展对耕地的占用仍然是建成区面积增加最主要的来源，占总扩展面积的57%，其他建设用地占总扩展面积的32%，以林地、水域、草地等为主的其他土地占总扩展面积的11%。

城市扩展占用土地类型的比例在各个城市之间存在很大差异。其中，占用耕地比例大的城市最多，共有46个，耕地占用在总面积扩展中的比例在42.5%—100%。以城市周边其他建设用地为最大土地来源的城市有北京、深圳、哈尔滨、大连和齐齐哈尔5个城市。城市扩展使用其他土地面积的，主要是西部和南方的部分城市，包括以占用草地为主的克拉玛依、以占用林地为主的广州和宜昌，以及以填海造地为主的防城港等（张增祥，背景报告，2009）。

---

① 城市土地来源可以分为三类：第一是占用耕地；第二是占用其他建设用地，即城市建成区以外的独立城镇、农村居民点、工矿和交通等其他建设用地；第三是其他土地，即扣除耕地和其他建设用地以外的所有土地来源，包括林地、草地、水域、未利用土地和海域。

三、确立城市化空间布局的原则

实现城市化是就国家发展的总体而言的,并不是每个行政区、每个层级的行政区都要实现城市化。同时,城市化空间布局,只能占据很小的一片国土,大部分国土应该是农业空间和自然生态空间。我国城市化发展、经济布局以及整个国土空间开发中存在的一些问题,在相当程度上是各个行政区甚至各级行政区都要追求城市化导致的。为此,确定合理的城市化空间布局,需要澄清一些认识,确立一些原则。

(一)有利于人口、经济和资源环境的空间均衡[①]

城乡和区域之间居民生活水平和公共服务的差距过大,上亿人口常年大流动及其带来的种种社会问题,各地滥设开发区和部分城市盲目扩大建设面积带来的耕地锐减,地下水超采导致的大面积地面沉降,超载过牧等带来的沙化退化,山地林地湿地过度开垦导致的荒漠化和水土流失,水资源和能源大规模跨区域调动的压力日益增大等等,其实质都是空间失衡的结果。空间失衡,客观原因是我国空间资源稀缺,水、土地、能源等资源分布与经济活动、人口居住的分布天生就不协调;主观原因是在发展经济和推进城市化的过程中,缺乏空间均衡的理念和原则。

确立空间均衡的理念和原则,对实现城乡、区域的协调发展,实现可持续发展具有重要意义。如果不树立空间均衡的理念和原则,不从根源上考虑转移生态脆弱地区的人口,就挡不住这类区域进行的经济开发,也就无法从源头上扭转生态环境恶化的趋势。当生态被严重破坏后,就不得不花费大量资金进行退耕还林、退牧还草,以及类似三江源生态保护和建设、京津风沙源治理、云贵高原石漠化治理等一批又一批的生态建设工程。再如,如果不树立这一理念和原则,不从根源上控制资源环境承载力已经减弱区域的开发强度,不推动这类区域调整已经不适应资源环境承载力的产业结构,也就挡不住其继续消耗更多的能源和水资源,难以从源头上控制污染物排放的增加。当缺电、缺水影响到人民生活或者恶性环境事件发生后,就不得不花费大量资金为其建设一批又一批的输电、送水和污染治理工程。还有,如果不树立这一理念和原则,不从根源上严格掌控人口负担已经很重的超大城市的城市功能,不推动这类城市适度舒解一些城市功能,放任其继续全面拓展和强化经济中心、工业基地、商贸中心、交通枢纽等功能,也就堵不住人口的蜂拥而入,挡不住房价的"蒸蒸日上",也难免道路交通的拥挤不堪和环境的不堪重负。

树立空间均衡的理念,从战略上说,就要规划好未来我国人口达到峰值时,14.6亿的人口、120万亿元的GDP、18亿亩的耕地、2.8万亿立方米的水资源以及其他资源在960万平方公里的

[①] 空间均衡,就是在一定国土空间单元内,从以人为本出发,以资源环境承载能力为基础,实现人口、经济、资源环境三者之间的空间均衡。

陆地国土空间上如何分布，从而形成大体均衡的格局，既能实现人口分布与经济布局的大体均衡，城乡区域的协调发展，又能促进人与自然的和谐发展，给我们的子孙留下天蓝、水清、山绿的家园。960 万平方公里的陆地国土空间及依附于其上的各种资源，不仅是我们这一代中国人的，也是中华民族未来一代又一代人口的，不能仅仅为了我们这一代的人生活更宽裕、为了创造更多的 GDP，就不惜破坏中华民族子孙万代共有的这片家园。

（二）有利于保持和增强生态产品的提供能力

改革开放以来，我国提供农产品、工业品和服务产品的能力迅速增强，但总体上看，提供生态产品特别是优质生态产品的能力大大减弱。既然我们的发展观是以人为本的，就应该把提供生态产品也作为发展的重要内容，而不是仅仅把发展定义为增强农产品、工业品和服务产品生产能力的过程。

专栏 11　　　　　　生态产品的概念与特征

产品既可以从生产角度定义，也可以而且应该从需求角度进行定义。从需求角度，清新空气、清洁水源、舒适环境、宜人气候也具有产品的性质，因为它们能满足人的需要。在能源紧张、资源短缺、生态退化、环境恶化、气候变暖、灾害频发，以及人们对清新空气、清洁水源、舒适环境、宜人气候的需求不断增加的背景下，我们应该与时俱进地丰富产品的内涵，确立生态产品的产品性质。

生态产品，是指维系生态安全、保障生态调节功能、提供良好人居环境的纯自然要素或经过人类加工后的人工自然要素。生态产品除了直接满足人们的生存需要外，还通过诸如吸收二氧化碳、制造氧气、涵养水源、净化水质、保持水土、防风固沙、调节气候、清洁空气、减少噪音、吸附粉尘、保护生物多样性、减轻自然灾害等间接地满足人们提高生活品质的需要。

生态产品具有以下几个特性：一是地域性，生态产品只是在一定的空间单元发挥作用，即使是空气，也有明显的地域性。海南的空气再好，也不会满足居住在北京的人们的需要。三江源的水流到长江口后，即便水量能够保持原有数量，但水质已经明显不同。二是不易计量性，生态产品不像工业品和农产品那样可以非常容易地分割成个人消费，其消费往往是群体性的，因此，较难精确计量每一位消费者消费了多少。三是无形性，生态产品往往无形，因此，生态产品也可以定义为生态服务。森林、草原、湿地、海洋是提供生态产品的"耕地"、"机器"，是生态产品的"生产能力"，但它们本身并不就是生态产品。若是破坏了这些生产能力，生态产品的数量就会减少、质量就会下降。四是公共性，生态产品与义务教育、基本医疗、社会保障、公共安全等一样，属于基本公共服务，难以像农产品和工业品那样由私人机构提供，应该由政府负责提供。

发展生态产品的重要意义在于：一是有利于树立人与自然和谐的理念。在开发自然、利用自然中，人类不能凌驾于自然之上，人类的行为方向应该符合自然的规律。二是有利于解释生态地区的发展权问题。生态地区也有人类居住和生活，他们也有发展权，也有谋求过上美好生活的权利，不过发展的内容不同，主要不是生产有形的农产品或工业品等物质产品，而是通过保护自然、修复生态提供生态产品。对生态地区而言，保护和修复生态，就是落实了科学发展观，就是坚持了发展是第一要务。三是解决"生态补偿"的理论依据。生态产品也是有价值的，因而也是可以"卖"的，只是由于技术上不易切割或计量每位生产者贡献的大小和每位消费者消费的多少，只能采取政府购买即"生态补偿"的方式进行交换。所以，所谓"生态补偿"，实质上是政府代表生态产品的消费者购买生态地区提供的生态产品。

（三）遵循不同区域的主体功能

不同空间的自然属性不同，也就决定了一定尺度的空间单元应该有不同的主体功能。

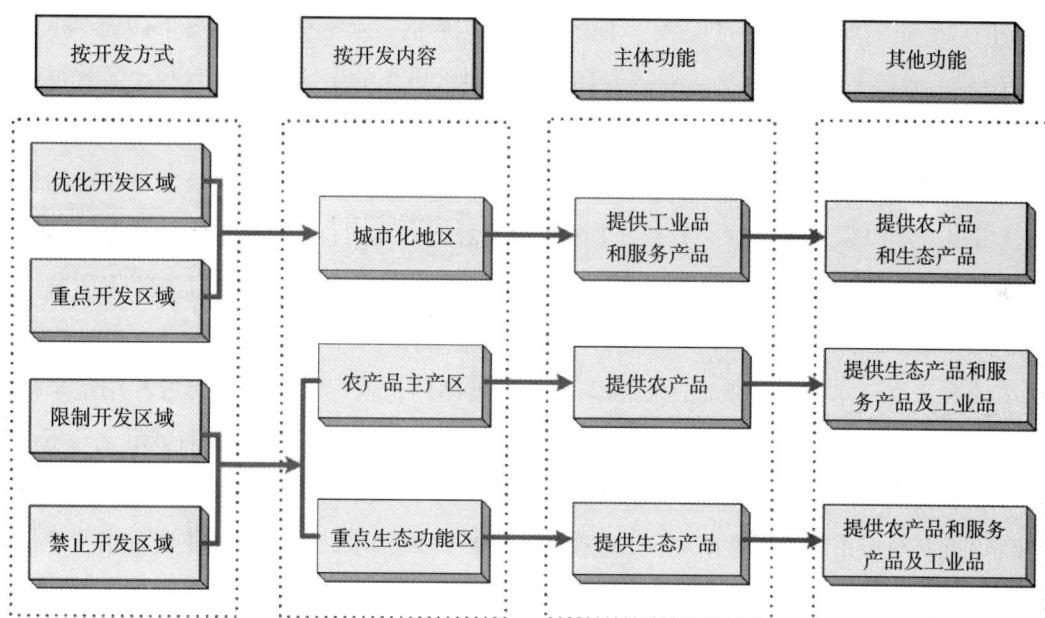

图 3-2　主体功能区分类及其功能

从提供产品的角度或按照开发内容划分，一定尺度的空间单元，或者以提供工业品和服务产品为主体功能，或者以提供农产品为主体功能，或者以提供生态产品为主体功能。城市化地区，就是以提供工业品和服务产品为主体功能的地区。农产品主产区，就是以提供农产品为主体功能的地区。重点生态功能区，就是以提供生态产品为主体功能的地区。必须区分不同国土空间的主体功能，根据主体功能定位确定开发的主体内容和主要任务。

根据自然属性区分主体功能具有重大意义。从满足人类需求来讲，城市空间、农业空间和生态空间三类空间都是稀缺的，因为稀缺所以要选择开发，要遵循自然规律开发。

主体功能不等于唯一功能，区分主体功能并不排斥其他功能。天然草原作为生态空间并不是绝对不可以放牧，但若把天然草原的主体功能定位为提供畜产品，把涵养水源、防风固沙、保持水土、调节气候、维护生物多样性等作为次要功能，过度放牧，就难免造成草原退化甚至沙化，最终损害提供生态产品的能力。退耕还林、退牧还草、退田还湖，实质是对过去主体功能错位的一种纠偏。"退"的是"耕"、"牧"、"田"等错位了的主体功能，"还"的是"林"、"草"、"湖"等本来的主体功能。尊重自然、顺应自然，根据不同空间的自然属性确定不同的主体功能，根据主体功能定位进行经济开发，根据经济规模集聚人口，这样，才能从根本上保护自然、保护生态。

（四）充分考虑不同空间的资源环境承载能力[①]

不同空间的主体功能不同，资源环境的数量和种类不同，集聚人口和经济的能力就不同。生态空间和农业空间由于不适宜或不应该大规模、高强度的工业化城市化开发，因而承载较高消费水平人口的能力有限，必然要有一部分人口逐步转移到就业机会较多、收入较高的城市空间。在农业经济时代，由于消费水平不高，一个地区可以在"养活"水平很低的情况下做到"一方水土养活一方人"，但在工业经济和服务经济时代，人们要求更高的生活水平，有些地区就很难再做到"一方水土养活一方人"。

另一方面，城市化地区资源环境承载能力也是有限的，人口和经济的过度集聚也会给资源环境、交通等带来难以承载的压力，使人们生活得很不舒适。我国有些地区，按地市这一行政单元衡量的国土开发强度已经超过40%，继续开发下去，就可能变成一块不适宜人类生活的"水泥板"。

拿水资源来看，水资源短缺地区，水就是一种硬制约，就应根据水资源可利用量来控制人口、经济的总规模和产业结构。在严重缺水的地区继续进行大规模、高强度的城市化和工业化开发，当地面水资源难以满足需要时，办法无非是两个，一是超采地下水，结果是地面沉降以及未来的基础设施甚至城市的毁灭性破坏；二是长距离、跨区域调水，这不仅要花费输水工程的财务成本，还会给水资源输出地区带来难以估量的负的生态外部性，还会在国土空间铺设众多输水管网，占用本不宽敞的空间。

（五）严格控制不同区域的开发强度

既然一定空间单元的承载能力是有限的，为了满足生态产品的需求，就必须控制开发强度。建设空间的扩大，意味着农业空间和生态空间的减少，而这就必然影响农产品特别是生态产品的生产量。农产品满足不了需求时，可以有区外调入，农产品依靠科技进步可以提高单位面积的产出。但生态产品则不同，如前文所述，生态产品具有地域性，不易调入性。因此，开发必须有节制，必须控制在满足当地基本生态产品需求的基础上，尤其是在环境危机突出的今天，经济效率

---

① 资源环境承载能力主要是指地理气候等自然条件、土地和淡水等基础资源以及环境容量等。

不应是唯一的考量。我们需要更多的绿地和农地来净化人类活动所产生的脏空气和脏水，让动植物有个栖身之地，确保国家有稳定的粮食供给。这些，都需要我们在城市化开发中，有一点自律精神，保留必要的农业空间和生态空间，给子孙留下点空间。

（六）严格控制工业生产空间的低效率扩张，提高城镇居住空间的比例

目前我国城镇工业生产空间比重偏高，除了与经济发展阶段这一特定因素有关之外，还与发展模式粗放、缺乏科学合理的工业和城镇规划以及城镇发展过程中"重生产、轻生活"的理念有关。应该积极促进经济结构的调整和生产方式的转变，促进工业和服务业的集聚化，避免出现"村村点火、镇镇冒烟"的工业发展方式，提高工业生产空间的土地利用效率。对现有适宜人居的工业生产空间（特别是工业园区）进行改造，分期分批地把一部分工业用地转换成城镇居住用地。这样既能缓解城市居住空间的压力，也不占用耕地。同时，加大对生活性基础设施和公共服务的投入，避免工业生产空间与居住空间的不合理分割，缩短通勤距离，提高城镇居民生活质量和经济运行效率。

四、城市化空间布局的总体构想

科学规划城市化空间布局，必须在全国国土空间开发的总体战略格局下统筹考虑，既要合理规划城市化的空间格局，也要保护好农业空间和生态空间，考虑到满足农产品需求和生态产品需求的要求，尽可能少地占用农业空间和绿色生态空间。

（一）国土空间的总体布局

从我国发展的国土空间全局和中华民族的永续发展出发，应该构建我国国土空间的"三大战略格局"。一是构建以陆桥通道、沿长江通道为两条横轴，以沿海、京哈京广、包昆通道为三条纵轴，以主要的城市群地区为主要支撑，以轴线上其他城市化地区和城市为重要组成的"两横三纵"的城市化战略格局。二是构建以东北平原、黄淮海平原、长江流域、汾渭平原、河套灌区、华南和甘肃新疆等的农产品主产区为主体，以基本农田为基础，以其他农产品主产区为重要组成的"七区二十三带"的农业战略格局。三是构建以青藏高原生态屏障、黄土高原——云贵高原生态屏障、东北森林带、北方防沙带和南方丘陵山地带生态功能区以及以大江大河重要水系为骨架，以其他重点生态功能区为支撑，以点状分布的国家禁止开发区域为重要组成的"两屏三带"的生态安全战略格局。

从战略上规划好我国国土空间的"三大战略格局"，才能使经济布局、人口分布、资源环境之间更加协调，更趋集中均衡。城市化将在适宜开发的很小一部分国土空间集中展开，产业集聚布局、人口集中居住、城镇密集分布。在继续提升环渤海、长江三角洲、珠江三角洲等现有特大城市群整体功能和国际竞争力基础上，在其他适宜开发的区域，引导形成若干新的大城市群和区域性的城市群。农村人口将继续向城市转移，所腾出的闲置生活空间将得到复垦还耕还林还草还水。生态地区涵养水源、防沙固沙、保持水土、维护生物多样性、保护自然文化资源等生态功能将大大提升，森林、水系、草原、湿地、荒漠、农田等生态系统的稳定性将大大增强。

（二）城市化的空间布局

综合考虑资源环境承载能力、现有开发强度和发展潜力以及政治的、民族的各方面因素，城市化的空间布局，可以按照特大城市群、大城市群、其他城市化地区（大都市区、城市圈、城市带）、边境口岸城市、点状分布的中小城市和小城镇五类来考虑，并实行有区别的城市化方针。这五类城市空间，未来可以集中 10 亿左右的城市人口，基本可以满足 2030 年中国人口达到 14.6 亿人高峰值、城市化达到 65% 时对城市空间的需要。

1. 优化开发三个特大城市群，即环渤海（包括京津冀、辽中南和胶东半岛）、长江三角洲、珠江三角洲地区。这些区域，开发强度已经较高而资源环境承载能力有所减弱，应实现优化开发的方针，在进一步增强综合经济实力的同时优化经济结构，加快转变经济发展方式，发展成为体现我国国家竞争力的重要区域、带动全国经济社会发展的龙头、全国重要的创新区域、有全球影响力的经济区、全国规模最大的人口和经济密集区。（详见第四章）

2. 重点发展 8 个大城市群。即哈长地区（黑龙江省的哈大齐和吉林省的长吉地区）、闽东南地区（福建沿海地区）、江淮地区（安徽皖江地区）、中原地区（河南中部）、长江中游地区（包括湖南的长株潭、湖北的武汉城市圈、江西的昌九地区）、关中平原地区、成渝地区、北部湾地区。我国人口高峰时有 14.6 亿左右的人口，不能像美国和日本那样只有三个大城市群，更不能像英国、法国、韩国那样只有一个大城市群。因此，在优化开发上述三个特大城市群的同时，还应在资源环境承载能力较强、集聚经济和人口条件较好、具备一定的经济基础、城镇体系初步形成、人口密度较高的地区，再引导形成若干新的大城市群。这些大城市群，应该形成 3000 万至 6000 万人口规模的大城市群。按照每个城市群平均集中 5000 万人口计算，这些新的大城市群地区可以集聚 4 亿多的城市人口。（详见第四章）

3. 培育发展其他城市化地区，包括大都市区、城市圈、城市带等。在优化开发现有三个特大城市群和重点发展一批新的大城市群的同时，还应在资源环境承载能力相对较强、能源和其他矿产资源比较丰富，具有一定的集聚经济和人口的条件，特别是对平衡国土空间开发、维护国土安全、促进各民族共同发展有重大意义的地区，培育发展若干个城市相对密集的城市化地区，如冀中南地区、晋中地区（太原城市圈）、呼包鄂榆地区、黔中地区（贵阳城市圈）、滇中地区（昆明城市圈）、藏中南地区、兰州—西宁地区、宁夏沿黄（河）地区、新疆天山北坡地区等。这些地区，除藏中南地区和宁夏沿黄地区外，具备形成 1000 万有些甚至可以达到 2000 万城市人口规模的条件。这些地区中，有些地区尽管资源环境承载能力不是很强，发展经济和集聚人口的潜力不是很大，但从领土安全、民族团结等角度考虑，还是应该重点培育发展。这些城市化地区，按照

每个地区平均集聚1000万以上的城市人口计算，可以集聚总共1亿人以上的城市人口。（详见第四章）

4. 壮大陆路边境口岸城市。适应拓展对外开放空间特别是积极参与国际区域合作的需要，结合陆路国际通道建设，应该将若干陆路口岸城市尽快做大，使之成为以边境贸易、口岸、旅游、交通枢纽为重要功能的区域性城市。如丹东、图们、绥芬河、黑河、满洲里、二连浩特、伊宁、喀什、日喀则、瑞丽、河口、凭祥、东兴等市。这些城市应围绕扩大边境贸易和对外合作完善口岸城市功能，增强人口承载能力建设，成为我国面向东北亚、中亚和东南亚开放的桥头堡，国际贸易物流节点和边境贸易的加工基地。这样，也有利于完善我国对外开放的空间布局。

5. 点状发展其他中小城市和小城镇。在上述主要城市化地区以外的城市，以及位于农产品主产区、重点生态功能区的中小城市和小城镇，要实行有限开发的城市化方针。在充分考虑资源环境承载能力的前提下发展好现有的城市、县城和有潜力的小城镇，形成"点"，而不是形成"片"。这类城市和小城镇，应当强化独特的主体功能，不要毫无重点地追求形成综合性的城市，应当根据本地优势，发展成为区域性的公共服务中心，有的可以成为重要的交通枢纽或者商贸物流、旅游休闲、文化教育、体育健康中心或者环境幽雅的居住区等，而不是都要去发展县域经济、繁荣小城镇经济，都去追求经济中心、工业基地。

第四章

走以城市群为主体形态的城市化道路

城市化形态是城市化道路的重要组成部分，中国今后十年要有 2 亿农民工及其家庭成员实现市民化，此后的十年还将有 2 亿左右农村人口要实现市民化。土地不足、资源短缺的基本国情决定了中国的城市化不能走蔓延型、分散化、低密度的道路，而必须走紧凑型、集约化、高密度的道路。要走出一条这样的城市化道路，就应该把城市群作为城市化的主体形态，在城市群这种功能性的城市化地区中促进大中小城市和小城镇的协调发展。

一、中国城市化道路的选择

（一）紧凑型城市

西方城市发展有两种模式：一种是以欧洲为代表的紧凑型模式，在有限的城市空间布置较高密度的产业和人口，节约城市建设用地，提高土地的配置效率。另一种是以美国为代表的松散型模式，人口密度偏低，但消耗的能源要比紧凑型模式多。

紧凑型城市首先由 George B. Dantzig 和 Thomas I. Saaty 于 1973 年在其出版的专著《紧凑城市——适于居住的城市环境计划》中提出。欧共体委员会（CEC）1990 年发布《城市环境绿皮书》，再次提出"紧凑城市"这一概念，并将其作为"一种解决居住和环境问题的途径"，认为它是符合可持续发展要求的。之后，探讨紧凑型城市的专家学者逐渐增多。大家对紧凑型城市逐渐达成一些共识，即紧凑型城市是高密度的，功能混用的城市形态。它的优点在于对乡村的保护、出行较少依靠小汽车、减少能源的消耗、支持公共交通和步行、自行车出行、对公共服务设施有更好的可及性、对市政设施和基础设施供给的有效利用、城市中心的重生和复兴等（方创琳、祁巍锋，2007）。

从城市形态分析，紧凑型城市的主要特征为城市高密度、功能混用和紧凑以及密集化。城市高密度即为人口和建筑的高密度，功能混用即为城市功能的紧凑和复合，而密集化即为城市各项活动的密集化。从空间尺度分析，紧凑型城市既可以是城市及城市群这样宏观尺度的，也可以是社区和居住区这样微观尺度的。在宏观尺度，紧凑反映为城市和城市群的高平均密度，在微观尺度反映为居住区或社区层面的高密度和高容积率。同时，在空间结构层面上，紧凑型强调集聚的单中心的而不是多中心（或分散）的城市空间结构模型（Gordon 和 Richardson，1997）。从政策层面分析，紧凑型城市的建设需要包括社会、经济、规划、交通、环境等相关政策的引导和支持，从而实现紧凑前提下的城市可持续发展（方创琳、祁巍锋，2007）。

中国人口众多、国土资源有限，这决定了中国只能走紧凑型城市化的道路，而不能选择美国那种松散型的城市化模式。然而，在重点发展小城镇和积极发展中小城市的政策推动下，在"乡改镇"、"县改市"、"县改区"、"地改市"成为推进城市化重要手段的背景下，在行政区主导经济增长、财政体制助长"以地生财"、户籍制度制约农民工市民化的体制下，中国的城市化走上了一条分散化、低密度和低容积率的道路。分散化主要是城市化布局问题，低密度与城市形态相关、低容积率则与城市建筑容量密切相关。

（二）城市规模越大、人口密度越高

城市或建制镇建成区[①]人口密度是一个综合反映城市紧凑程度的指标。人口密度越高，说明城市土地利用效率越高，反之，则土地利用效率越低。从静态的不同规模城镇的人口密度看，表4-1给出了我国不同规模城市、县城和建制镇建成区的人口密度。该表说明，城市规模越大，人口密度越高，土地利用效率也越高。其中，土地利用效率最高的是200万人口以上的超大城市，其2008年每平方公里集聚的人口为1.15万人，分别比特大城市、大城市、中等城市、小城市高出23%、18%、32%和63%。建制镇土地利用效率最低，2008年每平方公里集聚的人口只有4570人[②]。换句话说，如果全国6.4亿城镇人口都在小城镇居住，城镇建成区的面积要增加到14万平方公里，比目前全部城镇建成区多出近1倍。

表4-1　　　　　　　　　不同规模城市建成区人口密度的变化　　　　　单位：人/平方公里

	1981年城市建成区人口密度	2008年城市建成区人口密度	2008年比1981年减少的密度	2008年比1981年累计降低（%）的比例
超大城市（人口200万以上）	15405	11460	-3945	-25.61
特大城市（人口100万—200万）	10973	9302	-1671	-15.23
大城市（人口50万—100万）	11143	9692	-1451	-13.02
中等城市（人口20万—50万）	9663	8652	-1011	-10.46
小城市（人口20万以下）	5843	7035	1192	20.40

资料来源：《中国城乡建设统计年鉴》（1981、2008）。

（三）改革开放以来城市建成区人口密度呈下降趋势

人口密度的变化方向，可以反映出城市化是趋于更加紧凑和高密度，还是趋于蔓延扩张和低密度。从动态的人口密度变化情况看，把改革开放30年作为一个时段来看，全国所有类型城镇的建成区人口密度均呈现下降的趋势。1981—2008年，全国城市建成区人口密度由每平方公里1.9万人下降到1万人。这30年的总体趋势又可以分为三个不同的阶段：第一阶段是20世纪80年代，全国城市建成区人口密度基本上稳步提高，由1981年的每平方公里1.9万人增加到1990年峰值

---

①　由于中国的市是一个行政区划单位，所以市的面积并不能反映城市化的区域，需用城市建成区来反映一个市的城市化区域的大小。建成区指市行政区范围内经过征用的土地和实际建设发展起来的非农产业生产建设地段，包括市区集中连片的部分以及分散在近郊区与城市有着密切联系，具有基本完善市政公用设施的城市建设用地（如机场、铁路编组站、污水处理厂、通讯电台等）。

②　根据《中国城乡统计年鉴2008》计算所得。

的 2.5 万人，每平方公里人口密度增加了 5943 人。第二阶段是 20 世纪 90 年代，城市建成区的人口密度开始下降，但扣除 1991 年的数据异常变化（1 年时间由 2.5 万人猛然降到 2.1 万人是不可信的）后，20 世纪 90 年代城市建成区人口密度下降的速度并不是很快，由 1991 年的 2.1 万人下降到 2000 年的 1.7 万人，10 年时间下降 3800 人，平均每年下降 380 人。第三阶段是 21 世纪以来的 8 年，城市建成区人口密度下降的速度明显加快，由 2000 年的 1.7 万人下降到 2008 年的 1 万人，累计减少 7000 人左右，年均减少近 900 人[①]。

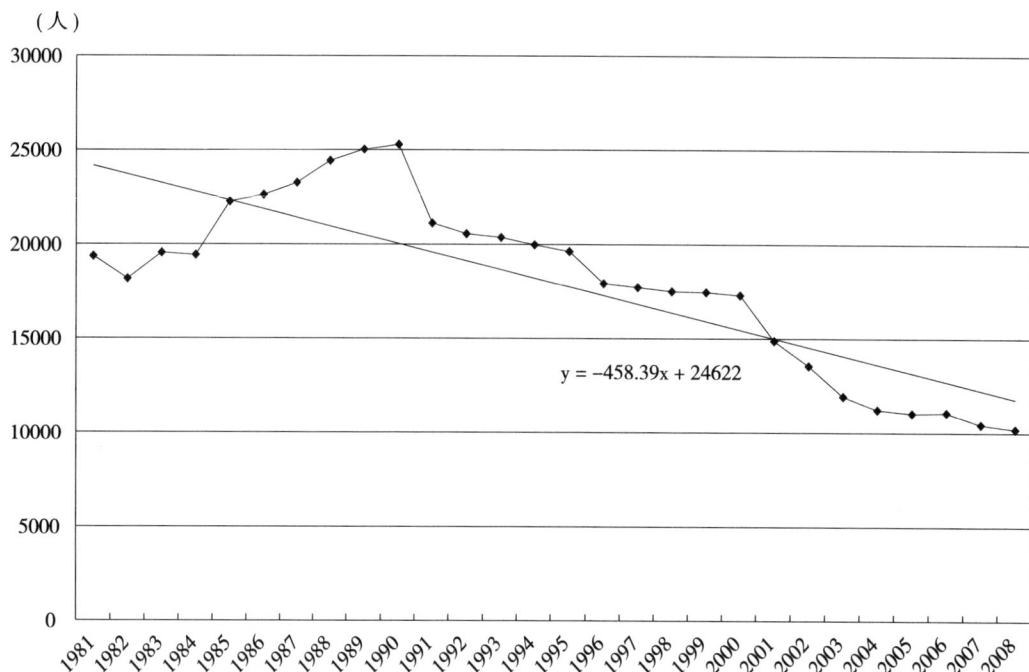

（人）

$$y = -458.39x + 24622$$

图 4-1　全国城市人口密度的变化

资料来源：《中国城乡建设统计年鉴 2008》。

不同规模城市人口密度变化情况有所不同[②]。由表 4-1 可知，人口密度降低幅度最大的是人口在 200 万以上的特大城市，1981 年的人口密度为 1.5 万人／平方公里，2008 年减少到 1.1 万人左右，减少 3944 人，其次是人口在 100 万—200 万的特大城市，减少 1670 人，大城市减少了 1451 人，中等城市减少 1011 人，小城市则增加 1192 人。2008 年，64 座百万人口以上城市的建成区面积达到 1.77 万平方公里，占了全国城市建成区的近 50%。百万以上人口的城市比 1981 年增加了 46 座，城市建成区面积扩大了 6 倍。大城市建成区扩大了 3 倍，中等城市面积扩大了 3.5 倍，小城市只扩大了 1.8 倍。

从总量上看，建制镇与县城的人口密度变化不如城市人口密度变化明显。县城建成区的人

---

① 2006 年以后，《中国城乡建设统计年鉴》增加了暂住人口的统计。因此，本章关于人口密度的计算中，2006 年以后的总人口中增加了暂住人口，否则，人口密度下降的幅度更大。

② 城市规模越大，人口密度减少的幅度越大，这一结果的原因将在下文进行分析。

口密度先降后升，由 2000 年的 1 万人 / 平方公里，降到 2005 年的 8000 人，2008 年提高到 8800 人左右。建制镇的人口密度总体上呈现下降趋势，1990 年建制镇建成区的人口密度是 7400 人，2008 年减少到 4500 人左右，累计减少了 2000 人左右。

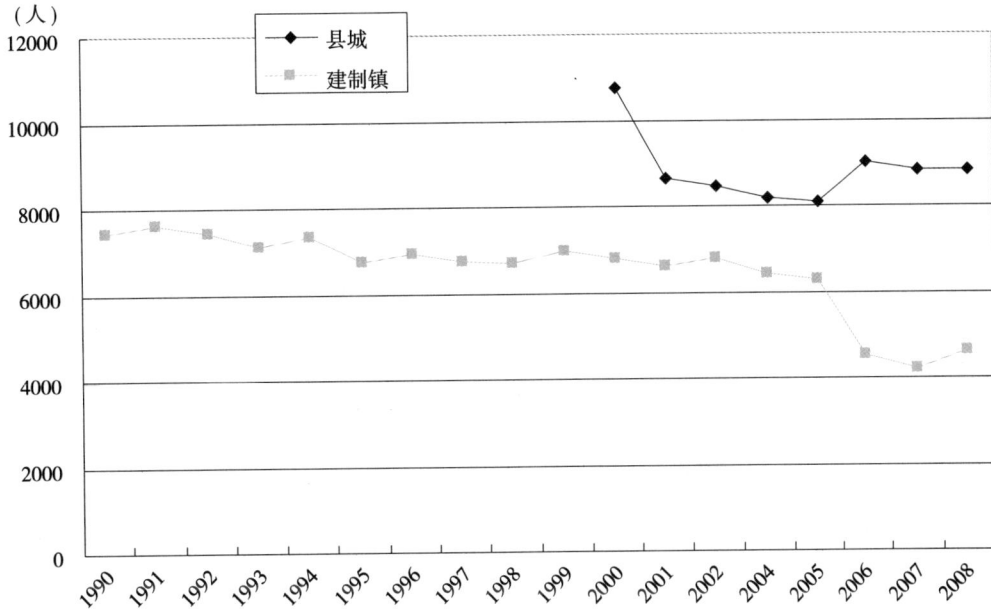

图 4-2 县城和建制镇建成区人口密度变化情况（人 / 平方公里）

资料来源：《中国城乡建设统计年鉴 2008》。

综上所述，改革开放以来，我国的城市化过程总体上是一个人口密度下降的过程。其中，县城和建制镇人口密度下降的速度最快，前者年均下降 2.8%、后者年均下降 2.7%；其次是 200 万人口以上的超大城市，人口密度年均下降 1%；再次是特大城市、大城市和中等城市，年均下降 0.5%—0.7%；小城市在两种分类的情况下有不同的变化方向，一种是人口密度呈增长趋势，另一种呈缓慢下降态势。

（四）人口密度下降的原因分析

城市人口密度下降的直接原因是人口城市化慢。本章分析人口密度使用的人口数据有一定的局限性，即在城市就业的农民工并未全部包括在人口总量中，按照《中国城乡建设统计年鉴》关于城镇暂住人口的统计，2008 年全国 655 座城市的暂住人口为 3517 万人，1635 个县城的暂住人口为 1079 万人，19234 个建制镇的暂住人口为 2531 万人，合计为 7127 万，少于国家统计局外出农民工有 1.45 亿人的统计，这就夸大了人口密度下降的程度，但并不会改变人口密度下降的总趋势。图 4-3 是包括了农民工人口在内的城市建成区人口密度变化的情况，总的趋势仍然是下降，只是下降的程度小一些。不包括农民工的城市建成区人口密度由 1981 年的每平方公里 1.9 万人下降到 2008 年的 1 万人，而包括农民工后下降到 1.4 万人。

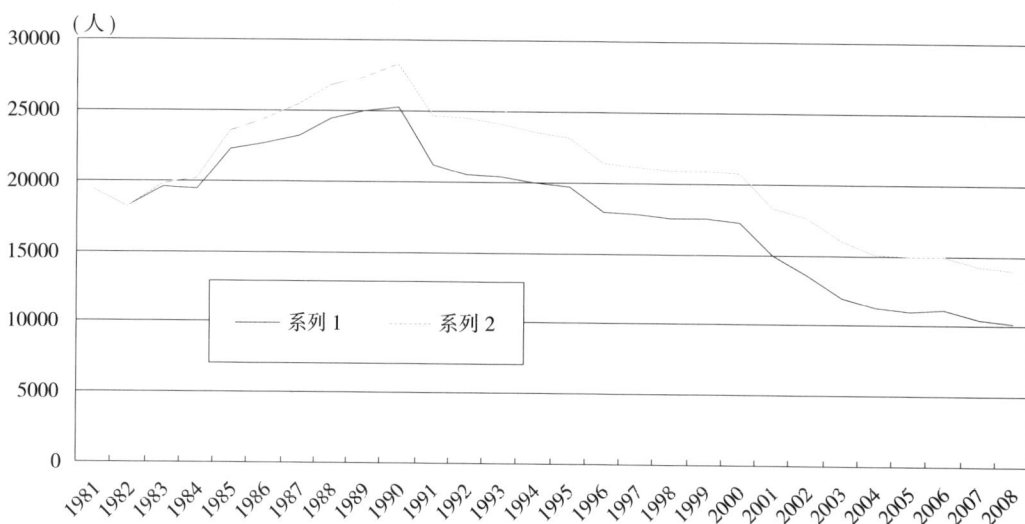

图 4-3　包括农民工后城市建成区人口密度的变化

注：系列 1 为按照城市户籍人口和暂住人口计算的城市建成区人口密度变化，系列 2 为包括了农民工在内的城市建成区人口密度的变化。

资料来源：《中国城乡建设统计年鉴》；农民工数据参见韩俊：背景报告，2009。部分缺乏数据的年份根据其他年份数据平推得出。

城市人口密度下降的另一原因是土地城市化过快。土地城市化快，有其客观性、阶段性和必然性的一面。目前我国城市化处于中期阶段，多数城市尚处于拉大城市框架为主的外延扩张阶段，其完善城市功能，增强承载能力必然要占用一定空间，而人口增加往往与城市功能完善有一个滞后期。另一方面，土地城市化快，更主要的还是推进城市化的政策不完善以及现行土地制度和财政体制下的一种必然结果。

首先是推进城市化的总体思路和政策缺位。在城市化快速发展中，以何种主体形态、如何引导城市化的空间布局，我们还缺乏具体细致的政策导向。促进大中小城市和小城镇协调发展，无疑是正确的，但需要明确何种状态是协调的、何种状态是不协调的、应该如何去实现协调。促进城市群的发育发展也是正确的，但在何处发展城市群，发展哪些城市群，如何发展城市群等，也缺乏具体的、针对性强的政策。

其次是土地制度和财政体制。我国实行的是政府垄断土地一级市场的制度，土地从农地转为非农建设用地，必须由政府征用，并对农民进行必要的补偿。被占用的土地由政府独家出让，其中，经营性用地由采取"招、拍、挂"方式出让。土地出让收入大大高于对农民的补偿和必要的土地开发成本，这是城市政府愿意扩展城市边界、占用更多土地的激励机制。

在现行财政体制下，城市政府负担的公共服务和基础设施建设缺乏稳定足额的资金来源，而税收制度规定土地出让收入、土地直接税收和房地产、建筑业等与占地相关的税收主要由城市政府支配。这种财税利益分配，也激励地方政府以推进城市化之名行占用更多土地之实。此外，近两年兴起的地方融资平台特别是城市融资平台，其根基和融资规模也在相当程度上取决于城市占地及其占地的规模。从表4-2可见，2003—2007年，国有土地出让共获得纯收益13842.6亿元，土地出让收入在地方财政收入中具有举足轻重的地位。

表4-2　　　　　　　　　　　土地出让收入占地方政府财政收入和预算外收入比重

	国有土地出让纯收益（亿元）	地方财政收入（亿元）		地方预算外收入（亿元）	
		绝对值（亿元）	土地出让收入占地方财政收入比重（%）	绝对值（亿元）	土地出让收入占地方预算外收入比重（%）
2003	1799	9850	18.26	4566	39.40
2004	2340	11893	19.68	4699	49.80
2005	2184	15101	14.46	5544	39.39
2006	2978	18304	16.27	6407	46.48
2007	4541	23573	19.27		

资料来源：《我国国土资源统计年鉴》（2004—2008年）；《我国地方财政统计资料》（2004—2007年）。

（五）城市的低容积率[①]

城市人口密度下降的另一个成因是城市建筑的低容积率。在快速的城市化过程中，一方面中国的可用土地资源严重不足；另一方面又存在着严重浪费。这突出表现在城市的低容积率上。目前我国城市的平均容积率仅为0.5左右，大城市0.75与中心城市[②]1—1.2的容积率水平，远低于日本2和香港1.6的容积率水平（王建，2010）。较低的容积率和管理规则的缺失，在用地规模没有限制的条件下，就会出现城市规模无限扩张的问题，而在目前中国严格控制农地转换为城市用地的条件下，用地矛盾将继续加剧，并影响住房供应总量或降低户均住房面积。

人多地少的基本国情，决定了中国不能简单模仿低密度国家的城市规划，西欧城市的生活固然恬静、惬意，但对中国的多数城市来说却显得奢侈。况且，近年来连人少地多的澳大利亚、加拿大都在积极提高土地利用程度，将有限的人口迁往城市集中居住。有人批评香港与新加坡的高密度、高容积率的城市发展模式，认为这样会降低生活质素。事实上，这正是香港与新加坡的高明之处。香港只用十分之一的土地作为城市建设用地，不仅大大提高了土地的价值及利用效率，而且发展后劲十足。通过合理的城市布局、立体化交通及功能分区，使得居民的生活质量一样可以得到保障。

通过提高容积率的方式来增加城市建筑总量，从而实现在有限的土地上容纳更多的人口。以

---

① 用地容积率＝建筑总面积与建筑用地面积的比。

② 国家中心城市发端于2005年，建设部根据《城市规划法》编制全国城镇体系规划时，就提出了这一概念。"所谓国家中心城市，就是在全国具备引领、辐射、集散功能的城市"。目前，重庆与北京、天津、上海、广州一起，被确定为国家五大中心城市。

广东为例，目前全省的城市容积率约为 0.52，只要将其提升至 0.57，就可增加 2 亿多平方米的建筑面积，相当于广东 4 年半的新建住宅消化量。

专栏 12　　　　　　　国外容积率奖励及开发权转让措施

美国在新区规划法中的容积率奖励，是用于奖励高密度地区的开发商为城市提供额外的公共空间，并按规定增加一定楼板面积的做法。在曼哈顿密度最高的街区，开发商每在临街道一侧提供 1 个单位的公共空间，开发商就可在建筑高度上增加 10 个单位的建筑面积。曼哈顿每个大型建筑几乎都利用这一优惠空间，在其建立后至 1973 年的 10 多年里，仅寸土寸金的下曼哈顿地区就有 445 公顷（约合 44500 平方米）的公共步行广场由私人提供。

日本 1970 年对其"建筑基准法"进行修改，提出"容积率奖励办法"以促成更多开放空间的形成，并规定建筑区内有效公共空地面积比例不得低于 20%，高于 20% 可以按照一定的计算公式获得额外的容积率奖励，并根据规划容积率不同，提供相同空地面积所增加的容积率也不同。规划容积率越高，奖励也越多。至 1986 年 5 月，仅大阪、神户两地利用这一办法增加的公共空地就有 200 多块。

资料来源：运迎霞、吴静雯：《国外容积率奖励及开发权转让措施》，《天津大学学报（社会科学版）》2007 年第 2 期。

二、严格控制大城市规模不符合经济发展规律和城市化规律

新中国成立以来，工业化一直是孜孜以求的发展目标，但对与工业化相伴而行的城市化，直至 21 世纪初之前，一直采取回避的态度，对大城市的发展，更是采取了限制甚至控制规模的方针。国外经验特别是我国改革开放以来的事实证明，现在到了积极发展大城市特别是大城市群的时候了。

（一）城市化方针的提出及发展过程

1980 年国务院批转的《全国城市规划工作会议纪要》提出："控制大城市规模，合理发展中等城市，积极发展小城市的方针"。1990 年通过的《中华人民共和国城市规划法》吸收了这一方针，规定"国家实行严格控制大城市规模、合理发展中等城市和小城市的方针"，并规定"大城市是指市区和近郊区非农业人口 50 万以上的城市，中等城市是指市区和近郊区非农业人口 20 万以上、不满 50 万的城市，小城市是指市区和近郊区非农业人口不满 20 万的城市"[①]。20 世纪 90 年代后

---

① 见 1990 年通过的《城市规划法》。

期制定的《中国二十一世纪议程》对城市化方针有所调整，提出适当控制大城市人口增长过快的势头，发展大城市的卫星城市，积极适当发展中小城市与大力发展小城镇。

专栏 13　　　　　　　　中国学术界关于城市化道路的讨论

学术界关于城市化道路的争论在20世纪80年代至90年代极为激烈，主要有小城市论、大城市论、中等城市论、多元发展论、城市体系论等。

小城市论：1983年，中国城镇化道路学术研讨会一致认为中国应该走一条"适合我国国情、具有自己特点的社会主义城镇化道路"、"各不同地区的城镇化道路也应各具特色"（吴友仁，1983）。讨论会（1983）的总结报告注意力的焦点在"积极恢复和发展小城镇，特别是广大的农村集镇"，小城市"是符合理性的，是有生命力的"（王凡，1990）。在改革开放以后乡村工业化的现实和"小城镇　大战略"的导向，以及既定城乡制度的惯性作用下，这种论断在20世纪80年代和90年代初期几乎是独占鳌头的。

大城市论：有学者（冯雨锋，1983）认为应重点发展"条件较好的大中城市"、"中心城市"。有学者（饶会林、曲炳全，1989）则明确指出大城市具有远大于小城镇的规模效益。还有学者（王小鲁和夏小林，1999）提出适合国家当前条件的100万—400万人口的优化城市规模区间。也有学者（饶会林和丛屹，1999）认为城市规模效益仍然在发挥主要作用，需适当放宽对大城市规模上的限制。此外，还有学者（周干峙，1998）认为，在落后地区，大城市必然要首先发展，形成"极核"，然后带动中小城市的发展。

多元论：也有学者试图从两种针锋相对的意见中寻求平衡，提出农村城镇化和"城市圈为中心的提高内涵为主的"城市现代化、城市内涵化的二元（或多元）城镇化道路模式（宁登，1997；仲小敏，2000），或大中小城市互相协调，东中西部差异化发展道路（于晓明，1999；陈波翀、郝寿义，2005）。

中等城市论：《经济学动态》编辑部于1984年提出"中等城市论"。

城市体系论：随着城市化研究的深入，有学者（周一星，1988）提出"不存在统一的能被普遍接受的最佳城市规模，城镇体系永远是由大中小各级城镇组成的，而各级城市都有发展的客观要求，所以城市化的模式应该是多元的、多层次的"，城市体系发展道路受到重视（胡序威，2000；邓卫，2000；赵大治、蔡予，2003）。

资料来源：顾朝林、吴莉娅：《中国城市化研究主要成果》，《城市问题》2008年第12期。

为了发展中小城市，以及贯彻以城带乡，发挥中心城市辐射带动作用的思想，20世纪80年代初国家开始对行政层级和建制进行调整，实行市管县体制，各地纷纷进行"地改市"，地级市

数量逐年增加，由 1978 年的 98 个增加到 2003—2008 年期间的 283 个，平均每年增加 7 个。80
年代中期以前，县级市也在增加，但速度比较平缓，每年增加 10 个左右，1986 年有关部门修订
设市标准后，"县改市"明显加快，至 21 世纪初期停止"县改市"前，即 1986—2000 年的 15 年间，
县级市每年数量增加 18.5 个，其中 1993 年一年就增加了 48 个县级市。目前行政管理体制上的"市
管市"（地级市管县级市）就是这种"地改市"和"县改市"的结果。20 世纪 90 年代后期停止"县
改市"后，各地又开始转向"县改区"，县减少的数量基本与市辖区增加的数量一致。

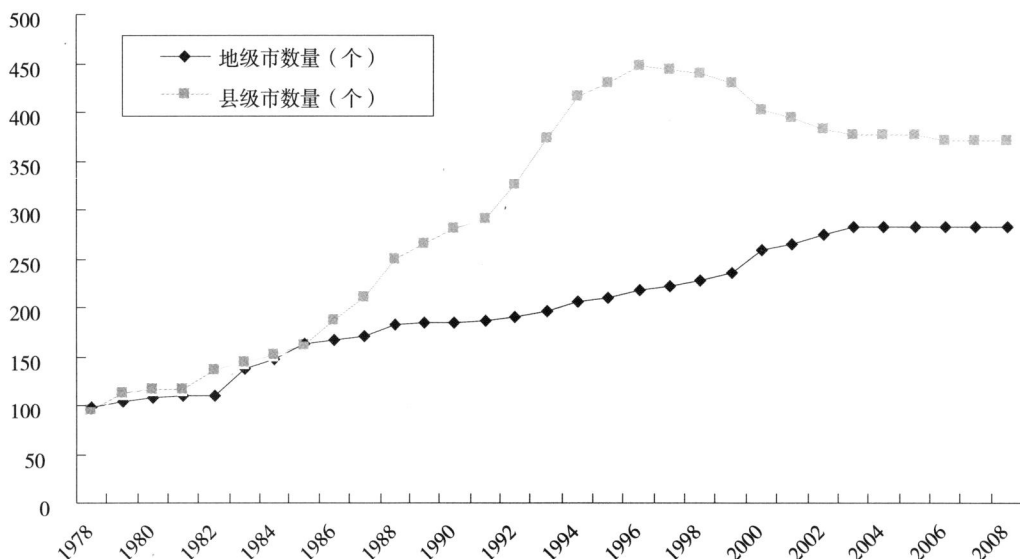

图 4-4　地级市和县级市数量的变化

资料来源：《中国建设统计年鉴 2008》。

（二）城市规模越大发展越快

在大力发展中小城市的同时，尽管一直要求控制大城市规模，但实际上并没能控制住，大城
市的面积在不断扩大，人口在不断增加。无论是人口增加的数量，还是人口增长的速度，均显示
出人口在 200 万以上的城市人口增长最快，建成区面积扩张的速度最快。

表 4-3　　　　　　　　　　　不同规模城市人口和建成区面积增长（1981—2008 年）

	1981 年		2008 年		建成区增长（%）	人口增长（%）
	人口（万人）	建成区（平方公里）	人口（万人）	建成区（平方公里）		
人口 200 万以上城市	4676.6	3035.7	14426.3	12587.7	414.7	308.5
人口 100 万—200 万城市	1376.9	1254.8	3694.8	3971.7	316.5	268.3
人口 50 万—100 万城市	1937.4	1738.7	5341.0	5510.8	317.0	275.7
人口 20 万—50 万城市	762.4	798.0	2147.5	2482.0	311.0	281.7
人口 20 万以下城市	81.1	138.8	187.2	266.1	191.7	230.9

资料来源：《中国城乡建设统计年鉴 2008》以及有关年份统计资料计算。

1981—2008 年，在 207 个可比的城市中①，2008 年人口达到 200 万以上的 32 座城市，人口累计增加了 9552 万，增加 2 倍，人口 200 万以下的 175 座城市，人口总共增加了 7212 万，不如 32 座人口 200 万以上城市增加得多。32 座 200 万以上人口的城市建成区增加了 3 倍，增加 9552 平方公里，200 万以下规模的城市建成区总共增加了 8300 平方公里，也不如 200 万以上规模的城市增加得多（建成区的增长有一定的不合理性，不同规模的城市人口密度均呈下降趋势，前文已分析）。人口 100 万—200 万的城市、50 万—100 万的城市、20 万—50 万的城市三类规模的城市建成区面积与人口增长的速度差不多，明显低于人口 200 万以上规模的城市，但也明显高于人口 20 万以下的城市。

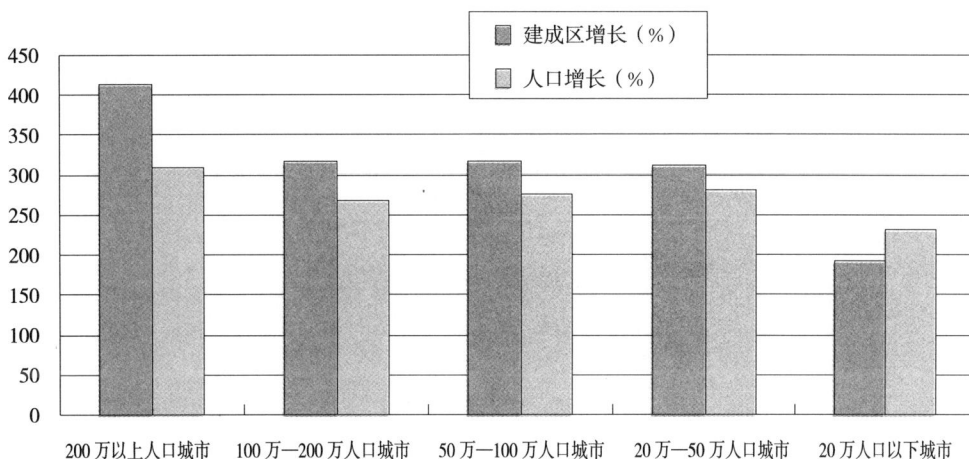

图 4-5　不同规模城市人口和建成区增长情况（1981—2008 年）

城市经济具有典型的规模收益递增和集聚经济的特点，城市规模越大，效率越高。国内外大量不同规模城市的实证分析表明，最有效率的城市往往是规模最大的城市。早期乡镇企业确实主要在本乡镇布局，之后，随着改革开放的深入，企业特别是外商投资纷纷涌入大城市周边地区和城市群地区投资建厂。他们的理性选择证明，即使是大城市存在城市病带来的非效率，但其规模经济带来的高效率足以抵消上述非效率。

表 4-4 为 1981—2008 年全国前 10 个特大城市的发展情况，数据表明，它们的发展速度远远快于全国平均的发展速度、快于所有城市平均的发展速度，更快于小城镇的发展速度。按照严格控制大城市的方针，上海、北京、广州、重庆、天津等应该属于严格控制城市规模的城市，但其人口规模还是分别增加了 1202 万、972 万、653 万、690 万和 258 万，城市建成区面积还是分别扩张了 606 平方公里、376 平方公里、553 平方公里、970 平方公里、289 平方公里。城市化很大程度上是市场作用的结果，大城市有着比中小城市更多的就业机会、更高的公共服务水平和较完

---

① 1981 年我国有城市 225 座，其中有些城市进行了行政区划调整，有些城市的数据存在缺陷，明显不合理。因此，与 2008 年可比的城市有 207 座。

善的投资和创新环境，因而往往成为人口迁移和流动的优先选择。这些情况表明，控制大城市规模不太符合实际发展状况。

表 4-4 　　　　　　　　　　1981—2008 年全国前 10 个特大城市发展情况

	1981 年城市人口（万人）	1981 年建成区面积（平方公里）	2008 年城区人口（万人）	2008 年建成区面积（平方公里）	建成区面积增加（平方公里）	建成区面积增长（%）	城市人口增加（万人）	城市人口增长（%）
上海	613.0	142	1815.08	860.2	718.2	605.8	1202.1	296.1
北京	466.4	349	1439.10	1310.9	961.9	375.6	972.7	308.6
广州	233.8	162	886.55	895.0	733.0	552.5	652.8	379.2
重庆	190.0	73	879.96	708.4	635.4	970.4	690.0	463.1
深圳	4.5	100	876.83	787.9	687.9	787.9	872.3	19485.1
天津	380.9	222	639.02	640.9	418.9	288.7	258.1	167.8
武汉	263.0	174	596.00	460.0	286.0	264.4	333.0	226.6
郑州	85.9	65	479.45	328.7	263.7	505.6	393.6	558.1
南京	170.2	116	478.16	592.1	476.1	510.4	308.0	280.9
沈阳	293.7	164	468.00	370.0	206.0	225.6	174.3	159.3

资料来源：《中国城乡建设统计年鉴 2008》。

已经基本实现城市化的部分国家城市化的情况也表明，大城市仍然是最有吸引力的。在经济合作与发展组织（OECD）国家，大城市越来越成为人们生活的地方，超过 70% 的人口生活在以城市为主导的区域，而且大城市的人口增长率最高（年均增长率为 0.8%）。小城市（人口规模在 10 万到 50 万人之间）的人口增长率低于其他任何规模的城市，并且其增长速度也较为缓慢（年均增长率仅为 0.4%），中等城市的增长率比小城市快得多，但仍低于大城市（OECD，背景报告，2010）。

在经合组织国家，大都市区呈现继续发展的趋势。在某些情况下，一个大都市区几乎占所在国总人口的一半。首尔、兰斯塔德和哥本哈根拥有的人口分别占本国人口的 44% 到 48% 之间。自 1995 年之后，经合组织国家大都市区的人口每年递增 1%，其中凤凰城、亚特兰大和多伦多等城市的人口增长率是平均值的几倍，其他许多大都市区，如罗安达、迈阿密、瓜达拉哈拉和华盛顿等，城市人口增长率至少是平均人口增长率的两倍。马德里、首尔、悉尼和墨西哥城的人口增长速度同样高出平均人口增长速度。

大城市人口持续增加，是经济持续集中化的必然结果。2005 年，根据国内生产总值排名的世界前 30 位城市的产出约为世界总产出的 16%，前 100 位城市的产出占世界总产出的 25%。尤其是一些发展中国家，主要城市对国内生产总值的贡献非常高。2005 年，墨西哥城占国土面积的 0.1%，其产出占全国的 30%；安哥拉的首都罗安达面积占全国的 0.2%，产出占全国的 30%；匈牙利、肯尼亚、摩洛哥、尼日利亚和沙特阿拉伯等国家的最大城市，以其不到 1% 的国土面积生产着全国 20% 的经济总量（世界银行，2009）。世界银行的结论是，经济越集中，越是富裕，密度越高。

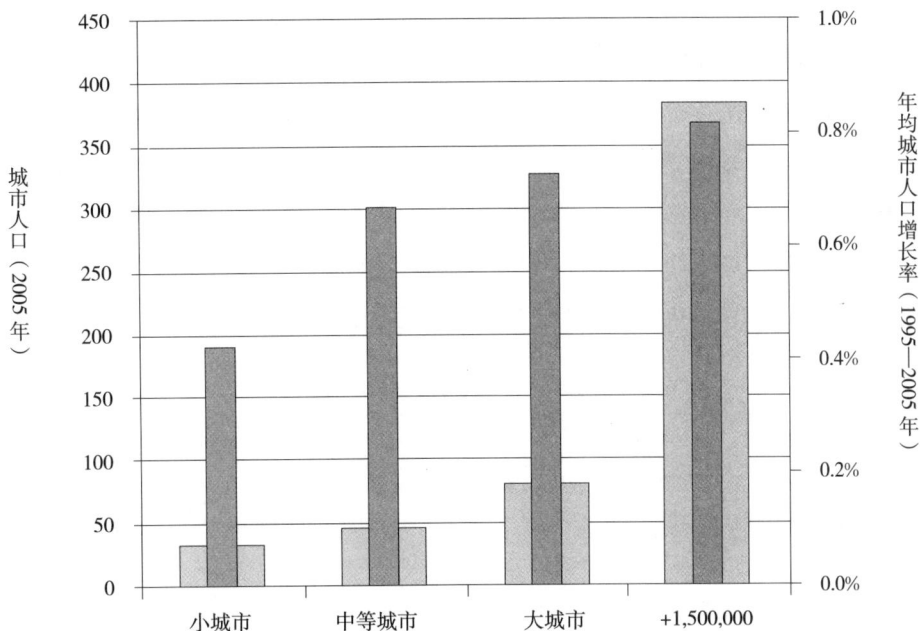

图 4-6　经济合作组织国家不同人口规模城市的人口及增长（1995—2005 年）

1. 本分析仅运用以城市为主导的（PU）区域。

2. 小城市是指人口在 10 万—50 万之间的 PU。中等城市是指人口在 50 万—100 万之间的 PU。大城市是指人口在 100 万—150 万之间的 PU。

资料来源：基于经合组织区域数据库所得的计算值。

城市化是各类规模的城市发育成长的过程，大中小城市和小城镇都有其发展的必然性，也都有可能难以发展壮大。关键要看具体的地域空间，而不单是取决于城市规模，脱离具体地域的产业结构、创造就业能力、资源环境承载能力等，片面地、"一刀切"地强调发展何种规模的城市，是不科学的。

三、对小城镇发展实行分类指导

小城镇① 是城市化中一个必要的补充形态，但由于小城镇总体上属于一种低密度、分散化、不紧凑的城市化形态。应该实行分类指导小城镇发展的方针，对位于城市群地区和大城市周边的

① 小城镇，顾名思义即为较小的城镇。它介于城乡之间。归纳起来，小城镇概念的理解可以有狭义和广义两种。狭义上的小城镇是指除设市以外的建制镇，包括县城。广义上的小城镇，除了狭义概念中所指的县城和建制镇外，还包括了集镇。本报告的小城镇指建制镇和县城。

小城镇，鼓励小城镇经济发展和集聚人口，分担功能性城市群地区特定功能；对拥有特定的不可替代资源的小城镇，鼓励依托优势资源向特色鲜明、功能独特、环境优美的方向发展；对位于农产品主产区和重点生态功能区的小城镇，支持其健全公共服务功能，形成一定地域的公共服务中心。

（一）发展小城镇问题的提出及发展过程

我国的改革是从农村起步的。20 世纪 70 年代末 80 年代初，农村商品流通率先放开搞活，传统的集市贸易再度兴起；商品特别是轻纺产品短缺使乡镇企业有充足的市场空间，家庭联产承包制全面推行后释放出来的农村剩余劳动力等，促进了乡镇工业的大发展。这一商、一工两个因素，使一些地区特别是苏南地区原来趋于萧条的乡镇政府所在地再度繁荣起来。这些小集镇在继续发挥当地农村社区政治中心、教育文化中心功能的基础上，又新添了贸易中心和乡镇工业集聚地的功能。

表 4-5　　　　　　　　　全国县城和建制镇发展情况（1990—2008 年）

年份	县城			建制镇		
	数量（万个）	建成区（万平方公里）	人口（亿人）	数量（万个）	建成区（万平方公里）	人口（亿人）
1990 年				1.01	0.825	0.61
1995 年				1.5	1.3860	0.93
2000 年	1674	1.3135	1.42	1.79	1.8200	1.23
2005 年	1636	1.2384	1.00	1.77	2.3690	1.48
2008 年	1635	1.4776	1.30	1.7	3.016	1.38

资料来源：住房和城乡建设部计划财务与外事司：《中国城乡建设统计年鉴 2008》。2000 年以前没有县城的数据。

费孝通先生敏锐地感觉到了这种变化的现实意义，在调查研究基础上发表了关于小城镇的系列文章。

专栏 14　　　　　　　　　费孝通与小城镇建设

1983 年 5 月 2 日，费孝通带领调查组来江村作第六次访问。翌年 9 月，费孝通在《瞭望》杂志发表了《小城镇　大问题》这篇调研报告，一时成为中国农村改革领域的热门话题。费先生认为小城镇的出现可以使城市和广大农村之间布下互相交流的众多"节点"，把城乡有机衔接起来，并从理论和实践结合的角度，全面系统地阐述了小城镇是发展农村经济和农村工业、转移农村剩余劳动力、解决人口出路的一个大问题。

1983 年 10 月 3 日至 8 日，费孝通第七次访问江村。在调研中，费先生指出农村工业经济的繁荣是小城镇复苏的原因，他还就乡镇工业与大中城市的企业联系，农村剩余劳动力的流向、商品流通、家庭副业、集镇建设规划、行政管理体制改革试点等问题发表了意见。后来整理发表了《小城镇 再探索》一文，发表在 1984 年 5 月 2 日《新华日报》上。

1984 年 10 月，费孝通于 21 日至 23 日到江村作第八次访问。他把乡镇工业和城乡联结型的区域经济发展作为这次调查研究重点。他认为这是小城镇研究的新开拓，尽管还在探索阶段，但由此可开掘出乡镇企业对城市社会经济改革的作用、乡镇企业与城市社会价值体系的关系等深一层的课题，这对于研究乡镇企业发展和小城镇复兴的过程及其社会经济后果是极有意义的。离开吴江后，费孝通去镇江、扬州、南京三市访问，之后写了《小城镇 新开拓》一文，在《瞭望》杂志上连载。

1984 年费先生发表了《小城镇 大问题》、《小城镇 再探索》、《小城镇 苏北初探》、《小城镇 新开拓》等文章引起中共中央和有关部门的关注。

资料来源：费孝通：《小城镇 再探索》，《新华日报》2008 年 1 月 11 日。

值得讨论的是，一定程度上，费孝通只是在农村地域范畴上论述小城镇的。提出小城镇发展的背景主要是当时乡镇企业的异军突起，或许还有过去人民公社时期农工商一体化、农村的一切问题都可以在农村内部解决的固有观念的影响，加上根深蒂固的控制农村人口进入城市的观念，这种种因素使我们在当时的历史条件下，得出了发展乡镇企业和小城镇，"离土不离乡，进厂不进城"是解决中国农业现代化问题的必然选择的判断。

提出发展小城镇，当时还有两个国外的背景情况。一是看到一些发展中国家出现农村人口大量涌入城市，导致城市人口短期内急剧增加，带来贫民窟问题，认为我们要防止贫民窟问题的发生，必须发展小城镇，防止农村人口涌入大城市。二是看到一些发达国家在一定时期出现了大城市人口流入郊区、形成一些以居住为主的小城镇，出现所谓的"逆城市化"现象，认为我国可以避免这个弯路，让农村人口直接进入小城镇。现在看来，当时的认识有一定的局限性。一些发展中国家出现的贫民窟，是特定时期涌入城市的人口超过了同期城市经济发展、公共服务特别是住房的限度，重要根源之一是农村土地制度。但失去土地的农民不去小城镇，纷纷涌入大城市本身也说明大城市的就业机会相对较多。我国的农民不会无缘无故地放弃土地，国家和各级政府也不会听任农民失去土地。至于一些发达国家在一定时期出现的大城市人口郊区化，更是暂时的、个别的、非主流的现象，而且主要是中产阶级搬到郊区居住，并不是在郊区就业，况且这种趋势近年也已改变，又出现返回大城市的趋向。而我国土地资源短缺的基本国情决定了我们绝对不能走大量城市人口到大城市郊区的小城镇低密度、蔓延式居住的路子。

（二）小城镇不能成为未来城市化的主体形态

许多小城镇不具备城市的功能。城市的规模决定其所承担的特定功能及在多大的范围内发挥作用，如经济中心、政治中心、文化中心、教育中心、制造业基地、物流中心、贸易中心等等。小城镇是地域性的政治、文化、医疗卫生、社会治安、农业技术服务等公共服务中心，也可以集中一些初级的、针对人的健康的和针对物的服务的服务业，如餐饮、仓储、商贸等服务。但是，由于规模和服务半径所限，高级的服务业、对入门人口要求较高的行业，特别是针对资产的服务，如会计、法律服务、研究、证券投资等，很难在小城镇集聚。小城镇可以集中工业，但也是有条件的，远离城市群和大城市的小城镇，一般只能有一两个依托当地资源的特色产业，不会大量集中产业，否则就是大城市了。

小城镇的功能特点决定了大多数小城镇不会持续、大规模地创造就业岗位，因而即使有再多的政策扶持，也难以都成长壮大起来。不加区分地特别是在地广人稀的西部、东北地区提倡大力发展小城镇、繁荣小城镇经济、加强小城镇建设等政策导向，在一定程度上助长了小城镇盲目设立开发区、盲目发展工业、大量占用耕地、不顾财力建设等风气，这已经使我们付出了很大代价。

少数小城镇能够发展起来，成为持续创造就业的载体。各国的经验以及我国长三角、珠三角地区小城镇发展的过程都证明，在城市群和大城市周边的小城镇，由于可分担区域经济或特大城市的某个或某些特定功能，作为区域经济的一部分，或者作为功能性城市化地区的一部分，可以发展壮大，有的作为加工制造基地，有的作为商品集散中心，有的就是单纯的居住区，有的是旅游休闲地等。对于此类小城镇要鼓励其发展，集聚人口，分担城市群地区的特定功能。

从经济分布看，图 4-7 表明，全国分县（市、区）地区生产总值 9 级分组中最高一组的 150 个县（县级市、非市辖区的区）[①] 主要位于三类区域：一类是位于特大型城市周边地区，已经成为特大城市的重要组成部分、直接为特大城市服务的县，如上海、北京、天津所辖的县和最近几年县改区的区都排在前列，其他还有广州市的番禺区、花都区，重庆市的沙坪坝区、九龙坡区、渝北区，杭州市的萧山区、桐庐县、淳安县、建德市、富阳市，南京市的浦口区、六合区，成都市的温江县、长清区等。二类是位于比较成熟的城市群或城市化地区之中的县，如位于长江三角洲地区的江阴市、昆山市、张家港、常熟市、武进区、鄞州区、象山县、宁海县、余姚市、绍兴县，位于珠江三角洲的东莞市、禅城区、南海区、顺德区、三水区、增城市、斗门区、新会区等。三类是有独特资源的县，如河北的丰润区、迁安市，内蒙古的准格尔旗、东胜区，辽宁的鲅鱼圈区，新疆的库尔勒市、石河子市等。

从人口分布看，按照《中国城乡建设统计年鉴》关于城镇暂住人口的统计，2008 年全国 19234 个建制镇的暂住人口为 2531 万人，其中 46% 的暂住人口居住在上海、江苏、浙江、广东 4 个省（市）。说明这四个省（市）的部分建制镇对人口有较强的吸引力，而其他地区的建制镇对人口的吸引力较小。

---

① 由于缺乏每个建制镇经济总量的统计，这里用县和县级市代替，因为县域经济发达的往往也是小城镇经济最发达的。

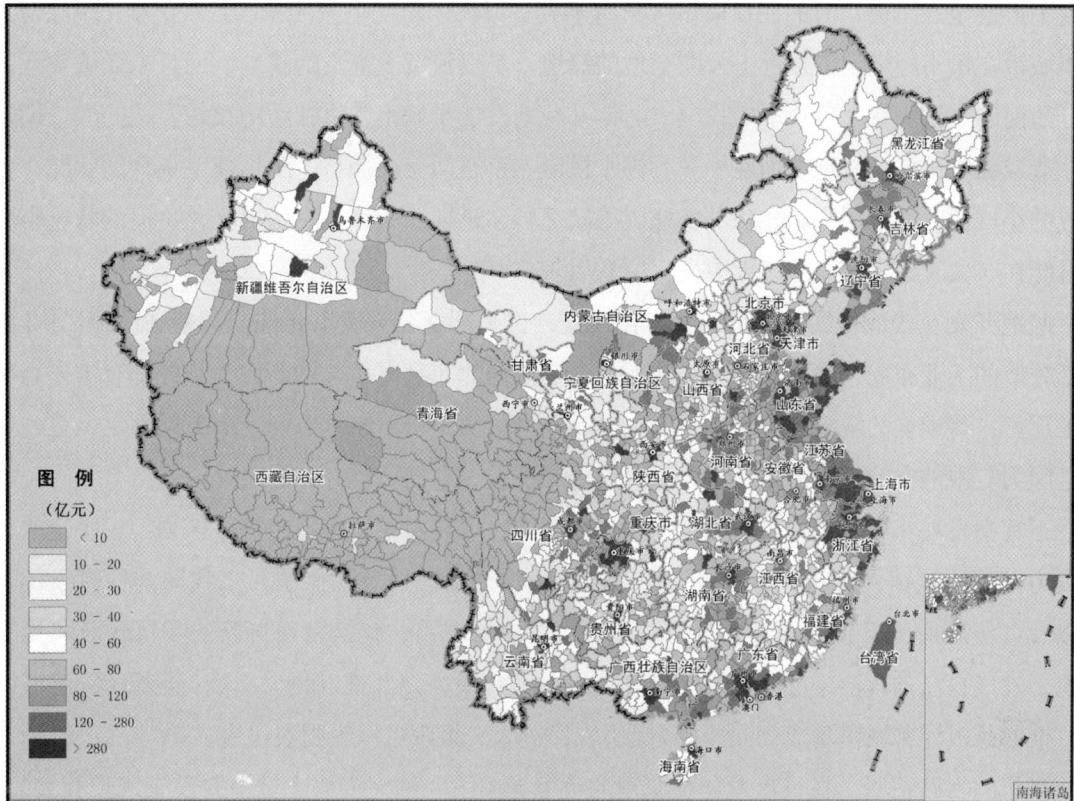

图 4-7　2007 年全国分县地区生产总值示意图（单位：亿元）

资料来源：根据统计局分县经济统计数据制作。

发展小城镇的资源成本高。我国的基本国情是人口众多，可用于人类居住和发展的国土空间相对狭小，能源短缺。如果以重点发展小城镇为导向，会出现所有小城镇占地、扩大建成区规模的现象，尽管每个小城镇占地并不多，建成区平均只有 1.6 平方公里，但由于小城镇数量众多，小城镇合计的建成区占地多达 3 万平方公里，与小城镇集中的 1.38 亿人口一比，其人口密度不到城市平均水平的一半。就是说，如果小城镇的人口是在规模更大的城市集中居住，只用 1.38 万平方公里的土地就可以容纳目前小城镇的人口，占地可节省 1.7 万平方公里，全国城市的人口密度就可以大大提高。此外，中国不能像有些国家那样，在大城市中心区就业，在大城市周边的小城镇居住，每户一栋小楼、每家几部小汽车、往返主要依靠占地较多的高速公路的蔓延式的城市化道路。因此，小城镇也不能作为我国城市人口的主要居住地，主要的城市人口必须集聚、紧凑地居住在高密度的大城市中心区中。

大量发展小城镇的社会成本过高。大城市有城市病，小城镇同样有小城镇病。要让小城镇成为城市化的主体形态，就要在小城镇创造大量就业岗位，就要发展小城镇经济，这必须允许每个镇搞一个开发区。全国有 1.9 万个建制镇，如果每个镇搞一个 2 平方公里的开发区，全国占地就是近 4 万平方公里。小城镇普遍规划滞后，其发展中带有一定的盲目性。有些小城镇主街道规划成六车道甚至八车道，有的在目前镇区只有不到 2 万人的情况下按照 15 万—20 万人作规划，有的小城镇在镇中心规划出接近 1 公顷土地的绿地，不仅浪费了宝贵的耕地，而且也无法实现这些过分超前的规划。在人口众多的我国，遍地开花地发展小城镇，将在经济比较发达的人口稠密地区，造成无农田、缺绿地、烟囱林立、污水横流，市镇间交通拥挤、工厂住宅混杂的状况。自发形成的小城镇，对饮用水源、防洪、地震等缺乏科学论证。一些很有历史文化价值的特色小城镇也可能在"大、干、快"的建设中失去原有风貌。

遍地开发花式地发展小城镇的城市化模式，也是环境容量所不允许的，基础设施代价巨大。过于分散的工业布局，要求建设蜘蛛网般地、东南西北布满高压电网，因为到处都有需要高压电的工厂。一些地区的缺电现象，不是因为没有电力，而是由于缺乏电网，而电网不足，在一些区域是因为有限的空间已经密布工厂、各种设施和建筑，电网已难寻立足之地。

不宜把发展小城镇作为未来城市化的主体形态，也是由我国特殊的行政区划特点决定的。继续大力发展小城镇，意味着不可避免地继续以往的"乡改镇"的做法。在我国这种多级行政区划以及各级政府大量介入经济生活的情况下，发展小城镇，就是发展自己的乡镇政府和县政府驻地，发展自己的政治中心。结果是谁都可以壮大规模，谁都难以壮大规模；谁都在完善城镇功能，谁都难以完善城镇功能；谁都可以吸引农民进入，谁都难以吸引农民进入。

多年的实践证明，在重点发展小城镇的政策导向下，绝大多数小城镇并没有成长壮大起来，尽管有些小城镇占了土地、搞了开发区、建设了较完备的基础设施，甚至出台了各种招商引资的优惠政策，但人口却在外流。1990—2008 年，全国建制镇建成区面积由 0.8 万平方公里扩大到 3 万平方公里，人口由 0.6 亿人增加到 1.38 亿人，但人口增长的速度大大慢于建成区扩大的速度，前者年均增长 7.5%，后者只有 4.6%。

建制镇人口总量的增加，主要依靠的是建制镇的数量增加。建制镇的平均规模从 20 世纪 90 年代的 6000 人左右增加到目前的 8000 人左右，而且这种规模的扩大，一定程度上是各地广泛开展的乡镇合并的结果，主要不是单个小城镇规模扩大的结果。县城的平均规模则由 2000 年的 8.5 万人减少到目前的 7.7 万人。而且，到 2005 年建制镇数量基本稳定在 1.7 万个以后，人口也达到了最高峰的 1.48 亿人，近年来建制镇的人口逐年减少，2006 年降到 1.4 亿人，2008 年减少到 1.38 亿人，三年时间减少了 1000 万人。

四、把城市群作为推进城市化的主体形态

《中共中央关于制定国民经济和社会发展第十一个五年规划的建议》提出，"珠江三角洲、长江三角洲、环渤海地区，要继续发挥对内地经济发展的带动和辐射作用，加强区内城市的分工协

作和优势互补，增强城市群的整体竞争力"。"有条件的区域，以特大城市和大城市为龙头，通过统筹规划，形成若干用地少、就业多、要素集聚能力强、人口分布合理的新城市群"。"十一五"规划纲要提出："要把城市群作为推进城市化的主体形态，逐步形成以沿海及京广京哈线为纵轴，长江及陇海线为横轴，若干城市群为主体，其他城市和小城镇点状分布，永久耕地和生态功能区相间隔，高效协调可持续的城市化空间格局"。党的十七大进一步要求，"以增强综合承载能力为重点，以特大城市为依托，形成辐射作用大的城市群，培育新的经济增长极"。发展城市群已经成为党和国家的重大决策，现在的问题是发展哪些与怎样发展的问题。

（一）城市群的概念

大城市群的概念首先是法国地理学家哥特曼在其 1961 年的《大城市群》一书中提出来的，他把美国东海岸 5 个城市圈连接成的一个 3000 万人口的地区总称为大城市群，认为大城市群是城市化的最高到达点。此后，关于城市群的研究论述相当广泛，定义各不相同。而且与城市群类似的概念也很多，如大都市区、都市圈、大都市圈、大城市圈、大城市地区、城市带、城市圈、城市蔓延地区等。这些关于城市化形态的概念，尽管提出的出发点不一，称谓不同，但内涵大体一致，实质上都是城市功能区的范畴。国内有学者认为，城市群是指在特定的地域范围内拥有一定数量不同性质、类型和等级规模的城市，以 1 个或 2 个超大或特大城市为核心城市，借助于现代化的交通工具和综合运输网，以及高度发达的信息网络，发生与发展着城市之间的内在联系，共同构成一个相对完整的城市集合体（姚士谋，1992）。

本报告所指城市群，是指在一定空间单元内可以频繁往返进行商务活动、由一个或两个特大城市为龙头或中心，若干中小城市和小城镇间隔分布，城市间由农田、林地、水面等绿色空间分隔，并通过高效便捷基础设施网络相连接的一种城市空间形态（马凯，2006）。城市群是城市化地区空间形态演化的高级形式，是大城市发展到一定阶段的产物。

（二）城市群已成为世界城市化的主流趋势

城市群既是创造就业和人口居住的城镇密集区，也是支撑经济发展和各国参与国际竞争的核心区域。由于集聚经济的原因，城市群具有显著的经济竞争力。大多数情况下，城市群都表现出很高的生产率水平。这种高生产率水平的表现是与城市群内特定的经济专业化以及人力、物力资源紧密结合和大量的创新相关的。由于较高的生产率水平，城市群地区通常有着与国内 GDP 水平相比最大的 GDP 差异。城市群由于是多中心的，可以防止城市功能过于集中于一个超大城市带来的"城市病"；由于又是在一定地域空间相对集中布局的，城市群可以有效降低发展成本，可以避免分散型城市化带来的土地浪费，有利于保护土地、生态环境和提高基础设施的共建共享。

20 世纪 50 年代以来，世界主要国家的城市发展模式与发展速度发生变化。一方面，城市工业和科学技术高速发展，使人口、资本、技术以最快的速度向大城市和大城市周围地区集聚（Dicken,1992;1994）；另一方面，城郊之间的交通高度发达，城市开始由长期的向心集聚向相对分散的郊区化发展，城市高收入阶层从中心区外迁，随之工业也出现郊区化倾向，郊区急剧扩张，在大城市边缘地区涌现新的城市（Meyer,1991）。这种城市集聚与扩散的双向运动推动大城市群或城市化地区的迅速扩张，与周围新市镇连成一体，形成以大城市为核心，与周边地区保持密切经济联系的城市群，使中心城市与周边地区共同构成内部相互关联、有一定空间层次、地域分工和景观特征的巨型城市化地区。20 世纪 80 年代以来，社会经济领域的变革，尤其信息化和经济全球化倾向再一次推动和调整世界城市化的形态（Castells,1989;1994）。近些年来，世界城市化发展的趋势是特大城市及城市群的增长明显，它们在一个广泛的全球城市体系中扮演着重要角色。研究显示，美国大纽约区、五大湖区和大洛杉矶区的三大城市群的 GDP 要占美国的 67%。日本大东京区、阪神区、名古屋区的三大城市群占全日本 GDP 的 70%。目前各方公认的城市群主要有：英国的大伦敦地区、法国的巴黎大区、德国的柏林和勃兰登堡地区、荷兰的兰斯塔德都市圈、美国的纽约大都市区、大洛杉矶和北俄亥俄州地区、日本的三大都市圈、俄罗斯的大莫斯科地区、加拿大的多伦多地区和大温哥华地区，以及韩国的首尔都市圈等。

　　从世界城市化的趋势看，城市群的发展与世界经济重心的转移密切相关。18 世纪后，工业革命使英国成为世界经济增长中心，伦敦和英格兰中部地区形成以伦敦至利物浦为轴线的大片城市带或城市群。到 19 世纪，欧洲大陆的兴起，使西欧地区成为世界经济增长中心。在法国大巴黎地区、德国莱茵—鲁尔地区、荷兰和比利时的中部地区，以巴黎、布鲁塞尔、阿姆斯特丹、波恩等大城市为中心形成了规模大小不等的城市群，并共同组成了"人字形"的发展轴。进入 20 世纪后，世界经济增长中心从西欧转移至北美。在美国东北部和中部地区形成了波士顿—纽约—华盛顿城市群以及五大湖沿岸城市群。二战后，随着日本经济的崛起以及工业化与城市化的加速发展，在日本东部地区形成了以东京—大阪为轴线的庞大城市群。值得一提的是，进入 21 世纪后，世界经济增长的重心正向亚洲太平洋地区转移，中国正成为世界经济发展的新增长极。可以预见，21 世纪新崛起的城市群，将是中国的珠江三角洲、长江三角洲城市群和京津塘城市群（吴传清，2004）。

专栏 15　　　　　　　　　美国与日本城市化形态的演变

　　美国 1950—2000 年百万人口以上大城市的人口增加了 1.17 亿，占美国城市人口增长的 83% 和美国总人口增长的 90%。大量人口集聚到波士顿、纽约、费城、巴尔的摩等东北部城市区域，以及匹兹堡、克利夫兰、托利多、底特律等中部五大湖沿岸地区。在大都市区快速发展和城市群连绵发展的态势下，形成了两个巨大的城市群地带，集中了 20 余座人口在 100 万以上的大都市区和全美 70% 以上的制造业，构成一个特大的城市化地区，成为美国工业化和城市化水平最高、人口最稠密的地区。其中，纽约大都市区位于美国东北部，大西洋西岸。它是一个以纽约市为核心，跨越三个州的区域，包括康涅狄格州西南部，纽约市的五个区，长岛、哈德逊河流域下游地区，以及新泽西州北部，由 31 个县组成，面积约 33600 平方公里，人口近 2000 万，土地面积占全美 1.5%，但却拥有全美国人口的 20%，制造业占全美 1/3。

日本的城市化是伴随工业化发展起来的，大量人口从农村和小城市向太平洋沿岸地带的城市迁移。在工业化过程中，日本形成了分别以东京、大阪、名古屋、福冈为中心的四大工业地区。20 世纪 60 年代，在日本重工业鼎盛时期，占国土面积 12% 的四大工业区占全日本工业总产值的 70%。随着产业结构的变化和城市发展，在东海道地区逐渐形成了三大都市圈，即以东京为核心的首都圈，以大阪为核心的近畿圈，以名古屋为核心的中部圈。1955—1970 年，从农村和小城市净流入三大都市圈的人口达到 750 万。20 世纪 70 年代以后，随着日本经济增长趋缓，城市化也进入缓慢增长期，人口向三大都市圈聚集的势头有所减缓，近距离流动和都市圈之间的相互流动更为明显。20 世纪 80 年代后半期以来，在全球化和信息化的浪潮下，承担生产职能的工厂进一步从都市圈扩散到地方圈，甚至从地方圈转移到海外。而承担中枢商务职能的东京圈的作用进一步强化，人口再次向东京圈聚集。

资料来源：吴传清：《世界城市群概览》，《宁波经济》2004 年第 4 期。

（三）中国当前的城市群发展

据不完全统计，中国现在已正式提出建设城市群的城市和地区有近 20 个，但真正成型的也是最有影响的是位于东部沿海的三大城市群，即长江三角洲城市群、珠江三角洲城市群和京津唐城市群。

表 4-6　　　　　　　　　中国三大城市群发展情况（2006 年）

地区	人口		行政区面积		人口密度（人/平方公里）	GDP	
	数量	比重	数量	比重		数量	比重
	（万人）	（%）	（平方公里）	（%）		（亿元）	（%）
1. 长三角城市群	8471	6.41	100242	0.10	845	38149	16.81
上海	1815	1.37	6341	0.01	2862	10366	4.57
江苏 8 市(南京、镇江、无锡、常州、苏州、南通、扬州、泰州)	4037	3.05	48512	0.51	832	17346	7.64
浙江 6 市(杭州、宁波、嘉兴、湖州、绍兴、舟山)	2620	1.98	45389	0.47	577	10436	4.60
2. 珠三角城市群	5365	4.06	42631	0.44	1258	34080	15.02
香港	681	0.52	1068	0.00	6376	13980	6.16

续表

地区	人口		行政区面积		人口密度（人/平方公里）	GDP	
	数量	比重	数量	比重		数量	比重
	（万人）	（%）	（平方公里）	（%）		（亿元）	（%）
澳门	50	0.04	16	0.00	31250	1116	0.49
广东9市(广州、深圳、东莞、佛山、中山、珠海、江门、惠州、肇庆）	4634	3.51	41547	0.43	1115	18984	8.37
3. 京津唐城市群	6203	4.69	168974	1.76	367	19259	8.49
北京	1581	1.20	16808	0.18	941	7870	3.47
天津	1075	0.81	11920	0.12	902	4359	1.92
河北7市(唐山、廊坊、保定、秦皇岛、张家口、承德、沧州）	3547	2.68	140246	1.46	253	7030	3.10
4. 三大城市群合计	20039	15.16	311846	3.25	643	91489	40.32
全国	132179	100.00	9600000	100.00	1.38	226905	100.000

资料来源：原新、唐晓平：《都市圈化：日本经验的借鉴和中国三大都市圈的发展》，《求是学刊》2008年第2期。

从表4-6中可以看出，三大城市群已占全国土地的3.25%即31余万平方公里，聚集的人口已超过2亿人，占全国人口的15.16%，高于2000年的15.08%，说明中国人口进一步向三大都市圈聚集。2006年中国三大城市群聚集的GDP已达到91489亿元，占全国GDP的40.32%。2006年，中国三大城市群的人口密度增加达到643人/平方公里，但仍未达到日本三大都市圈2000年757人/平方公里的水平。按行政区面积三大城市群的人口密度以珠江三角洲最为密集，达1258人/平方公里，是长江三角洲和京津唐的1.5倍和3.4倍。与之相比，日本三大城市群的人口密度更高，达757人/平方公里，是中国城市群的1.23倍。从总体上来看，我国三大城市群的人口聚集过程显然没有完成（原新、唐晓平，2008）。

同时，如前所述，研究显示，美国大纽约区、五大湖区和大洛杉矶区三大城市群的GDP要占美国的67%。日本大东京区、坂神区、名古屋区三大城市群GDP占全日本GDP的70%。而中国城市群对国家财富积累的贡献度远远低于国际发达国家的城市群，中国的珠三角、京津环渤海和长三角三大城市群只占全国GDP的40%左右。再如，中国城市群中的首位城市的作用与贡献度也偏低。据统计，纽约、东京、伦敦、首尔等城市的GDP分别占全国的24%、26%、22%和26%。我国三大城市群的首位城市，如北京、广州和上海分别占全国GDP的3.5%、2%和5%左右，但只是国际发达国家城市群的十分之一。这表明，我国的首位城市仍有着很大的发展空间。中国城市群将会进一步增强国际综合竞争力，参与全球的经济活动，给中国经济带来新的发展格局。

长三角、珠三角、京津冀三大城市群是支撑中国经济高速增长的核心极。但是这些地区的空间开发密度已经较高，资源环境的承载能力有所减弱。世界银行的研究（Edward Leman,2006）

认为，按一小时交通半径考虑，中国现有53个大都市区①，居住着全国人口的29%，占全国城市人口的43%，产出的 GDP 占全国 GDP 的53%。其中多数大都市区还有很大的发展空间。部分资源环境承载力较强的都市区有可能成长为更大的城市群地区。而这些都市区是否能发展成为都市群需要密切关注。

专栏 16　　　　　　　　　　城市群的识别标准

综合分析国内外专家有关都市区、都市圈、城市群、都市连绵区等的判断指标和标准，充分考虑中国所处的城市化发展阶段、中国城市化在经济全球化时代的重要地位和国际地位，以及中国城市群形成发育中政府主导的国家特色，我国城市群空间范围识别可参考以下10大基本判断标准：

（1）城市群内都市圈或大城市数量不少于3个，但最多不超过20个，其中作为核心城市的城镇人口大于100万人的特大或超大城市至少有1个；（2）城市群内人口规模不低于2000万人，其中城镇人口规模不少于1000万人；（3）城市群人均 CDP 超过3000美元，工业化程度较高，一般处于工业化中后期；（4）城市群经济密度大于500万元/平方公里，经济外向度大于30%；（5）城市群铁路网密度大于250公里/万平方公里—350公里/万平方公里，公路网密度大于2000公里/万平方公里—2500公里/万平方公里，基本形成高度发达的综合运输通道；（6）城市群非农产业产值比重超过70%，非农产业劳动力比重超过60%；（7）城市群区域城市化水平大于50%；（8）城市群内中心城市的 GDP 中心度大于45%，具有跨省际的城市功能；（9）城市群周围地区到中心城市的通勤率大于本身人口的15%；（10）中心城市到紧密圈外围的时间不到0.5小时，发车频率在10分钟左右，是为0.5小时经济圈；到中间圈外围的时间不到1小时，发车频率在20分钟左右，是为1小时经济圈；到外围圈的时间不超过2小时，发车频率在30分钟以上，是为2小时经济圈。

资料来源：方创琳：《城市群空间范围识别标准的研究进展与基本判断》，《城市规划学刊》2009年第4期。

五、走以城市群为主体形态城市化道路的若干措施

受到发展阶段和体制、机制等方面的约束，我国城市群在快速发展进程中也面临着缺乏统一

---

① 这些都市区以非农人口超过100万的城市为中心，包括了邻近的一部分市（县）。

规划，空间布局不合理；城市区域不断扩大，耕地严重流失；基础设施建设滞后；经济增长方式粗放，产业竞争力不强；城市就业和公共服务不完善，农民工市民化问题凸显；资源供需矛盾突出，生态环境问题加剧等诸多矛盾和问题。要解决上述矛盾和问题，未来城市群发展需要以促进人的发展为导向，走紧凑型、集约型、高密度的发展道路。

（一）调整空间结构

从总量上看，目前我国的城市建成区、县城建成区、建制镇建成区、独立工矿区、农村居民点和各类开发区的总面积已达 30 万平方公里，已基本能满足人口高峰值时城市化的需要①，主要问题是空间结构不合理，空间利用效率不高。如果农村居民点占地能随着人口城市化而逐步减少；如果各类开发区和独立工矿区能作为城市空间看待，集聚产业也能同时集聚一定的人口；如果建制镇能更多地发展成为中小城市，大幅度提高人口密度，在今后的城市化过程中，就全国范围来看，在总量上不增加新的占用耕地是有可能做到的，关键是必须把调整空间结构纳入经济结构调整的内涵中，把推进城市化的着力点放到调整和优化城市化空间结构、提高空间利用效率上。

（二）推动和培育 20 个城市群的发展

根据现有基础、资源环境承载能力以及未来发展潜力，我国应该继续优化发展环渤海（京津冀、辽中南和胶东半岛）、长江三角洲、珠江三角洲（包括香港、澳门）3 个特大城市群；重点发展哈长（黑龙江省的哈大齐和吉林省的长吉地区）、闽东南（福建沿海）、江淮（安徽皖江城市群）、中原城市群（河南中部）、长江中游城市群（包括湖南的长株潭城市群、湖北的武汉城市圈、江西的昌九地区）、关中平原地区、成渝、北部湾（广西南部、海南北部和广东东部）8 个大城市群；培育发展冀中南城市圈、太原城市圈、呼包鄂榆、贵阳城市圈、滇中城市圈、藏中南地区、兰州至西宁地区、宁夏沿黄地区、天山北坡地区等 9 个城市化地区。

（三）在发展城市群中促进大中小城市和小城镇协调发展

我国必须走紧凑型、集约化、高密度的城市化道路，在城市化的主体形态上，就应该把城市群作为城市化的主体形态。城市群以其独特的优势迅速发展，并凭借日渐增长的对国家经济发展的重要支撑和辐射带动力量而逐渐取代单个城市成长为新的区域经济增长极，从而可以带动更大区域的经济发展。各国以及我国长江三角洲、珠江三角洲地区小城镇发展的过程证明，在城市群内和在大城市周边的中小城市或小城镇，由于可以分担大城市的某些特定功能，能够较快发展壮大。而远离城市群和大城市的中小城市或小城镇，尽管也可以集聚少数特色产业，或者作为一定区域的公共服务中心，但由于其持续不断地创造更多就业岗位的能力较弱，成长壮大的进程不会很快，有些甚至走向衰落。

---

① 2008 年我国城市建成区 4.06 万平方公里、县城建成区 1.48 万平方公里、建制镇建成区 3.02 万平方公里、独立工矿区 4.15 万平方公里、农村居民点 16.53 万平方公里、国家和省级开发区近 1 万平方公里，总面积已达 30 万平方公里（其中有部分重复计算，如开发区达到 3000 人规模的即统计在城市建成区中）。按照人口总量 14.6 亿人，城市化水平 70%，城市人口为 10 亿人口，每平方公里人口密度 1 万人计算，城市化空间只要 10 万平方公里即可满足要求。

（四）强化城市群的统一规划

城市群规划是百年大计，但目前我国真正意义上的城市群规划尚是个空白。由于城市群横跨不同的行政区，不同的领域，在中国现行的体制下，难以对其进行统一的战略安排和整体规划，各城市群的整体布局规划和整体发展战略规划滞后。各省区市对城市群发展都有浓厚的兴趣，但其规划都限制于省域范围，难以真正形成城市群内部的联系和分工。为此，在21世纪我国城市群的发展中，首先要进行科学合理的规划，力争保持城市群的有序发展。

（五）推进城市群"同城化"

实施城市群"同城化"行动，推进形成城市群内的各城市功能分工清晰、产业定位互有补充、基础设施网络连接、人员往来便捷通畅的整体性城市网络。促进人口超载的超大型城市适度疏解城市功能，同时，增强中小城市功能、提高中小城市的综合承载能力；编制统一的城市群区域规划，统筹规划各城市的功能定位和产业定位，统筹规划居住、公共服务、生态系统格局，保护好城市之间的绿色开敞空间；加强城市群之间交通、能源、通信、环保、防灾等基础设施的统一布局和共建共享，提高一体化、网络化、均质化程度。

（六）倡导城市群集约型增长

在对城市发展的宏观调控中，城市群规划是重要工具。通过在城市地区划分城市增长边界来限制城市对周边农村地区和生态地区的侵占，提高城市建成区的密度，并限制在边界以外的非城市化地区的土地开发。城市增长边界可以每10—20年根据新的需要重新划分。通过新的城市发展计划，以大运输量的轨道交通系统为向导，以站点为中心建设半径合理的居住区，并提供办公、商业服务业等多项功能，来减少机动车交通和空气污染，建设具有混合功能以及符合人性尺度的设计和宽敞的城市空间。未来城市群的发展主流，应该是"集约和精明"地使用土地，以实现人类居住区的可持续发展。

专栏 17　　　　　　　部分国家采取紧凑型政策的情况

欧洲委员会（欧洲社区委员会，1990，1992）鼓励各欧洲城市在环境与生活质量目标的基础上变得更加紧凑。英国政府已将城市紧凑化作为其可持续发展政策的一个核心要素（环境部，1993），而荷兰政府也采取了类似行动（城市规划署，1991）。最近，日本政府引入了"生态紧凑型城市"概念，作为其最优先的城市政策之一（国土交通省，2009）。澳大利亚（Newman，1992）和北美洲政府（Wachs，1990；Chinitz，1990）也是如此。紧凑型城市战略的目的是通过增加居住密度、居住集中化、混合土地用途、控制区域外的开发强度等措施来强化城市土地使用（Churchman，1999）。

资料来源：OECD：背景报告，2010。

（七）严格控制都市圈内部的空间布局，合理提高城市容积率

目前中国城市建筑物的容积率平均只有 0.75，而东亚地区普遍在 1—2 之间，中国因为可供城市化使用的土地比日本还稀缺，容积率本应更高，可考虑今后根据城市化发展进程，结合城市空间结构合理提高容积率，对最低容积率住宅进行限制。旧城区和中心城区的容积率从城市整体出发，平衡经济和环境效益。借鉴国际经验，进行国外容积率奖励及开发权转让。

（八）建设大型住宅区和卫星城

城市化的发展是与城市人口的增长相伴而生的。长三角、珠三角以及京津唐地区城市化进程较快，城市人口迅速增加，城市过度膨胀，超过城市现有容量，对中心地区造成极大的交通、人口、居住、资源和环境压力，迫切需要交通便捷、生活舒适、环境宜居的大型住宅区和卫星城来缓解主城压力。大型住宅区可考虑在城市建成区内见缝插针进行，以确保城市人口的增长不会导致城市用地的继续扩大，从而达到提高城市人口密度的目的。卫星城的建设可考虑，在布局上由近及远，逐步扩大，通过地铁和公路网延伸。通过低地价、低造价，加强监管，实施优惠政策，使房价保持在低廉的水平。同时，按高标准建设商店、学校、医院、老年活动中心等生活服务设施，营造舒适、方便、清洁的生活环境。

（九）建立多层面合作伙伴关系

在城市化过程尤其是城市群的发展中会产生许多复杂的问题，为此需要建立多层面合作伙伴的机制。可以采用两种方法：一是建立横向区域内城市间的协调机制，如美国旧金山湾区的九个县政府组成旧金山湾区政府协会，负责湾区的经济发展、环境、生态保护与建设；二是建立纵向政府部门间的合作关系。由中央政府有关部门制定区域规划，如日本国土厅先后数次制定了比大都市圈范围更大的首都圈、中京圈、近畿圈的发展规划，以协调都市圈内部的发展。

第五章

城市化中的产业与就业

健康发展的城市化，必须要为进入城市中的个人和家庭，提供充分的就业机会。中国目前仍处在城市化快速发展阶段上，城市正成为创造新增就业岗位的主要区域；同时中国又正处于由低中收入国家迈向高中收入国家、经济结构升级调整的关键时期，能否解决好就业问题，与城市化进程以及城市产业结构的安排密切相关。

一、中国城镇就业现状

从 20 世纪 50 年代后期至 80 年代中期，中国实行的是一种典型的城乡分割二元经济体制，城乡的就业也呈明显的二元格局：在城镇，绝大部分拥有城镇户口的人在国有企业中就业，还有一部分在集体所有制企业就业；在农村，在 20 世纪 50 年代至 70 年代中期的近 20 年里，绝大部分人口从事农业，此后，随着乡镇工业和私营企业的发展，农村从事非农产业的人数有所提升，但是到 20 世纪 80 年代末，农村非农就业人数仍只占 20% 左右。

从 1984 年开始，由于对农村劳动力向城市流动的管制逐步放松，越来越多的农民离开农村到城镇就业。"农民工"这一群体逐渐成为城镇就业人员的重要组成部分（见表 5-1）。大规模的农民工进城，给城市就业的总量和结构都带来了深远的影响。

表 5-1   2000—2006 年跨区域流动农民工的规模

年份	农民工数量（万人）	占城镇就业人员比重（%）	占第二和第三产业就业人员比重（%）	占城乡就业人员比重（%）
2000	7849	36.9	21.8	10.9
2001	8399	35.1	23.0	11.5
2002	10470	42.3	28.4	14.2
2003	11390	44.4	30.1	15.3
2004	11823	44.7	29.6	15.7
2005	12578	46.0	30.1	16.6
2006	13212	46.7	30.1	17.3

资料来源："农民工数量"来源于国家统计局农村社会经济调查总队：《中国农村住户调查年鉴》(历年)；"比例数"根据《中国统计摘要（2007）》相应数据计算。

（一）城镇就业总量及分布

随着人口城市化水平的不断提高，城镇就业总量及其占全部就业的比例也在不断提高。1998年国有企业实行大规模劳动就业制度改革以来，大量工人从国有企业下岗，失业人数增加，失业率上升，失业人员和下岗职工再就业率降低。这给许多人一种印象，似乎中国自 20 世纪 90 年代以来，就业没有增长，甚至可能绝对减少。实际上，城镇就业总量始终是在增长。图 5-1 给出了城镇就业总量以及城镇就业占全部就业的比例。1990 年，城镇就业总量为 1.7 亿人，到 2008 年，城镇就业总量达到 3 亿人，增长了 77.3%，年均增长 732 万人。城镇就业占全部就业的比例，也一直在不断提高。1990 年，这一比例为 26.3%，2008 年提高至 39%。

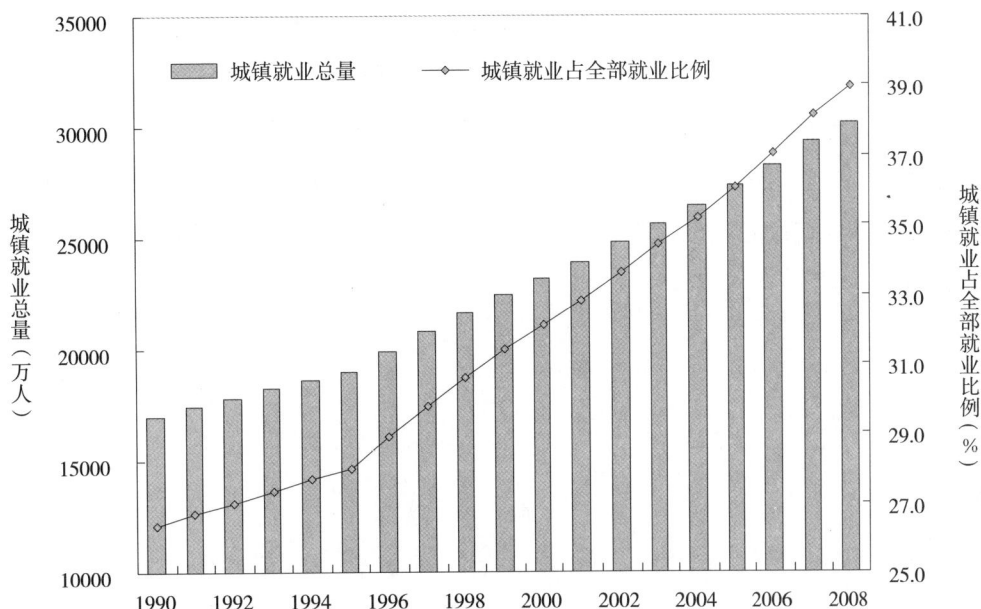

图 5-1　城镇就业总量及占全部就业比例

资料来源：根据《中国统计年鉴》（历年）数据计算得到。

　　城镇就业的所有制结构的变化是巨大的。20 世纪 90 年代初期，国有和集体单位占城镇就业的比重超过 80%。1997 年，尽管国有和集体企业的就业量并未发生大的变化，但由于包括股份合作单位、联营单位、有限责任公司、股份有限公司、港澳台商投资单位和外商投资单位等新兴类型单位就业在不断增加，国有和集体企业就业在城镇就业中的比重下降为 67%。其后，随着国有企业劳动就业制度的改革，国有和集体企业的就业总量迅速下降，占城镇就业的比例也迅速降低。2008 年，这一比例仅为 23.5%。私营和个体企业就业达到 8733 万人，占城镇就业的比例达到 28.9%；此外，在股份合作单位、联营单位、有限责任公司、股份有限公司、港澳台商投资单位、外商投资单位等六种单位就业的人数为 4863 万人，占城镇就业的比例为 16.1%。总之，随着国有和集体部门就业比重的下降，中国形成了就业结构多元化的局面。

　　此外，除了在前述的 10 种单位类型中的就业外，其他在传统统计中没有明确分类的非正规就业，其绝对规模和相对规模都不可忽视。20 世纪 90 年代末以来，城镇非正规就业的规模有了迅速增长，2004 年达到顶峰，约 1 亿人左右，占城镇就业的比重为 38%。此后，其数量有略微下降，2008 年占城镇就业的比重为 31.5%。

　　（二）城镇失业率和劳动参与率

　　失业率是反映劳动力市场状况的重要指标。通常从公开的统计年鉴上看到的是城镇登记失业率。[①] 但是，由于登记失业有一些条件，如达到退休年龄的不再登记，没有当地户口的不予登记，那些不愿意登记或暂时没有登记意愿的人，自然也没有被统计在内等。因此，登记失业率常常不能准确反映劳动力市场的状况。

根据公开发表的统计，可以计算出符合国际劳工组织定义的数据，因而可以进行国际比较的城镇调查失业率。根据中国的统计特点，这个调查范围仅仅能够包括少量在城市务工的外来常住人口，所以它主要还是反映城镇户籍人口的失业情况。如图 5-2 所示，1997 年之前，中国的城镇调查失业率较低，在 4.5% 以下。1998 年国有企业实行劳动就业制度改革以来，调查失业率迅速提高，在 2000 年左右超过 7%。此后，随着劳动力市场形势的逐步好转，调查失业率呈现逐步下降的态势。

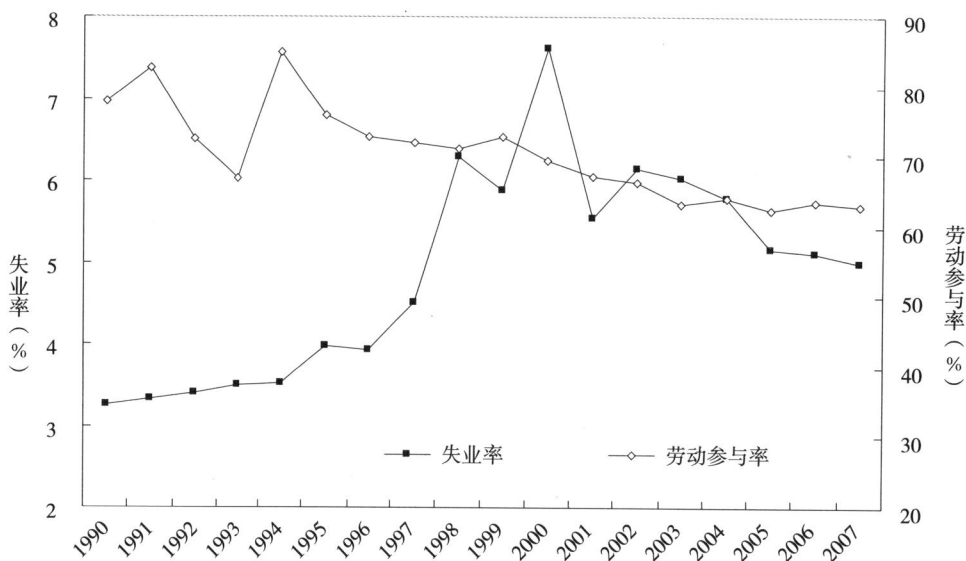

图 5-2　城镇调查失业率和劳动参与率的统计和估计

资料来源：1997—2004 年调查失业率系根据《中国统计年鉴》和《中国人口统计年鉴》的数据计算得到；2005 年调查失业率系根据 2005 年 1% 人口抽样调查微观数据计算得到；2006 年和 2007 年调查失业率系作者估算得到 [②]；劳动参与率系据《中国统计年鉴》和《中国人口统计年鉴》的数据计算得到。

劳动参与率是反映劳动力市场状况的另一个重要指标。劳动参与率是指经济活动人口占劳动年龄人口的比重。20 世纪 90 年代，劳动参与率较高，绝大多数年份高于 70%。但是，在城镇国有企业和集体企业劳动制度改革之前，城镇的企业冗员严重，并且由于大多数企业处于亏损和半停产状态，在这些企业的员工实际上是处于半失业状态，但是没有反映在统计中。在 2000 年前

---

① 城镇登记失业率是指报告期末城镇登记失业人数占城镇从业人员总数与城镇登记失业人数之和的比重。

② 人力资源和社会保障部虽然没有公布调查失业率数字，但指出近年来该指标与登记失业率的变化趋势相同，并且比后者高大约 1 个百分点左右。以此作为估算的依据，我们在 2006 年和 2007 年登记失业率的基础上加 1 个百分点，作为调查失业率的估计值。

后，随着城市失业率的上升，劳动参与率呈现下降趋势。这种下降趋势，是与劳动力市场状况相关的现象，即在城镇失业、下岗严重的情况下，那些年龄偏高、受教育程度较低的人，因失业时间过长，对找工作失去信心，因此退出劳动力市场。而一些本打算进入劳动力市场的新人，也会由于对就业机会的预期不好，而暂时或永久地放弃了寻找工作的打算。最近几年，受到劳动力市场形势好转（具有提高劳动参与率效果）以及在学人口的增加（具有降低劳动参与率的效果）双重影响，劳动参与率比较稳定。

（三）城镇劳动者群体构成

在整个改革开放期间，我国都处于二元经济发展与体制转变的双重过程之中。在劳动力市场上，则表现为隐蔽性失业、自然失业和周期性失业并存及消长。作为一个具有劳动力无限供给特征的二元经济，中国面临着隐蔽性失业问题的困扰，表现为农村剩余劳动力和城市企业冗员。较早的时候，人们对城乡劳动力富余程度的估计，分别都为30%—40%之间。此外，中国还面临着因为宏观经济波动导致的周期性失业，以及由于劳动力市场功能摩擦性因素、技术进步和产业结构变化的结构性因素影响的自然失业。

随着经济体制改革的深入，近年来劳动力市场格局发生了根本性的变化，城市和农村的隐蔽性失业问题有了明显好转。首先，随着阻碍劳动力流动的制度性障碍不断得到清除，农村劳动力大规模向城市转移，实现了异地非农就业，农业中劳动力剩余程度显著减轻，而且剩下的劳动力中，一半以上超过了40岁。这次金融危机的经历显示，农业不再是剩余劳动力的蓄水池，城市形成了对农村劳动力的刚性需求，转移出的农村劳动力不再具有回到土地上的可能。其次，随着城市就业政策的调整与企业打破大锅饭的改革，劳动力市场加速发育，城市劳动力通过市场机制最终实现了重新配置，企业冗员被大幅度消化。

随着隐蔽性失业的显著减少，周期性失业和自然失业的影响日益变得相对突出。通过图5-3，可以了解不同性质的失业问题的相对紧迫性，以及这种相对紧迫性随着改革的深入和经济的发展所呈现出的动态特征。由于制度和政策的原因，加上城乡劳动人口在年龄结构和人力资本上的不同特点，城乡不同劳动群体面对不同类型的失业风险时，所暴露出来的脆弱性也存在明显的差异。

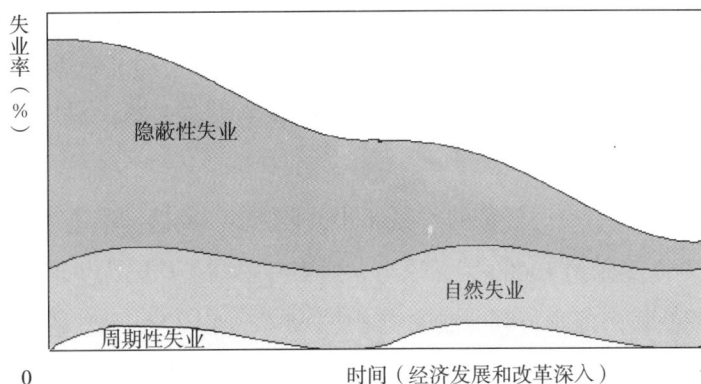

图5-3　失业类型及其随改革深入消长

首先，由于农民工成为主要的劳动力供给来源，但是又没有得到劳动力市场制度良好的保护，因此，他们中的主要部分暴露在周期性失业的风险下，随宏观经济景气变化而交替表现为过剩和短缺。

其次，经过就业制度改革和劳动力市场冲击的城镇就业人员，虽然通过重新配置实现了就业模式的转换，从冗员形式的隐蔽性失业状态，甚至可能经过了下岗和失业，实现了再就业，但是，其中一部分出生于 20 世纪 50 年代到 60 年代末的劳动者（也称 40—50 人员），因受"文化大革命"影响，受教育水平不高，往往成为下岗、失业的首要对象。随着时间的推移，这部分人员达到了退休年龄，正逐步退出劳动力市场。

第三，扩招后的高校毕业生，由于具有人力资本的专用性，其就业预期与劳动力市场需求也存在匹配问题，因此，这个群体也将长期面对结构性和摩擦性的自然失业难题。因数量扩大和人力资本不匹配引起的大学生就业困难将长期存在。

二、人口结构变动与城市劳动力供给

一个经济体中的人口总量、结构决定了其劳动力的潜在供给。在城乡二元分割的经济体系下，由于劳动力流动存在严重的障碍，城市部门和农村部门的人口结构变动更多地影响本部门内的劳动供给总量。随着一系列阻碍劳动力流动的制度、社会和经济因素逐步消除，中国劳动力市场分割的局面将得到缓解，城乡人口总量和结构变动的影响将更具有全局性，而不是局限于本部门内。

（一）中国人口结构的变动趋势

随着计划生育政策的推行，加上经济发展水平的提高和生活方式的改变，中国城乡居民（特别是城市居民）的生育意愿和生育行为发生了重要变化。从 1978 年至 1987 年，中国的人口出生率从 18.2‰上升到 23.3‰，此后的 20 年里基本上呈持续下降的态势，2008 年人口的出生率下降到了 12.1‰。2000 年，中国 65 岁以上老年人的比例达到了 7%，已经开始步入人口老龄化社会(国家计划生育委员会，2010)。与许多发达国家相比，中国的人口老龄化有几个特点需要关注（全国老龄工作委员会办公室，2006）。

首先，中国进入老龄化社会时经济的发展水平要低很多。发达国家进入老龄社会时人均国内生产总值一般都在 5000 美元到 10000 美元以上，而当时中国人均国内生产总值才刚刚超过一千美元，仍属于中等偏低收入国家行列。2000 年中国 65 岁及以上人口比重为 6.8%，与世界老龄化平均水平相同，而 2001 年中国的人均国民总收入（GNI），按照官方汇率计算，是世界平均水平的 17.3%，按照购买力平价计算，则是世界平均水平的 56.3%，这充分呈现未富先老的特征。

其次，中国目前处于老龄化的加速期。按65岁以上老年人占总人口的比例从7%提升到14%的时间进行横向比较，法国为115年，瑞典85年，英国和德国45年，而中国不到30年（2030年前）就可以完成这个历程，并且在今后一个很长的时期内都保持着很高的递增速度，属于老龄化速度最快的国家之列（国家计划生育委员会，2010）。

第三，中国老龄化存在着城乡倒置的特点。发达国家人口老龄化的历程表明，城市人口老龄化水平一般高于农村，中国的情况则不同。虽然中国农村的生育率要高于城市，但是由于越来越多的农村青壮年流向城市地区工作和生活，导致农村的老龄化程度要高于城市。2000年，中国农村的老龄化水平高于城镇1.24个百分点，这种城乡倒置的状况将一直持续到2040年左右。

第四，中国人口老龄化发展具有明显的由东向西的区域梯次特征，东部沿海经济发达地区明显快于西部经济欠发达地区。分析表明，最早进入人口老年型行列的上海（1979年）和最迟进入人口老年型行列的宁夏（2012年）比较，时间跨度长达33年。

由于出生率的大幅度下降，以及2002年以来人口死亡率逐步上升，使得中国人口的自然增长率从20世纪80年代中后期开始快速地下降。1987年，中国人口的自然增长率为16.61‰，为改革开放以来的最高水平，到2008年这一数字下降到5.08‰。

人口的快速老龄化以及人口出生率的下降，将不可避免地导致中国未来劳动年龄人口的绝对数量和在总人口占比的下降。我国人口老龄化的这些特征，可能对未来城市化形成严峻的挑战：老龄化的城乡倒置和由东向西的区域梯次特征，将影响未来城市部门和东部发达地区的劳动力供给，促使城市和东部地区调整产业结构；加速的老龄化和经济发展水平的相对低下，使得未来我国城乡社会的养老保障压力更加巨大，对城市公共服务的供给能力提出了更高的要求。

（二）劳动力供给的变化趋势

中国劳动年龄人口数量从20世纪50年代至今，处于不断上升的趋势。根据中国社会科学院人口与劳动经济研究所的预测，这种增长将一直持续到2015年左右，劳动年龄人口将从3.4亿上升到10亿左右。此后，劳动人口将转入负增长阶段（见图5-4）。

劳动年龄人口供给是一个潜在的劳动力供给数量，并非所有劳动年龄人口都参与劳动力市场活动，因此还需要进一步考察劳动参与率的情况。自从20世纪90年代以来，中国的劳动参与率呈不断下降趋势。1990年到2004年，中国劳动参与率从85.6%下降到81.9%。如果从2005年开始，中国的劳动参与率维持不变，那么2005年至2016年，有效劳动供给数量将从2005年的7.54亿上升到峰值8.20亿，至2020年小幅下降到8.17亿。另外一种可能发生的情形是，劳动参与率按照1990—2004年的趋势逐步下降，那么到2020年劳动参与率可能会下降到78.4%，根据这一预测，中国的劳动力有效供给将在2014年达到峰值7.9亿人，到2020年逐步下降到7.75亿。这两种预测方案都表明，中国的有效劳动力供给将在"十二五"期末（2015年）左右达到峰值（蔡昉等，2007；王德文，2007）。

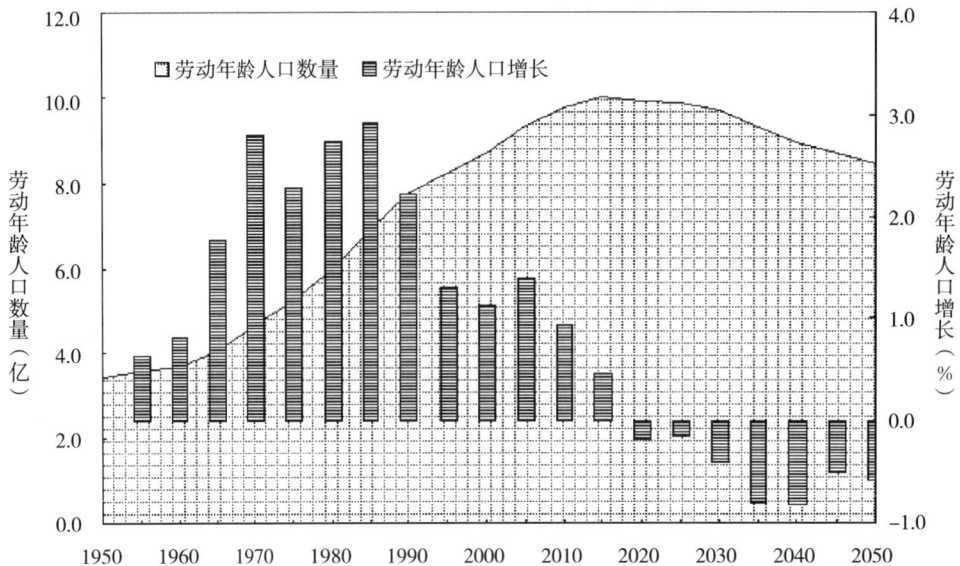

图 5-4　中国 1950—2050 年的劳动人口数量变化

资料来源：王德文：《人口低生育率阶段的劳动力市场变化与中国经济增长》，中国社会科学院人口与劳动经济研究所工作论文，http://www.aisixiang.com/download/6884_1_paper.pdf。

三、城市化中的劳动力需求

城市化的一个突出特征就是经济活动向城市的不断集中。伴随着产业的集中，劳动力向城市流动的趋势也越来越明显。在城乡关系转化的社会经济变革过程中，就业规模的不断扩大既是城市发展的直接结果，也是推动城市发展的重要力量。随着经济总量增长和产业结构的升级，城市相应地成为现代社会就业机会最集中的区域。城市规模的扩张和经济的日益专业化，使得城市经济具有更强的聚集效应和规模效应，以及更高的生产效率。城市内部和城市之间的经济分工，也使得城市可以创造出更多的就业岗位。

（一）经济结构调整与就业吸纳能力

改革开放以来，中国三次产业的劳动生产率都得到了极大的提升。1978 年，在第一、第二和第三产业，每万元 GDP 需要投入的劳动力数量平均为 27.56 人、3.98 人和 5.60 人。到 2007 年，三次产业每万元 GDP 的劳动力投入下降到 1.1 人、0.16 人和 0.24 人。从这个产业间劳动生产率变化和差异，可以看出未来城市化和产业结构调整过程中的就业变化趋势。

首先，第一产业劳动力比重下降的趋势和速度将得到延续。虽然目前农业中剩余劳动力的数量显著减少，其占农村劳动力的比重大大下降（Cai and Wang,2008），但是，由于农业技术变迁越来越以节约劳动为取向，农业劳动生产率提高迅速，今后农业劳动力向非农产业转移的速度仍将很快，形成对非农就业岗位的强大需求。

其次，随着城市化的深入，产业结构调整的重要趋势是第三产业的扩大。特别由于今后的城市化将以农民工市民化为主要特征，第三产业中与民生相关的服务业发展速度也将加快。由于这类产业的就业弹性明显大于第二产业，因此，产业结构调整并不必然以牺牲就业为代价。

总体来看，城市化过程中的产业结构调整将以第三产业的加速发展，以及该产业大规模吸纳新市民为特征。另一方面，随着人口年龄结构的变化，劳动年龄人口的新增量逐年减少，在2015年以后将不再增长。因此，只要保持目前中国经济的增长趋势和就业弹性，未来的就业形势并不以劳动力供大于求为特点。

（二）东、中、西部城市的就业吸纳能力

根据《中国城市统计年鉴》公布的数据，我们计算出东、中、西三类地区城市非农产业吸纳就业的情况（表 5-2）。值得指出的是，由于在企业就业人员统计中，常常遗漏农民工和本地劳动者的就业信息，小企业和微型企业的就业情况也往往不能在统计数字中得以充分反映，所以，这里计算的结果主要反映的是正规就业情况。实际上，在沿海地区和较大城市，第三产业就业和非正规就业都被大大低估，因此，这些地区的就业吸纳能力，比表中所反映的要大得多。不过，下面的分析从一般趋势上看是正确的结论并仍然是有意义的。

表 5-2　　　　　　　　城市的就业吸纳能力：万元增加值创造的岗位

	全部非农产业	第二产业	第三产业
东部	0.048（0.018）	0.047（0.024）	0.056（0.028）
中部	0.074（0.030）	0.074（0.041）	0.088（0.038）
西部	0.066（0.025）	0.058（0.032）	0.094（0.038）

注：括号中的数字为标准差。
资料来源：国家统计局：《中国城市统计年鉴 2008》，中国统计出版社 2009 年版。

首先，从分地区来看，东部地区城市平均每万元 GDP 可提供的就业岗位为 0.048 个；而处于工业化进程加快的中部城市则为 0.074，西部城市为 0.066 个。东部地区出现这一情形有两个可能的原因：一是东部地区资本有机构成和劳动生产率相对较高，创造每万元 GDP 所需要的劳动力数量较少。二是东部地区虽然吸纳了大量农民工和其他迁移劳动者，但是他们中的许多人属于非正规就业而没有被列入正规统计，导致单位 GDP 提供的就业岗位偏低。

其次，从不同产业吸纳就业的能力看，服务业可以提供更多的就业岗位。如表 5-2 所示，在三类地区，第三产业单位 GDP 所提供的工作岗位，都要高于第二产业。服务业的结构变化，与经济发展所引发的经济结构变迁有密切的关联。在快速工业化和城市化的进程中，由于城市人口的聚集，对服务业产生引致需求。人口聚集产生的服务业需求多集中于劳动密集型的服务业，也可以提供更多的就业岗位。随着经济的发展和工业化进程的推进，制造业等产业会衍生出对金融服务、信息服务、保险业、房地产业等的新需求，从而使服务业的就业结构转向资本和知识密集型的高端服务业。从发达国家工业化和城市化的历史看，这一趋势已经比较明显（Rosenthal 和 Strange，2002）。

　　我国服务业的发展也符合这一趋势。我们将金融保险服务业、IT 业、房地产业和科研服务业定义为高端服务业，并观察高端行业的就业比例与城市人口及城市经济发展水平的关系（图 5-5）。可以看到，随着城市经济发展水平的提高，高端服务业的就业比例呈增加的趋势，因此，图 5-5 散点表现出正相关关系（蔡昉、都阳，2003）。

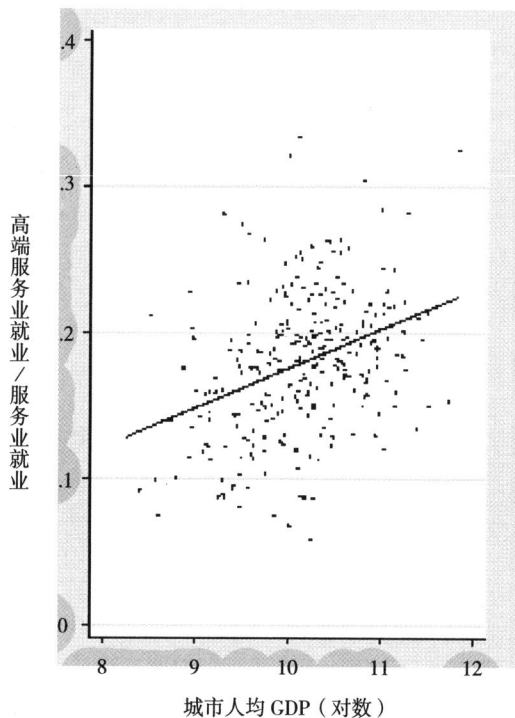

图 5-5　高端服务业就业比例与城市发展

资料来源：国家统计局：《中国城市统计年鉴 2008》，中国统计出版社 2009 年版。

　　第三，东部地区目前仍是吸纳农民工的主力。由于东部地区的经济总量要远远大于西部，即使其单位 GDP 提供的就业岗位偏低，东部地区仍然是吸纳农村劳动力的主力。在 2009 年的一项调查中，超过三分之二即 66.8% 的外出农民工在东部地区，其中广东省集中了全部外出农民工的 27.8%，如果再加上江苏、浙江两省，吸纳的农民工达到全国的 43.7%。中部地区和西部地区吸纳的农民工分别只占 14.7% 和 18.1%（盛来运，2009）。这个调查的结果与以往的研究是一致的（如 Cai 和 Wang,2003）。不过，自从西部大开发计划实施 10 年以来，西部地区的经济增长速度提高很快，东、中、西部的相对增长速度有所缩小。随着西部大开发战略和中部崛起战略的进一步推进，中、西部地区未来对非农就业的吸纳能力将进一步提升。

　　（三）产业集聚、多样化与就业

　　快速的城市化不仅伴随着农村劳动力向城镇的转移，经济活动向更大规模的城市集中的趋势也越发明显。1997 年地级及以上城市的 GDP 占全国 GDP 的比重为 42%，到 2008 年，这一比重提高到 62%。如果分部门观察，2008 年地级及以上城市第二产业占全国的比重为 64.5%，第三产业的比重则达 71.4%。经济活动向地级以上城市集中的趋势，意味着大城市将成为解决就业问题的主要地区。

如前所述，产业发展是城市就业的依托，城市的产业分布决定了城市的就业结构。重化工业化倾向和中国在国际经济格局中的角色，决定了以第二产业，尤其是制造业为主的城市产业分布格局，必然使得制造业部门在城市就业结构中居于更重要的地位。图 5-6 清晰地反映了这种关系：从图的上半部分看，随着城市人口规模的增加，制造业就业比例呈增加的态势，而服务业的比重则开始下降。如果以城市人均 GDP（经济发展水平）来衡量，上述关系则更为清晰。随着城市经济发展水平的提高，就业向制造业部门分布也越来越集中，而第三产业的比例则越来越小。结合前面的分析，我们可以看到，中国城市就业结构变化的轨迹是，随着城市的扩张和经济的发展，就业重心由低端服务业，向制造业转化，而在少数经济发达的大型城市就业由制造业向高端服务业转化的趋势开始出现。

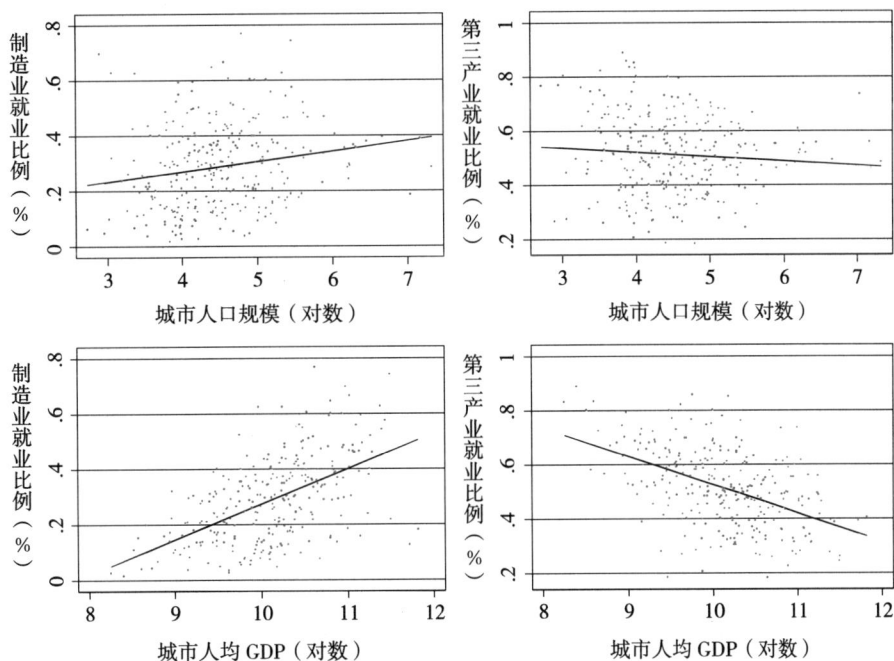

图 5-6　2007 年城市的就业分布

资料来源：国家统计局：《中国城市统计年鉴 2008》，中国统计出版社 2009 年版。

城市的经济发展水平和产业结构决定了城市劳动力市场就业数量和就业结构的基本形态，城市劳动力市场的发展还和城市的其他属性有关系，例如，城市级别、城市的人口规模以及城市区位等因素，这些都有可能影响城市的就业结构。

从根本上说，城市的产生和发展就是依靠聚集包括劳动力在内的各种生产要素，从而增加专业化的程度，延长分工的链条，并由此产生规模节约来实现的。如果劳动力在不同行业之间的流动受到了制约，则就业专业化的趋势难以形成。然而，尽管城市经济的专业化可以更大限度地发挥经济效率，但是城市就业如果过分集中于某些行业或部门，城市的劳动力市场也更容易面临风险，一旦核心产业遭遇外部冲击，就业专业化程度高的城市就会面临更大的脆弱性。中国资源型城市在其资源行将枯竭时面临的就业困难，就是一个例证（蔡昉，2005）。

根据城市分行业的就业资料，我们可以考察城市就业专业化（多元化）和城市发展之间的关系。如图 5-7 所示，纵轴表示的是城市就业在各个行业间分布的变异系数。① 一个城市就业变异系数越大，表明该城市就业在各个行业间分布越分散；反之，就业的变异系数越小，则表明该城市的就业专业化程度越高。如图 5-7 所示，城市就业的变异系数和城市人均 GDP 之间有显著的正相关关系，随着城市经济的发展，就业的多元化趋势越发明显。城市就业的变异系数和人口规模之间的关系也类似。

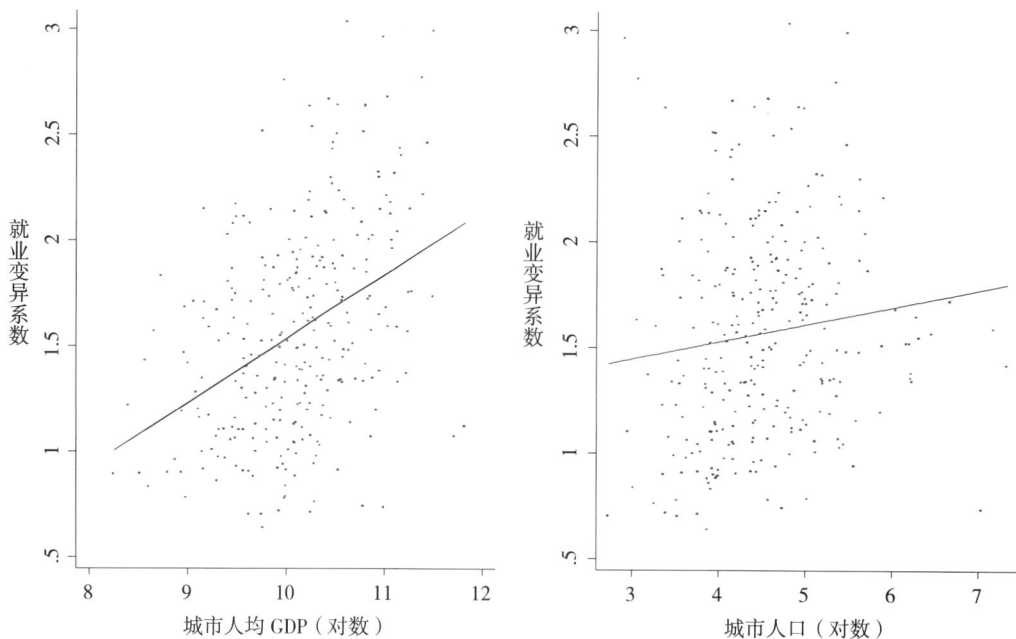

图 5-7　城市就业的多元化与专业化（2007 年）

资料来源：国家统计局：《中国城市统计年鉴 2008》，中国统计出版社 2009 年版。

经济发展水平越高的城市就业多元化趋势越明显，可能是由两类因素所推动。其一，计划经济时期，城市经济虽然没有引入市场机制，但产业布局的专业化仍然通过计划安排的方式得以实现。因此，市场经济机制的发挥，有可能使城市经济的比较优势重新得到发挥，并打破原有的分

① 其具体的计算方法是：根据城市在 13 个非农行业就业，分别计算 13 个行业就业数量的标准差和就业数量的均值，再以标准差除以均值，得到该城市就业的变异系数。

工格局。经济发展水平高的城市，往往也是市场经济更活跃的城市，因此，多元化的趋势更明显。其次，经济发展也相应地衍生出新的产业，而且，产业结构演进与升级也会产生就业多元化的效果。在经济发达的城市，这一效应更加明显。

（四）产业转移、城市化与就业

中国中西部未来的城市化还具有较大的潜力。随着劳动力成本提高，劳动密集型产业在东部地区的比较优势式微。按照传统雁阵理论的预期，劳动密集型产业将渐次转移到其他劳动力成本更低廉的国家。与此同时，中西部地区的发展水平决定了在这些地区，仍将保持充足的劳动力供给和相对低廉的工资水平。也就是说，由于中国地域辽阔、地区之间资源禀赋差异巨大并处在不同的发展阶段，雁阵模式有可能在国内形成，即中西部一些具备条件的地区，凭借自身比较优势，延续劳动密集型产业。

我们可以根据三次产业各自在地区中的分布及变动情况，间接地分析产业在地区之间的转移。从表5-3不难发现，在2000年和2008年，东部地区在三次产业中均占据最大的份额，西部地区所占的份额则最小。从三大地区的总体情况来看，目前并没有出现东部地区第二产业占全国第二产业比重下降的现象。此外，东部地区第三产业占全国第三产业的比重也略有上升，而中部地区第二产业所占比重变动不大。因此地区加总的数据尚不足以显示我国第二产业由东部向中、西部梯度转移的趋势。

表5-3　　　　　　　　　　三次产业的地区分布变化　　　　　　　　　　单位：%

		东部	中部	西部
2000年	第一产业	42.96	34.43	22.61
	第二产业	59.80	26.32	13.88
	第三产业	59.97	24.89	15.14
2008年	第一产业	39.71	35.84	24.45
	第二产业	59.91	26.48	13.61
	第三产业	61.37	23.22	15.41
变化（2000—2008年）	第一产业	−3.25	1.41	1.84
	第二产业	0.11	0.16	−0.27
	第三产业	1.40	−1.67	0.27

数据来源：《中国统计年鉴2009》。

虽然上述数字的确反映了区域产业转移尚未显现成效，但是，仅仅这个加总数字，也并不完全反映产业转移的实际进展。首先，地区加总数据可能掩盖了区域内省份之间在产业转移上的差异。对同一时期31个省份占全国第二、三产业比重的分析表明，上海、北京占全国第二产业的比重下降了0.5—1个百分点，而内蒙古、河南则上升了1—1.5个百分点，甘肃、青海上升了0.8—1个百分点。其次，区域内的省份之间和省内的产业转移，难以在加总数据中观察。由于我国许多沿海工业发达省份还存在较大的省内发展差距，在产业转移过程中优先考虑本省条件合适地区是一个自然的选择。第三，由于统计上的原因，我们不能对三次产业的内部结构作更细的考察。如果二次产业中的低端部分转移到中西部地区，但同时高端产业增长得更快，反映在统计上东部地区第二产业的份额可能会上升。

尽管产业转移的总体趋势尚不明显，在一些行业和地区，产业的梯度转移的苗头已经显现，尤其是在国际金融危机后，这种进程大大加快了（见专栏 18）。目前沿海地区加工贸易已占全国出口总额的 50%。随着沿海地区土地、能源等资源价格和劳动力成本的上升，加工贸易的综合成本将大大提高。严峻的成本上升压力导致近年来浙江、广东、江苏等地的制鞋、服装、纺织、陶瓷、标准件等产业向内地的集群式迁移（王缉慈，2010）。以广东佛山陶瓷业为例，佛山在最鼎盛时期有近 400 家陶瓷企业，目前还剩 363 家，据佛山市政府的估计，2008 约有 170 多家需要转移与关闭。截至 2008 年 8 月，佛山陶企在外省签约投资金额超过 250 亿元，建厂圈地约 4 万亩，其中江西高安以其能源、资源以及人力资本的优势成为佛山陶企最青睐的投资基地。①

专栏 18　　　　　　　　　　富士康内迁

　　2010 年 6 月 25 日，河南省鹤壁市政府网站发出紧急通知，其主要内容是，"富士康科技集团拟在河南省投资建厂，企业规模 30 万人。近期需要 10 万名员工到富士康培训，招聘员工经过培训实习，可在河南省建设好的富士康厂区工作。"此前，有富士康内部人士曾透露，内迁计划涉及富士康深圳工厂 2/3 的生产线，当地员工也将从 40 万人减至 10 万。而鹤壁市的这则通知正好与"传言"相吻合——未来河南富士康规模为 30 万人。

　　综合来自富士康的消息以及媒体报道，富士康未来的布局已大致清晰。主要生产计算机连接器材的深圳制造基地，将搬迁至河南郑州；负责代工苹果产品的部门及总部周边事业群，留守深圳，规模减至 10 万人；天津原本已有两个生产手机电池及外壳的工厂，此次将整合深圳有关生产线，之后，手机事业部迁至天津；富士康电脑事业部迁往重庆和武汉，据悉，5 月 18 日，富士康重庆工厂已制造出第一台笔记本电脑。

　　据郑州市人才市场相关负责人介绍，截至 8 月 14 日，富士康郑州厂区已经参加了 9 次专场招聘，每次招聘人数多在 200 人以上，招聘职位有生产课长、产线组长、品管等职，接待求职者超过 1 万人次。8 月 14 日当天，富士康还在河南省人才市场开设了 9 个招聘摊位，前来应聘的队伍络绎不绝，求职者排队达到 1 公里长。

　　河南人口近 1 亿，是我国人口最多的省份，同时，它也一直是沿海制造业中心农民工的主要来源地之一，有数据显示，富士康在大陆的 80 多万员工中，河南籍员工近 16 万。

---

　　① 《外迁同时不污染》，南方网，http://fs.southcn.com/fszt/bzh/bd/content/2008-08/13/content_5302770.htm。

此次，河南各地方政府在家门口，以"组团"方式，引导农民工就近就业，将有效改善打工者的情感和心理状态。

———————

　　资料来源：《富士康大规模内迁　河南建厂规模 30 万人》，《北京青年报》2010 年 6 月 30 日。

产业转移不仅是一种区域发展战略的体现，更是中西部地区加快城市化步伐的契机。与第二、三产业发展相对不足相关，中西部地区城市化水平也明显落后于沿海地区，并导致人口大规模向沿海地区迁移。经济发展需要集聚效应，但同样也需要区域间的协调与均衡。因此，地区之间的产业转移与形成全国性城市的空间布局，也要遵循相同的经济规律。

　　因此，虽然并非中西部所有地区都具备承接产业转移的条件，从整体上讲，劳动密集型制造业遵循一个国内雁阵模式向这些地区转移，将是一个必然的趋势，有利于实现地区均衡发展。相应地，中西部地区需要抑制目前资本密集程度过度提高，从而偏离劳动密集型比较优势的倾向，来创造更好的市场和投资环境，以便承接东部地区产业转移（专栏 19）。

专栏 19　　　　　　谨防中西部陷入"梅佐乔诺陷阱"

　　梅佐乔诺（Mezzogiorno）指意大利半岛的南部外加西西里和撒丁岛，或泛指意大利南部，与意大利北方存在很大的发展差距。在发达国家，意大利南北差距算得上是少见的案例了。无独有偶，在德国统一以后，东部与西部地区的发展差距长期得不到缩小，堪与意大利的南北差距相比，因此，经济学家写文章说欧洲有两个梅佐乔诺（Two Mezzogiornos）。虽然它们都享有中央政府的转移支付，获得大量资金投入，恰恰是中央政府的特殊关照，促使这些地区形成与其资源禀赋不相适应的增长方式和产业结构，导致就业不充分，收入分配不均等，虽然一度增长较快，但最终并未实现趋同，可以把这种现象叫做"梅佐乔诺陷阱"。

　　意大利南部是从传统的农业经济起步赶超的；而德国东部是从计划经济体制出发赶超的。这两个地区所分别面临的，恰好是中国中西部地区所面临的双重转变，即二元经济结构的转换和从计划经济向市场经济的转轨。因此，两个"梅佐乔诺"的发展教训，对于中西部地区旨在赶超的战略实施，具有重要的借鉴意义。

　　本世纪以来，中央政府实施了促进中西部地区加快发展的各种战略，通过基础设施建设、生产能力建设投资、社会保障和公共服务项目补贴等，对中西部提供了大规模投资、转移支付和其他财政支持，大幅度改变了资源投入的区域配置格局，促进了中西部的经济增长和社会发展，呈现出对于东部地区的趋同。

　　然而，中西部的崛起不是劳动密集型产业带动的。中西部制造业的资本密集程度，在 2000 年以后迅速上升，速度大大快于沿海地区，目前已经高于沿海地区。这种资本密集化现象，在于其工业化加速具有政府主导型和投资驱动型的特征。如果我们吸取国际上的教训，避免中西部赶超陷入"梅佐乔诺陷阱"，就应该调整区域发展战略，将这些地区及时拉回到比较优势的轨道上。

（五）城市化、创新与经济结构调整

中国的城市化进程中，也伴随着经济结构的深刻调整，两者之间是相互作用、互为因果的。我们前面已经从集聚效应、规模效应、劳动力成本变化、产业多元化等角度讨论了城市化与经济结构之间的关系，以及这种关系对于城市就业的含义。但是城市化与经济结构调整之间的联系并不仅限于上述的几个方面。

在现代经济中，城市越来越成为创新的源泉。图 5-8 展示了 2008 年国内 30 个省、市、自治区的城市化与城市创新活跃度（以每人每年的研发经费支出表示）的关系。[①] 从图中不难发现，两者之间存在显著的正相关关系，城市化水平越高，经济中的创新活动也越活跃。

分析城市化与经济体中创新活动的成果之间的关系，也可以看出城市化与创新之间存在的密切关联。如图 5-8 所示，在我国城市化率相对较高的地方，每万人 2008 年年底拥有的专利数也相对较高，创新活动更有成效。相反，在城市化相对落后的地区，创新活动也相对薄弱。

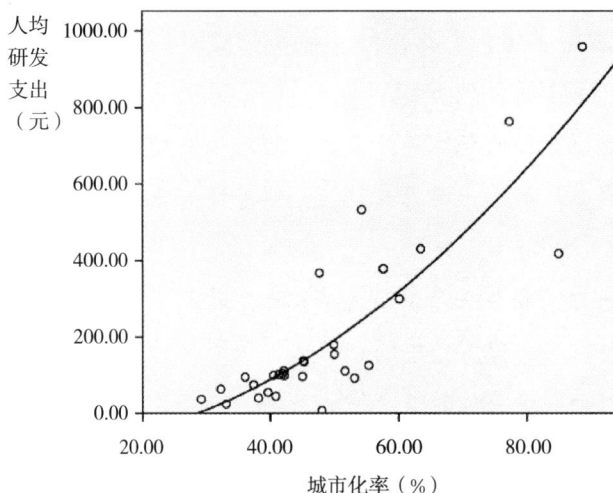

图 5-8　各省份城市化率与人均的研发支出（2008 年）

资料来源：《中国统计年鉴 2009》。

---

① 由于西藏缺乏相关的数据，没有包括在分析中。

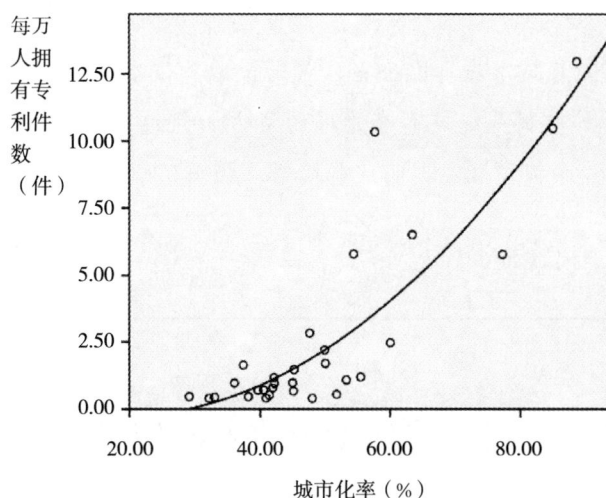

图 5-9　各省份城市化率与每万人拥有的专利数

资料来源:《中国统计年鉴 2009》。

城市化与创新之间存在的密切关系，对于解决城市就业问题具有非常有用的启示。首先，创新可以促进经济中产业的多元化发展，从而形成对就业的多元化需求。其次，从静态的角度看，创新有助于提高劳动生产率，降低单位资本的劳动投入，在一定程度上也存在对就业需求的抑制作用。第三，从动态的角度来看，创新提高了劳动生产率，使城市经济变得更有活力和竞争力，这在长期有助于吸收更多的外来劳动力进入城市。第四，创新活动本身也是产业链条中不可或缺的环节，创新产业本身也提供了大量的就业机会。东京的 TAMA（技术先进的大都市区域协会）在过去 10 多年的运作，提供了一个城市地区的大学和科研机构如何与本地区的产业发展进行协作的良好范例（见专栏 20）。

专栏 20　　　　东京的"技术先进的大都市区域协会"（TAMA）

　　TAMA 是在日本经产省（METI）的支持下成立的一个协会，主要关注东京大都市西部产业的复兴与发展，开发新技术、产品和业务。TAMA 于 1998 年创立，旨在把将近 200 家企业和大量的其他组织联系起来开展合作活动，使这些中小企业能够获得新技术、市场信息、产品开发设计和出口信息等。在建立 TAMA 时，当地的产业界和政府创建者考虑到当地的环境和潜力，参考了国际上相关的模式。TAMA 地区涵盖 3 个县和 74 个市，包括 30 多万家小企业和大约 40 所大学。其中，大约 300 家公司和 34 所大学是 TAMA 的会员。这个协会促进产业互动，并寻求通过交流和共同研发项目来加强企业和大学之间的联系（在传统上，这种联系比较弱），更大的目标是建立能够促进新的技术开发和商业化的协作。TAMA 已经建立起技术许可办公室以帮助授予、技术许可和研发商业化。TAMA 地区在机械电子、仪器和控制系统方面有雄厚的实力。经过 10 多年的发展，TAMA 协会已经成功地使决策者关注相关领域公司的这些问题，加强了学术界和企业界的联系。

资料来源：OECD：背景报告，2010。

四、解决城市就业的出路

提供充分的就业机会对于城市化的健康发展至关重要。中国在城市化过程中要解决好就业问题，必须充分结合人口结构变动的趋势以及不同地区产业结构调整的趋势，消除劳动力市场的分割，出台积极的就业政策，同时根据不同地区的资源禀赋特征加速产业结构调整。

（一）根据不同城乡劳动群体面临的失业风险类型，制定针对性的失业保障和就业促进政策。我国城乡隐蔽性失业问题已经基本解决，周期性失业和自然失业问题变得相对突出。不同的城乡劳动群体对于不同类型的失业问题的脆弱性存在差异，需要在政策上进行分类处理。农民工群体较容易受周期性因素的影响，积极的就业政策需要延伸到这个群体。同时，针对他们的制度需求，通过实现农民工的市民化和社会保障的均等化，冲破户籍制度设置的劳动力市场和公共服务的制度分割。对于城镇人力资本薄弱的城镇就业困难人员，积极就业政策应更加集中于提高他们的就业能力，社会保护政策的实施则需要提高瞄准效果。对于因数量扩大和人力资本不匹配引起的大学生就业困难，适度的社会保护和积极的培训、中介等公共就业服务，可以缩短这个痛苦的过程。

（二）完善城镇就业统计制度。当前城镇就业统计制度尚不完善，在很多地方，农民工的就业状况和非正规部门的就业状况尚缺乏有效准确的统计，这不利于就业服务和扶持政策的瞄准，影响农民工群体和城镇非正规就业人员获得必要的政府就业服务和享受优惠的政策。应该借鉴国际上通行的就业／失业界定标准，完善就业调查和统计制度，并将就业／失业列入地方政府绩效考核的体系并赋予较高的权重。

（三）根据人口结构的变化，适时调整人口政策。由于出生率下降和人口老龄化的影响，我国在 2015 年左右劳动力有效供给将达到高峰，此后开始逐步小幅度地下降。我国将很快从"人口红利期"转入"人口负债期"，社会抚养比和家庭抚养比将逐步提高，未来养老负担将大大加重，因此，迫切需要未雨绸缪，完善城乡养老保障体系。此外，在有条件的地区可以进一步放宽计划生育政策，延缓"人口负债期"的到来。

（四）根据各地区劳动力供给状况，积极推进沿海地区产业结构的调整与转型，加快产业的梯度转移过程。劳动力有效供给数量的减少将在一定程度上减缓就业压力，局部地区和行业将出现劳动力供不应求局面。由于老龄化在农村地区和东部沿海经济发达地区表现得更为突出，未来农村向城市输送劳动力的速度和规模均会趋缓，未来在东部沿海地区、沿海劳动密集型制造业的结构性劳动力短缺局面将会加剧，这将进一步推高这些地区和行业的劳动力成本。要大力促进产业结构的调整和转型，沿海地区的产业结构将更加取向资本密集型，高端服务业的比重也将不断提升。

（五）加快推进服务业的发展。人口在城市的聚集是服务业得以规模化和精细化分工的重要前提，服务业的发展也是解决未来城市就业的最重要途径。加快现代服务体制和机制的创新，打破电信、民航、铁路、邮电等行业的垄断，吸引更多的民间资本进入现代服务业。加快银行、证券、保险等金融服务业的改革，加快中国金融服务业参与全球化的进程。加快城市公共服务部门和公共事业单位的改革，理顺水、电、天然气等公共产品的价格机制，同时做好城市中最弱势群体的补贴和扶持。积极推动家政等传统服务业的细分和升级，适应不同层次的市场需求，延长产业链条，挖掘传统服务业的就业潜力。此外，还需要积极推进财税体制改革，继续探索营业税与增值税合并改革，减少服务业中存在的重复征税问题。

（六）尊重城市化过程中产业发展的客观规律，发挥区域经济比较优势。随着东部地区经济结构调整和转型，劳动密集型的制造业和低端服务业将渐次向中、西部地区转移，未来中、西部地区在吸纳农村人口进入城市就业中将发挥更大的作用。在中西部地区重工业化加速的过程中，也要培育劳动密集型产业发展，避免偏离劳动密集型比较优势的倾向。一个重要的政策调整就是如何迎接东部地区的产业转移。但是，在产业转移过程中也需要加强环境保护和资源的节约利用，以及保护劳动者权益。由于中西部特别是西部地区人口密集度相对较低，小城镇没有比较优势，也缺乏产业依托，很难独立形成规模效应和延长产业链条，吸纳就业的能力相对有限，因此，在西部地区应该形成首位度比较高的大城市。

（七）保持城市产业的多样化，从而吸纳更多的就业。要吸取英美等发达国家在金融危机中受到冲击，就业形势严峻的教训，在城市化过程中保持城市（包括北京、上海这样的特大都市地区）一定制造业比重，以满足多层次就业需求（Yusuf,2008）。

（八）积极推进科技、产品和服务的创新。加大国家财政对科技、产品和服务创新的投入力度，强化国家在科技创新过程中的宏观统筹协调作用，对国家科技发展战略和总体规划、重大科技计划和科技项目的决策与实施等进行统筹协调，建立科技部门联席会议机制。加强对国家公共科技资源的整合，建立国家公共科技资源全社会共享机制。完善科技自主创新的经济管理政策，加快科技成果向经济成果的转化，加快发展对国民经济与社会发展具有战略性意义的高新技术产业发展，鼓励自主创新。积极推进以企业为主的创新体系建设，通过制定财税、金融、政府采购、科技计划等方面的政策措施，鼓励和引导企业加大科技研发和推广的投入。

（九）着力改善投资环境，善待企业家。企业家的功能就是不断整合各类创新要素，发现和开拓新市场、推动新技术的应用、不断开发出适合经济与社会发展需要的产品和服务。因此，当前应着力改善投资环境，包括硬件和软件环境。应该改变不少地方过于重视硬件环境而忽视软件环境的建设的弊病，应鼓励、培养和保护企业家精神，形成良好的创业和创新氛围，善待企业家。

（十）积极推进中小企业发展。中小企业是我国非农就业的主要渠道，也是推动经济结构转型的载体。综合利用金融、财税等政策手段，缓解中小企业在资金、技术和人才上的发展瓶颈。积极扶持科技型和服务型中小企业的发展，同时合理引导中小企业逐步淘汰过剩和落后的产能。

第六章

完善城市公共服务

公共服务是城市化健康发展的必要条件，同时，城市化是促进全民共享发展成果和现代文明的重要途径。当前及可预见的未来，将有大量农民工逐渐融入城市，原有市民与新进入市民的公共服务需求能否得到正常满足，这对政府提供公共服务的能力、方式和水平提出了巨大挑战。新中国成立以来的相当长时期内，我国的城市，更多的是被当做工业化和发展经济的载体，城市化更多的是城市经济发展的衍生品，在变消费型城市为生产型城市的发展模式下，公共服务供给相对不足。改革开放以来，城市公共服务体系建设力度明显加大，供给能力明显增强，但供需矛盾仍然十分突出。不仅如此，我们还要面向未来，满足城市化中未来十年新增 2 亿农民工市民化人口对城市公共服务的巨大需求。因此，完善城市公共服务，是我国城市化快速发展中必须面对的一大挑战，也是克服"城市病"和避免出现贫民窟的关键所在。

一、城市公共服务的发展现状

从城市功能角度看，城市也是一个公共服务中心。城市功能的完备很大程度上取决于公共服务的供给能力。城市公共服务不健全，供给能力弱，城市人口超出公共服务承载能力，就很有可能出现"城市病"和贫民窟（专栏 21）。

专栏 21　　　　　　城市之痛——贫民窟

据联合国人居署《贫民窟的挑战》报告统计，全球现在有 10 亿人口居住于贫民窟，约占世界城市人口的 1/3，世界人口的 1/6。如果不采取有效措施，30 年后，这个数字可能将翻倍，达到 20 亿。其中，亚洲至少有 5.5 亿贫民窟居民，非洲有 1.887 亿，拉丁美洲和加勒比海有 1.28 亿，另外，还有 5400 万贫民居住在世界最富裕的 30 个国家中。

纵观世界城市化进程，贫民窟并不是一个新事物。例如，19 世纪的"都柏林贫民窟是欧洲最糟糕的地方之一"，"1815—1851 年法国人口从 2900 万人增加到 3600 万人……城市吸纳了那些在农村地区找不到工作的移民……然而工作总是不够。失业和过度拥挤造成这里骇人听闻的生活条件。只有 1/5 的家庭可以使用自来水。1832 年，一场霍乱夺走了大概 2 万巴黎人的生命"，利物浦、墨尔本、纽约、巴黎、东京等等也都曾经存在条件恶劣的贫民窟。

英国是最早出现贫民窟的国家。工业革命推动了英国城市化进程，大量农村人口开始涌入城市。1820 年，伦敦开始出现第一个贫民窟，此后，伦敦城市底层居民的居住条件日益恶劣，形成了许多贫民窟。从出现贫民窟开始，英国政府就逐步探索解决途径。1875年，英国通过了《改善居住法案》（Dwellings Improvement Act），旨在清除贫民窟和建设低成本住房。除对城市贫民窟的直接清理外，英国政府还通过针对性福利政策解决贫困家庭住房问题。例如，20世纪50年代至60年代以来，英国政府实行了一个"统建房"（Council House）建设制度。在现在的英国福利制度下，贫民窟问题已经基本解决，仅残余部分困难的"无家可归者"，英国也制定了一定的措施为其提供基本住房保障。

总的来看，贫民窟曾经是当时西方国家难以摆脱的噩梦。二战以后，由于西方国家经济恢复发展和福利国家政策的普遍推行，其贫民窟问题才得到了比较好的解决。事实上，贫民窟的出现、发展和消除是与城市化的进程相伴而生的。所有国家和城市的政府对这种现象都有一个认识过程，有一个从忽视到重视、从排斥到接受的过程。以经济持续发展为基础，将贫民窟的政策与减少城市贫困问题相结合，包括就业、收入、健康、教育、住房和城市基础设施及服务等，才能在发展中消除城市贫民窟。

参考资料：
1. 联合国人居署编著，于静等译：《贫民窟的挑战——全球人类住区报告2003》，中国建筑工业出版社2006年版。
2. 世界银行：《2009年世界发展报告——重塑世界经济地理》，清华大学出版社2009年版。

（一）城市公共服务的范围

我国虽然提出了不断完善公共服务的要求，确定了基本公共服务均等化的目标，但对什么是公共服务，什么是基本公共服务，还缺乏明确的界定。因此，分析城市公共服务面临的形势和挑战，首先应该界定城市公共服务的范围。

在本报告中，我们把由政府主导提供的公共物品分为公共产品（Public product）和公共服务（Public service）。前者主要指的是以实物为供给形式和最终消费对象的产品，包括道路、公共建筑以及其他各类基础设施和设备。后者主要是指各类公共管理服务以及教育、卫生、社会保障等服务性内容。①

界定城市基本公共服务，应符合基础性、广泛性、迫切性和可行性四个标准。所谓基础性，是指那些对城市居民生活和城市功能有着重要基础性作用的公共服务，它们的缺失将严重影响人们的基本生活和城市的基本功能。所谓广泛性，是指那些涉及城市每一个家庭和每一个人的公共服务。所谓迫切性，是指那些事关广大市民最直接、最现实、最迫切利益的公共服务。所谓可行

---

① 在现实生活中，产品和服务的提供经常混合在一起，很难作严格划分，只能作相对意义上的区分。对于住房保障，虽然其提供的形式往往是作为实物的住房，但是习惯上人们把各类社会保障视为服务，因此本报告将之归入"服务"的范畴。此外，公共服务由政府主导提供，并不意味着由政府唯一提供，个人、家庭、企业以及公民社会组织都可以参与公共服务的提供。

性，是指公共服务的提供与目前的经济发展水平和公共财政能力相适应，如目前我国绝大多数城市只能把九年义务教育作为基本公共服务，还不能把高中阶段教育也纳入基本公共服务范围。

按照以上标准，本章主要讨论涉及市民基本生存权、基本尊严、基本能力、基本健康需要的公共服务，包括义务教育、公共卫生和基本医疗、各类社会保障和服务项目等。对于保障城市运营和功能所必需的公共产品，如公共交通、供排水、卫生和环境保护等，将在第七章中展开具体论述。

（二）城市公共服务的发展现状

新中国成立以来，城市公共服务长期供给不足的状况得以改善，服务质量和效益明显提升，教育、医疗、社会保障等体系逐步建立健全。

1. 义务教育。相对农村而言，城市的义务教育发展水平要高出很多，已经全面普及九年义务教育。与 2000 年相比，2007 年城市小学和普通初中在校生数基本稳定，分别保持在 1761 万名和 1048 万名左右；学校数量则大幅减少，分别为 17535 所和 7594 所（表 6-1）。

表 6-1　　　　　　　　　　　中国城市义务教育发展情况

年份	普通初中		职业初中		小学	
	学校数	在校生数	学校数	在校生数	学校数	在校生数
2000 年	12723	10346351	142	27571	32154	18166507
2007 年	7594	10475859	13	8104	17535	17610813

资料来源：《中国教育统计年鉴》。

2. 基本医疗。我国公共卫生和基本医疗服务主要包括疾病预防控制、健康教育、妇幼保健、精神卫生、应急救治、采供血、卫生监督和计划生育等。从医疗卫生资源分布看，城市集中了绝大部分的优势医疗卫生资源。我国卫生总费用由 1980 年的 143.2 亿元增至 2006 年的 9843.3 亿元，增长了 68 倍。但与其他公共消费性支出相比，财政对公共卫生支出比例较低，1998—2005 年公共卫生和基本医疗的支出仅占财政支出的 4%—5% 左右。

3. 社会保障。社会统筹和个人账户相结合的城镇职工基本养老保险制度不断建立健全，统筹层次不断提高，社会养老保险覆盖面逐步扩大。2008 年末，全国参加城镇基本养老保险人数为 21891.1 万人，其中在职职工 16587.5 万人，离退休人员 5303.6 万人。城镇医疗保险包括城镇职工基本医疗保险和城镇居民基本医疗保险两个部分。2008 年末，参加城镇职工基本医疗保险人数为 19995.6 万人。2007 年开始以大病统筹为主的"城镇居民基本医疗保险制度"开始试点。截至 2008 年底，全国城镇居民基本医疗保险参保人数为 4068 万人。失业、工伤、生育保险覆盖面也逐步扩大。2008 年末全国参加失业保险人数为 12399.8 万人，参加工伤保险人数为 13787.2 万人，参加生育保险人数为 9254.1 万人。

从总体上看，我国城镇社会保障制度存在覆盖面不足、统筹层次低、资金筹集缺乏强制性、管理和服务社会化程度低等问题。由于社会保障制度是探索中逐步建立的，实行分地区、分类别管理的模式，造成不同地区社会保障水平存在很大差异，即使在同一城市，机关、事业单位和企业三种组织形式之间的社会保障标准也存在明显区别，大量的农民工被排除在社会保障体系之外。

4．住房保障。2007年，《国务院关于解决城市低收入家庭住房困难的若干意见》以及《廉租住房保障办法》、《廉租住房保障资金管理办法》相继出台。2007年，全国廉租住房投入近94亿元，超过了历年累计安排资金的总和，新增保障户数68万户。截至2009年11月底全国新开工和通过各种方式筹集廉租住房185万套。其中，全国廉租住房新开工158.4万套，通过购买、改建等方式筹集26.6万套。租赁住房补贴户数达到292万户，其中新增租赁补贴80万户(杜宇，2010）。目前，全国人均住房面积在10平方米以下的城镇低收入困难家庭还有747万户左右，约占城镇家庭总户数的4%。根据国务院有关部门发布的《2009—2011年廉租房住房保障规划》，3年内将规划建成750万套保障性用房。如果这一规划能够顺利实施，廉租住房制度保障范围将覆盖全国人均住房面积10平方米以下的城市低收入住房困难家庭。但总体上看，由于地方政府缺乏积极性，各地廉租房建设缓慢，各城市新提供的廉租房占新增住房总数的比例不到1%。一些城市的保障性住房建设，还存在规划不合理、资金配套困难、保障标准偏高、模式单一等问题。

二、流动人口和弱势群体的公共服务

当前我国处于城市化快速发展时期，随着经济与社会结构的变化，我国的社会流动变得日益频繁而且规模不断壮大。除了农民工之外，每年有上百万的大学毕业生在户籍地以外的城市就业，此外还有大量的有城镇户籍的人口到其他城市工作和生活。2011年，中国的流动人口总规模达到2.1亿，主要表现为人口由农村向城镇的流动以及城镇之间的流动。[1] 城市弱势群体，主要包括贫困者、流动儿童、老年人、残疾人、精神病患者、失业者、下岗职工、灾难中的求助者、农民工以及在劳动关系中处于弱势地位的人（这里只是简单地列举，各个群体之间实际上存在交叉）。由于弱势群体的自我生存和发展的能力较差，是公共服务的阳光雨露最应该覆盖的群体，对弱势群体的公共服务保障水平，在一定意义上标志着城市政府的人文关怀的程度。从总体上看，我国对城市流动人口和弱势群体的照顾还很不到位，提供的公共服务还缺乏针对性，而且流动人口和弱势群体分享城市公共服务时还常遇到社会排斥甚至歧视。

---

① 考虑到有专章论述农民工市民化，本章不再专门讨论农民工的公共服务问题，主要从更大概念上讨论流动人口的公共服务问题。

（一）流动人口的公共服务

我国每年有大量流动人口涌入城市，但由于体制和政策的制约，许多流动人口无法和城市市民一样公平分享城市化特别是公共服务的成果。流动人口在就业、教育和健康方面所受到的不平等待遇，不仅不利于流动人口自身的发展，同时也阻碍了人力资源的有效配置，削弱了城市聚集效应，损害了城市化的质量。

（1）劳动力市场政策问题

在以户籍制度为依托的城乡二元管理体制下，我国劳动力市场分割现象明显，流动人口被称为"外来劳动力"。来自劳动力市场的歧视使很多流动人口对"体面的工作"只能望洋兴叹。由于缺少法律和体制的保护，"外来劳动力"大多只能在城镇从事艰苦的、低收入的和重体力的职业。在同一个企业里，同工不同酬、同工不同时、同工不同权的情况还较普遍。长期对城市的倾斜和保护政策，限制了农村人口分享经济发展和城市发展所带来的福利改善。根据 UNDP（2009）对我国一些省份的调查，低技术流动人口的工作时间要比当地工人的长一半。

（2）流动儿童教育问题

目前义务教育学龄流动儿童的数量在 2000 万以上。这些流动儿童散落在中国各个城市角落，很多孩子接受的义务教育水平甚至低于农村。因为家庭贫困或跟随父母的反复流动，许多流动儿童被迫或主动地放弃了受教育的机会。还有许多流动儿童到了上学的适龄时机却不能及时入学，导致中小学出现很多大龄、超龄儿童。目前，对这些流动儿童的义务教育问题，中央政府的方针是"以流入地政府为主，以公办学校为主"，目前政策上已没有障碍，但实践中，各种无形的限制和收费依然存在。在很多城市打工子弟学校就读的学生，并不能享受"免费义务教育"。许多城市公办学校或者是完全不接纳流动人员的子女，或者即使接纳，也要在正常的学杂费之外，加收高额的赞助费和借读费。许多流动儿童不得不就读于农民工子弟学校，但这些学校缺乏基本的办学条件，学校硬件设施不到位，使就读的学生没有人身安全保障。这些学校的教师素质不高，不能保证教学质量，不利于儿童的成长。

与此同时，地方政府对解决流动儿童子女问题有力不从心之感。目前，我国的义务教育经费由政府根据当地户籍学生数进行划拨，这意味着离开户籍所在地的流动儿童很难获得与户籍儿童同等的经费支持。其结果，只能使义务教育的发展取决于各地区的经济发展水平和地方政府的财政收支状况。从 2008 年开始，广东省获得了中央财政用于农民工子女教育经费的专项资金一亿元，但还不足以缓解巨大的压力。2009 年，该省农民工子女约占全国的三分之一，是北京市的 6 倍，其中 85% 分布在珠三角，每两个小学生、每四个初中生中就有一个非户籍学生。省财政一年 8000 多亿，要上缴 60%，只能支配 2000 多亿，但却要服务一亿多的人口。

（3）流动人口健康问题

我国社会保障制度是与户籍制度挂钩的。尽管城市有更完备的卫生设施和医护人力资源，但是这并不能使所有的流动人口都能感受到其中的"关怀"。流动人口所能享受的医疗服务远比城市居民享受的服务要少。上海是我国在为流动人口提供社会服务方面的典范城市之一，但2004年也只有2/3的流动儿童接种了疫苗，而当地儿童的接种率达到了全面普及水平（UNDP，2009）。

流动人口的居住环境相对较差、流行疾病传播迅速，这些都对流动人口的健康造成了一定的影响。由于城市医疗费用昂贵，当他们患病时，经常回农村地区接受治疗，往往延误治疗期。有关流动人口生殖健康的调研发现，流动人口多为青壮年，处于性活跃年龄，文化程度较低，劳动强度大，生活条件差，高危性行为频发，保健意识淡薄且具有较高的流动性，患生殖健康疾患的风险较高。部分流动人口中的孕妇因贫困不能和户籍孕妇一样进行定期产前检查、住院分娩，只能寻找一些廉价、劣质的服务，有些到了生命垂危时才送到医院，失去了抢救机会，造成孕产妇、围产儿死亡（孙荣喜等，2008）。另外，流动儿童是最需要保健服务的弱势群体，但他们的营养状况、体格发育以及接受保健情况都明显不如本地儿童。

（二）弱势群体的公共服务

1. 城镇贫困人口。城镇贫困人口主要是指贫困的失业人员、贫困的老年人口，以及一些因病致贫的人员。这一群体由于缺乏收入来源，生活处于贫困状况，通常需要国家和社会提供基本生活保障。从20世纪末开始，城镇失业人员在城镇贫困人口中的比重急剧上升，逐渐成为城镇贫困人口的主要来源。

面向城市贫困人口的社会救助制度，主要是最低生活保障。1999年，国务院颁布了《城市居民最低生活保障条例》，正式开始建立城镇最低生活保障制度，并不断提高社会救助水平。根据民政部发布的1999年到2008年的《民政事业发展统计报告》，城镇居民每年的受保人数一直处于上升趋势，2008年的受保人数几乎是1999年的10倍。截至2008年底，全国共有2334.8万城市居民享受了城市最低生活保障，平均保障标准为每人每月205.3元。但从实际情况看，低保所解决的只是根据当地消费水平确定的最低营养需求，而事实上，相当多的贫困人口需要的是一个综合性的社会救助体系。

表6-2　　　　　　　　　　　中国城市享受补助、救济人员情况

项目	2004年	2005年	2006年	2007年	2008年
城市居民最低生活保障人数（万人）	2205.0	2234.2	2240.1	2272.1	2334.8
城市临时救济人次数（万人次）	285.2	234.4	123.0	243.2	227.6

资料来源：《中国统计年鉴2008》。

2. 残疾人。我国一向高度重视解决残疾人的生活问题，残疾人事业一直处于快速发展之中。但与健康人相比，残疾人在就业与生活中无疑处于弱势地位。根据《2006年第二次全国残疾人抽样调查主要数据公报》，我国有残疾人8296万人，但参加社会保险的只有260.8万人，仅占残疾人总数的3.1%。受计划经济观念的影响，主流观点习惯上将社会保险关系视为是劳动关系的

一种形式，是建立在劳动关系基础上的法律关系。这在一定程度上妨碍了社会保险的"社会化"，不仅在思想上而且在制度上将残疾人这种弱势群体排斥于社会保险制度之外。此外，许多城市对残疾人服务的针对性不足，人文关怀不够。

3. 老年人。我国已进入了老龄化社会，截至 2008 年底，65 岁以上老人达 10956 万人，占全国总人口的 8.3%。城市老龄人口的弱势化，既有生理方面的原因，也有社会方面的原因，比如退休使他们产生退出社会的"无用感"。城市中老年群体的弱势化还有体制性因素，比如，一部分老龄、高龄人口因养老金水平低、社会养老服务发育水平低而面临生活困难，需要更多的援助。

城市老年文化娱乐、康复保健、照料服务、社会养老机构等设施屈指可数，满足不了老年人的实际需要。现有各级各类养老服务机构（包括私人投资部分）近 3.8 万家，床位 115 万多张，收养老人 86 万多人。仅就床位来说，不足老年人数的 0.9%，距国际保留 5%—7% 的比率相差甚远。目前我国城市尚无系统的多层次的老年服务体系，无法满足不同收入的老年人口对养老服务的差异化需求。此外，目前养老机构护理人员大部分文化程度较低，专业服务知识缺乏，大多数养老服务机构也没有配备具有专业护理、老年心理学、法律咨询、社会工作等方面的专业人员，难以较好地满足老人多方面、多层次的需要。

表 6-3   我国城市收养、救助类单位情况

指标	床位数（万张）			收养救助人数（万人）			年末床位利用率（%）
	2007	2008	比上年增减(%)	2007	2008	比上年增减(%)	
收养类单位	**251.0**	**279.4**	**11.3**	**200.0**	**221.9**	**11.0**	**79.4**
福利类收养单位	241.2	268.0	11.1	193.3	214.1	10.8	79.9
社会福利院	18.5	21.6	16.8	14.2	15.5	9.2	71.8
儿童福利院	3.3	4.0	21.2	2.9	3.4	17.2	85.0
社会福利医院	3.1	3.6	16.1	2.7	3.1	14.8	86.1
城镇老年福利机构	33.0	41.5	25.8	22.6	29.0	28.3	69.9
其他收养性单位	3.5	4.3	22.9	1.6	2.5	56.3	58.1
社区类收养单位	**1.6**	**1.6**		**0.8**	**0.9**	**12.5**	**56.3**
救助类单位	**4.7**	**5.1**	**8.5**	**2.6**	**1.7**	**−34.6**	**33.3**

资料来源：《中国统计年鉴 2008》。

三、城市公共服务面临的挑战

我国经济的快速发展，市场经济体制的不断完善，城市财政实力的逐步增强，特别是以人为

本的科学发展观的提出，为城市公共服务的根本改观提供了思想基础和现实基础。但作为世界第一人口大国和城市化规模第一的国家，完善城市公共服务，满足社会多样化的社会需求，对各级政府提出了从未有过的严峻挑战。

（一）城镇新增人口需求带来的挑战

城市化水平的提高有赖于城市经济的发展，也有赖于城市所提供的软硬件服务。良好的城市公共服务可以促进城市化的健康发展，相反，滞后的公共服务会阻碍城市化进展。目前"城中村"和"城市病"现象的重要原因就是城市公共服务建设的滞后。我国许多城市的公共服务都存在欠账，加之每年新增2千万的城镇人口意味着巨大的潜在需要，逐步建立健全与城市化发展相适应的城市公共服务体系任重道远。

到2030年人口高峰时我国城市化率将达到65%，未来20年在城镇定居的人口将新增约4亿人，这无疑将对城市公共服务产生巨大需求。如教育，虽然目前国家要求城市政府将农民工子女纳入公办义务教育体系，但还有相当多的农民工子女无法进入公办学校，只能就读于农民工子弟学校。据国家统计局2006年调查，有17%的农民工带子女随行并在当地城市就学，在公办学校、农民工子女学校就读的比例约为7∶3。同时，随着我国城市化的加速，许多地方已经出现了适龄受教育流动儿童数远大于当地城市所能提供的学校等基础设施的承受范围。再如住房保障，在目前的住房制度下，城市经济适用房、廉租房等只是针对有城市户籍的居民作出的制度安排，还没有全面对农民工开放，各地城市政府对农民工在城市的住房问题实际上是放任自流，农民工住房仍游离于城镇住房保障体系之外。虽说新型城市化是我国最大的内需所在，但资金如何筹措，特别是公共服务领域或只能靠收取少量费用提供服务的准公共服务领域，解决资金来源是一个巨大的挑战。不仅如此，还涉及公共资源在不同城市间、不同人群间的公平配置，涉及土地等资源的刚性约束。不仅要解决城镇新增人口的需求，解决城镇不同人群间公共服务配置不公的问题，而且还要满足城市存量人口不断提升的公共服务改善性需求。所有这些，都是我们不得不面对的重大挑战。

（二）公共服务需求不断拓展的挑战

人们对公共服务的需求会随着发展水平的提高而不断升级。目前，我国城市居民的需求正处于从生存型向发展型、享受型转变的时期，加之公平、正义、民主的观念日益深入人心，城市居民对城市公共服务的需求领域和内容必将不断扩大，从对量的要求逐步扩展到对质的要求。比如，在温饱不足的阶段，人们对清新空气和居住环境可能不是很在意，但在现阶段，清新空气和居住环境已经成为人们的基本需求，对污染治理的要求也更加迫切。在对健康状况不很重视的年代，人们对基本医疗和公共卫生的需求可能更多的是控制结核病、乙型肝炎等传染病，而现在人们可能对防治心脑血管疾病、恶性肿瘤等慢性病有了更多需求。在自行车和时间观念淡薄的时代，人们对出行的抱怨更多的是公交车太拥挤，对速度的快慢可能不太在意，而在轿车进入家庭、时间就是金钱的时代，人们就很难再容忍由于交通拥挤和停车场不足造成的时间损失等。如何根据以人为本的原则，满足不断产生的新需求，并将其控制在财力可承受能力之内，也是完善城市公共服务必须面对的一个课题。

专栏 22　　　　　　　"空巢"老人的公共服务需求

　　北京市是人口老龄化程度较高、发展速度较快的城市。截至 2008 年底，全市户籍老年人口 218 万，占总人口的 17.7%。人口老龄化正步入一个持续增速发展的时期，预计到 2020 年将达到 350 万，占总人口的 20%。随着社会经济的发展、计划生育基本国策的实施、住房条件的改善和居住观念的转变，越来越多的家庭成员由于外出工作和学习等原因，改变原与父母或长辈共同居住的家庭环境，家庭规模日益小型化和空巢化。"空巢"老人尤其是独居"空巢"老人的养老公共服务需求正在变得日益突出。他们在经济支持、健康医疗、日常照料和精神慰藉等方面面临的问题非常严峻，他们有着强烈的上门看病、上门做家务、聊天解闷方面的需求，迫切需要"老年餐桌"、"老年人日托所"这些创新型的公共服务提供方式。

　　　资料来源：孙菲、李建国：《关爱空巢老人　构建养老生活幸福圈》，http://www.xilele.com/xinwenzixun/43617.htm。

（三）城市化形态和空间格局变化带来的挑战

　　今后，在城市化的进一步发展中，城市化形态和空间布局都会发生很大变化，将对完善城市公共服务提出诸多新挑战。

　　随着产业的升级和房价的攀升，环渤海地区、长江三角洲和珠江三角洲三大城市群中的特大城市人口增长将放缓，城市群内城市间将进行功能重组。这将对城市群内新的人口集聚点的公共服务形成巨大需求。

　　随着中西部地区部分重点开发区域的投资环境的改善和产业的集聚，将成长出若干新的城市群，并大量吸引当地农村人口集聚，而这些有可能成长为新城市群的地区目前的公共服务水平还比较落后，面临庞大的公共服务体系建设任务以及资金来源等方面的挑战。

　　随着特大城市的进一步发展和特大城市部分功能的疏解，部分位于特大城市周边地区和城市群内的小城镇将承担特大城市疏解出来的部分城市功能，并有可能发展成为中小城市。这些小城镇多数尚不具备城市的框架，面临全面构建城市公共服务体系的挑战。

　　随着经济的进一步集聚和人口进一步流向城市群地区，绝大多数小城镇对人口的吸引力可能进一步降低，小城镇数量不会再大幅增加，部分小城镇甚至会再度趋于衰落，小城镇面临如何正确把握定位，完善作为地域性农村公共服务中心的挑战。

（四）体制改革带来的挑战

城乡分割的体制、渐进式改革中分人群提供公共服务的供给模式、分税制下的地方财力不均等多种制度因素，造成我国现行城市公共服务体系的多层次和碎片化。提升城市公共服务要解决的问题，不仅仅是增加总量和改善质量的问题，而且要实现城市不同群体之间、不同城市之间公共服务的均等化，并实现不同制度的并轨。这就是说，满足城市化对城市公共服务的需要，不仅要不断完善公共服务设施和健全公共服务体系，更需要在城市化的进程中，在完善城市公共服务的过程中，逐步转变政府职能，建立起资源有效配置、高效运营的城市公共服务体制和机制。

完善城市公共服务体系，需要启动一些新的改革，如城乡二元管理体制的改革、收入分配制度的改革以及进一步推动财政体制改革、土地制度改革等。这些尚未着力推动或者需要深化改革的领域，基本上都是我们认为改革难度大，利益协调难度大的领域，因此，试图采取先发展、再改革，即先将"蛋糕"做大，之后再改革"分蛋糕"的体制。现在看，属于应该改革的领域或者只改末梢不改根本的改革，并不是通过做大"蛋糕"就能解决利益问题的。有时可能恰恰相反，久拖不决，改革的难度不是变小、而是变大。但是，这些改革确实涉及巨大的利益调整，如何处理好改革与城市化的关系，使改革能够有效促进城市化健康发展、而不会因过激的改革中断城市化的历史进程，我们面临一系列非常棘手的挑战，需要依靠党的执政能力和政治智慧，统筹兼顾，探索切实可行、循序渐进的改革方案，完成这一复杂艰巨的任务。

四、进一步完善城市公共服务

城市良好的公共服务体系，有赖于城市经济和财力的提升、成熟完善的公共服务供给体系、规范高效的政府管理、先进的技术平台支撑以及公平合理的资源配置体制机制等。面对未来城市化发展过程中庞大的公共服务需求，完全依靠过去的办法是行不通的，必须进行相关体制机制创新，增强城市提供公共服务的能力，提高城市公共服务水平，加快公共服务均等化步伐，在不断推动社会公平的同时，提升城市整体运行效率和社会和谐程度。

（一）加快城市公共服务理念创新

改善城市公共服务，首先要更新观念，改变不适应新时期要求的传统认识。一是要根据公众的需要提供城市公共服务，城市公共服务供给应主动反映公众需求，而不应是为了彰显政府的政绩。二是要根据社会的需要提供城市公共服务。城市不单是城市人的城市，城市还是农村人的城市，还是社会的城市。城市公共设施供给既要服务于市民，也应服务于农民；既要服务于社区，也要服务于区域。三是要根据多数人需要提供城市公共服务，特别是城市纯公共服务应是针对所有人的，是开放式的、公平的、平等的。四是要根据社会发展水平提供公共服务，目前和今后一个阶段只能是"保基本公共服务"，而不是要建立福利国家。五是要根据公共产品的属性确定供给主体，要区分政府在提供纯公共品、半公共品中的不同责任，注重提高公共服务提供的效率，引入有效的管理和激励机制，实现公共资源的节约并降低成本。六是要根据不同类型人群的需要确定不同的公共服务内容，而不是简单地"一刀切"。按照老年人、少年儿童、残疾人享有更多，青壮年人口享有相对较少的原则确定公共服务的提供，分清穷人与富人，平衡不同的公共服务负担。此外，还应注重政府与非政府组织的协同，要不断提高城镇居民在城市化治理中的参与度。要进一步界定公共服务的范围，对公共服务范围界定不清和划分不细，很容易导致政府越位与缺位并存。教育、医疗特别是住房，不能笼统当做公共服务。目前阶段，除了九年义务教育、基本医疗和公共卫生以及廉租房，其他服务项目都不应作为公共服务，也不能做出这种承诺。

（二）进一步区分公共服务的界限

在城市化和市场化改革的大趋势下，由于没有明确的城市公共服务的界限，在实践中带来了一些混乱，有些该市场化的没有市场化，有些不该市场化、应该由政府免费提供的公共服务却被市场化了，有些领域市场化可能不该走得太快。各地区提供公共服务的内容和质量有很大差别，公共服务的质量差别可以说是财力不同造成的，但内容不同则是认识混乱带来的。所以，完善城市公共服务，应该分清哪些属于公共服务，不可以用市场化的办法提供，哪些可以市场化提供；哪些是基本公共服务，必须由政府完全"包下来"。

确定公共服务界限的标准有两个，一是公共性的强弱，二是可分割性的难易。从这两个标准来看，我们认为，当前阶段我国城市公共服务可以分为两类：

第一类，基本公共服务。主要特点是：公共性强，不能市场化，只能由政府作为唯一提供者，免费或收取少量费用提供。当然，这里的免费是相对的，有些基本公共服务也可以由个人负担部分成本，如养老保险个人和企业也要负担部分成本，但收取费用的目的是防止过度"免费搭车"，提高公共服务的供给效率，不是为了收回公共服务的成本。基本公共服务主要包括：义务教育、公共卫生和基本医疗、社会保障、社会救助（包括廉租房）、促进就业、减少贫困、防灾减灾（包括消防）、公共安全（社会治安）、公共文化、基础科学与前沿技术以及社会公益性技术研究、国防等。

第二类，其他公共服务。主要特点是，公共性比基本公共服务差一些，可以用市场化的办法建设经营，政府可以提供，但不是唯一的提供者，可以交由其他市场主体提供，可以通过政府适当补助或向服务对象收取费用收回建设和经营成本。主要包括高中阶段和高等教育阶段的教育服务、特殊医疗服务、经济适用住房等。

上述区分，只是按照公共性强弱和可分割性难易程度为标准划分的。实际上，各个国家区分公共服务的界限并不完全取决于公共性和可分割性。有些看起来可以市场化提供的服务，如果政府有钱，也可以免费提供。所以，决定公共服务的范围，还要考虑这样几个条件：政府财政的支撑力；政府提供的效率和服务质量；国家管理的服务价格是否足以弥补建设和运行成本，从而私人企业提供是否能得到平均利润，以及对穷人、对人的基本权利、对可持续发展的关怀程度等。

（三）合理调整中央和地方的事权与财权

在界定公共服务范围基础上，还要进一步区分公共服务在各级政府之间如何分担。目前，中央和地方，省级政府与所辖城市政府之间，在教育、文化、科技、医疗卫生服务、社会保障等方面的责任界限不清，使得各地政府更倾向于只负责本地户籍人口的公共服务供给，这已成为城市化健康发展的障碍。应按照分权原则，明确中央、地方及各城市政府负责的服务范围。

中央政府首先应当负责制定公共服务的范围、内容、标准、规则和法律以及部分领域的规划。其次，应当负责那些全体社会成员无差别享有的公共服务的供给，如国防、公共安全、公共卫生、基础科学与前沿技术以及社会公益性技术研究、重大和跨区域的防灾减灾、减少贫困。至于义务教育、社会保障、社会救助、促进就业等基本公共服务，中央政府究竟承担多大的责任，这要看财政体制改革后中央财政与地方财政占国家财政收入的比重来确定，如果仍维持目前的比重，中央财政应进一步持续加大对保障基本民生的公共服务的投入，如义务教育、社会保障。所以，事权划分与财政体制改革应该同步考虑。地方政府应当负责的公共服务主要是，高中阶段教育和高等教育中政府负担的部分、社会救助（包括廉租房）、促进就业、区域性的防灾减灾、社会治安、公共文化等。对于人口迁移所需的一次性公共服务投入，如建学校、医院，中央政府要给予补助。

（四）推动城市公共服务供给模式改革

我国城市公共服务领域存在的许多矛盾和问题，从表象上看，主要成因是供给和需求结构的失衡，但深层原因应归结于市场化改革和政府管理体制改革的滞后。近年来，我国在逐步加快公用事业领域的改革，一些服务市场开始放开，社会投资主体进入，竞争机制初现端倪。但总体上看，政府职能转变、相关事业单位改革和企业改制仍不到位。要积极借鉴国际经验，探索建立"服务型政府＋市场化运作＋社会共同参与"的城市公共服务供给新模式。

1. 加快政府职能转变。在城市公共服务领域，政府应主要扮演市场规则的制定者、公共服务的采购者和市场运行的监管者三重角色，通过运用价格、财政、税收等手段，培育市场、规范市场、发展市场、监管市场，充分发挥市场机制的作用，提高公共服务的供给质量和水平。如果政府职能转变到位，公共服务就可以更多地由社会力量提供，实现城市公共服务供给的多元化。

2. 推动公共服务社区化。公共服务社区化是20世纪70年代以来西方国家行政体制改革的重要趋势。所谓公共服务社区化，是指在各级政府的引导和支持下，以公共利益为导向，将适合于社区提供的公共服务由社区为基本单元进行供给的方式、行为和过程。作为一种新型的公共服务供给模式，公共服务社区化具有决策和执行相互分离、供给主体多元化、鼓励服务对象参与供给过程等特征，注重建立"政府、民间组织与公民"之间的合作关系，强调公共服务的供给责任应该由政府部门、营利部门、非营利部门和社区等主体共同承担。目前，我国城市社区层面提供的公共服务内容偏少，只有就业培训、养老服务、公共卫生和基本医疗服务等内容。推动公共服务社区化，就是将部分政府提供的公共服务职能在社区层面具体化，使其延伸到基层社区，消除公共服务资源的分配不公，在适应多元化需求的同时，实现基本公共服务的均等化。

3．城市公共服务供给方式多样化。自 20 世纪 60 年代初以来，国外学者已提出了多种城市公共服务供给模式，大体包括主要依靠市场和竞争机制的企业化模式、推行顾客关系管理的服务型政府模式、强调公众和其他组织参与的共同参与模式、强调利益集团作用的社团模式、强调长期和可持续发展的支持增长模式，以及社会福利模式。这些模式各有利弊，比如，服务型政府模式，虽然从发展理念上看到城市利益相关者或"城市顾客"对城市发展的重要性，但仍然没有摆脱自上而下的公共服务供给模式，将改善政府服务视为政府职能转变的单方行为，而不是与利益相关者的双向互动。根据我国城市公共服务的发展现状及城市化、市场化进程，可以考虑以下几种模式进行探索：一是政府直接供给模式，凡是价格难以界定并难以强制履行合同、无法实行竞争的城市公共服务可由政府直接组织提供，如防洪防灾防病等危机处理等。二是特许经营供给方式，对于供给产品的价格可以确定，又具有社会公益目标的城市公共服务项目，可以通过承包、租赁、托管、长期特许经营权、政府参股、内部竞争等形式在政府与私人间签订协议来经营。这应是市场经济体制下城市公共服务的主体模式。三是市场供给方式，对于可以实现排他性的城市公共服务，原则上都可以交给市场来供给，政府只是按照法律和合同进行监管。对市场供给方式，要防止偏离公共服务的社会目标，损害社会公平和社会整体利益。

（五）建立城镇基本养老金制度

对于无工作的城镇居民，可按照农村新型养老保障制度试点办法，建立个人缴费、政府补助的基本养老金制度，尽早实现养老金制度在城乡的全覆盖。参保范围为年满 18 周岁、未参加其他养老保险的城镇居民。个人缴费比例为上年度城镇居民平均收入的 5%—30%，在此范围内可以自由选择。建立相应的政府财政养老补贴制度。18 周岁至 44 周岁缴费年限为 15 年以上；45 周岁至 59 周岁缴费年限为 60 减去制度实施之日本人年龄所得年限；60 周岁以上只参保不缴费。养老金待遇由政府财政养老补贴（基础养老金）和个人账户养老金两部分组成。

（六）建立完善的保障性住房体系

今后十年内城市住房供需矛盾仍较突出，因此应加大保障性住房建设力度，增加保障性住房的供应量。建议今后 10 年每年新增的保障性住房建设总量不低于当年住宅建设总量的 50%。同时依靠多种方式和渠道来建设保障性住房。中央政府和地方政府特别要加大对廉租房的建设投入。对于廉租住房紧缺的城市，通过新建和收购等方式，增加一部分廉租房实物配租的房源。条件许可的用工单位可通过建立集体宿舍来解决一部分农民工的住房问题。在人口较多的城市，要大力发展公共租赁住房，缓解中等偏下收入家庭以及新就业职工、外来务工人员的住房困难。公共租赁住房的建设，可以引入社会资金，并由地方政府提供相应的低廉地价的土地。在部分城市可以开展住房公积金用于住房建设的试点。

（七）解决好弱势群体的公共服务问题

按目前经济发展总体水平，我国尚不能建立起高水平的社会保障体系，但完全有能力构建一种公平的救济性社会保障制度。因此，要把保障弱势群体的生存权和发展权放在重要位置，坚持将解决弱势群体最基本生存问题作为出发点的相对公平原则，把生存公平作为保障制度的基础，并针对农民工、老年人、青少年、残疾人等弱势群体的特殊需要，做出有针对性的帮扶安排，倾注更多的人文关怀，努力使每一个人都能够获得最基本的生存条件，让弱势群体能够更好地参与和分享社会发展成果。

第七章

可持续的城市建设及其融资

城市化不仅是人口和产业集聚的过程，还是城市本身建设的过程。城市功能是否充分发挥，城市公共服务水平如何提高，以及城市的宜居性的提升，都在一定程度上体现着城市公共产品提供，特别是城市基础设施建设的水平。城市化是一个长期的过程，在初始投资建设之后，基础设施还要继续运营、维护和更新，因此，城市建设及其筹融资需要具有可持续性。作为城市活动和运行的基础，基础设施建设要适度先行。此外，由于历史上建设不足造成的欠账，更多的投入和适度超前的建设，本身也具有补偿性。因此，按照与城市功能相适应的原则筹资、融资和建设，面临着财力的制约，需要改变观念和现实中不可持续的做法，按照可持续的原则创新城市基础设施的筹资、运营和管理模式。

一、城市基础设施建设现状与挑战

在城市数量显著增加、城市人口规模不断扩大的同时，城市面积迅速扩张，对城市基础设施的需求也不断增加。在本报告中，"城市基础设施"是指城市生存和发展所必须具备的工程性基础设施，包括给水排水、交通运输、环境保护、防灾安全等。①

中国城市化方兴未艾，城市基础设施投资规模也相应膨胀。30 年来，城市品质发生了翻天覆地的变化，体现在道路交通、供水供气、污水及固体废物处理、城市绿化等各个方面。另一方面，城市基础设施仍面临严峻问题：供给总量相对欠缺、行业与地区发展严重不平衡、投资单位成本不断上升、城市化标准品位要求更高，以及因市政设施价格体系尚未理顺而导致其盈利能力弱。基于上述问题，并考虑未来城市人口的增长，中国城市基础设施仍有扩大投资的必要；同时宜推进行业、企业体制改革，提高效率，以保证投资资金运用更为合理，能产生更好的效果。

1. 城市基础设施建设现状

在地方政府主导下，城市基础设施投资力度加大。以每个五年计划为观察期，投资规模实现了连续的翻倍增长。"八五"期间城市市政建设投资近 2600 亿元，是"七五"期间的 5.2 倍；"九五"期间的投资总和约 7000 亿元，是"八五"期间的 2.7 倍；"十五"期间达到 2 万亿，接近"九五"的三倍，"十一五"预计将达 4.0 万亿—4.5 万亿，在"十五"的基础上再翻一倍。投资金额占 GDP 的比例也随之上升。"八五"期间为 1.3%，"九五"提高到 1.7%，"十五"期间进一步上升至 2.9%，预计 2009 年可望达到 3.3%。

与之相对应的，是单位面积和人口投资强度的大幅提高。以每平方公里建成区的投资额计

---

① 限于统计资料的欠缺，本章所涉及的城市基础设施数据涵盖县级、地级及以上的城市，不包括尚未形成规模的非市县以及建制镇。

算，1980 年仅为 26 万元 / 平方公里，而到 2008 年已增长至 2030 万元，增长 78 倍，年均增长 17%。每新增城市人口对应的年投资也由 1980 年的 294 元 / 人每年，增加至 2007 年的 6.4 万元 / 人每年，增长 217 倍。

随着持续的大规模投入，基础设施服务能力和产品供给能力不断增强。公共交通快速发展，客流量大幅攀升。2008 年末，全国拥有城市公共交通运营车辆 41.2 万标台，其中轨道交通运营车辆 9858 标台。每万人拥有公共交通车辆 11.13 标台；拥有城市出租汽车 96.88 万辆，客运轮渡 848 艘。2008 年末，城市道路总长度达 25.97 万公里，道路面积 31.5 亿平方米，人均城市道路面积 12.21 平方米；与 1990 年相比，分别增长 1.7 倍、3.5 倍和 2.9 倍。城市供水能力提高，城市人口用水问题基本解决。用水普及率由 1980 年的 35% 提高到 2008 年的 94.7%，同期城市人均日生活用水量还由 120 升提高到近 180 升。到 2005 年底，城市供水供需比（供水能力与最高日供水量之比）由 0.88 上升到 1.33，停水对于大部分城市已成为历史。城市燃气普及率由 1980 年的 17% 升至 2008 年的 89.6%，大部分北方城市的居民取暖已告别煤炉。其中，使用天然气比例由 1980 年的 5% 提高到 2007 年的 36.7%。污水处理能力改善，已由改革开放初期的一省一座污水处理厂发展到目前的平均一城超过两座。城市污水处理率也由 1980 年的不足 20% 提高至 2008 年的 70%，相应地改善了居民的卫生环境。城市固废处理能力达到改革初期的 140 倍。生活垃圾无害化处理率达 66% 以上。城市公园面积近 30 年增长 15 倍，建成区绿化覆盖率由 10% 提高至 37%。

2．城市基础设施建设面临的挑战

目前中国城市人口仍在迅速上升，从动态角度观察，城市基础设施供给将面临压力巨大。

首先，现有城市人口统计口径偏低，明显高估了城市基础设施的覆盖率。目前，计算覆盖率的城市人口按照公安部门的户籍和暂住人口统计计算，由于暂住人口按领取暂住证统计，大量农民工及其家属没有统计在内，实际城市人口存在显著的低估。2008 年，统计的城市暂住人口为 3517 万人，而按国家统计局估算的进城务工农民即超过 1.3 亿，即统计的暂住人口可能不到实际的 33%。在制定城市规划时，这些未统计的暂住人口甚至常住人口往往被"忽略不计"。待这些规划项目建设完工，转为公共资源时，供不应求的矛盾就可能凸显。

其次，由于需求增长更快，部分城市基础设施相对不足。以城市道路为例，尽管道路面积由 1978 年的 2.2 亿平米增加到 2008 年的 45.2 亿平米，增长了 19 倍；但同期城市民用汽车的保有量增长了 37 倍，车均道路面积反而下降了 45%。同时，城市路网密度仍低，2008 年道路面积占建成区面积平均为 12.4%，特大城市如北京、上海也低于国际其他同样类型的城市（见图 7-1）。这些都带来了城市的交通拥堵及停车困难等一系列问题，存在着一定程度的供不应求。

第三，行业与区域发展失衡，存在许多薄弱环节。相对于 80%—90% 的供水和燃气普及率，2008 年，全国城市污水处理率和垃圾无害化处理率仅为 70% 和 67%，明显偏低。目前城市垃圾的数量以每年 8%—10% 的速度递增，但垃圾处理能力却只以每年 5% 速度递增，且目前至少 1/3

市区白天全路段平均车速

单位：千米 / 小时

道路空间 / 土地面积

单位：%

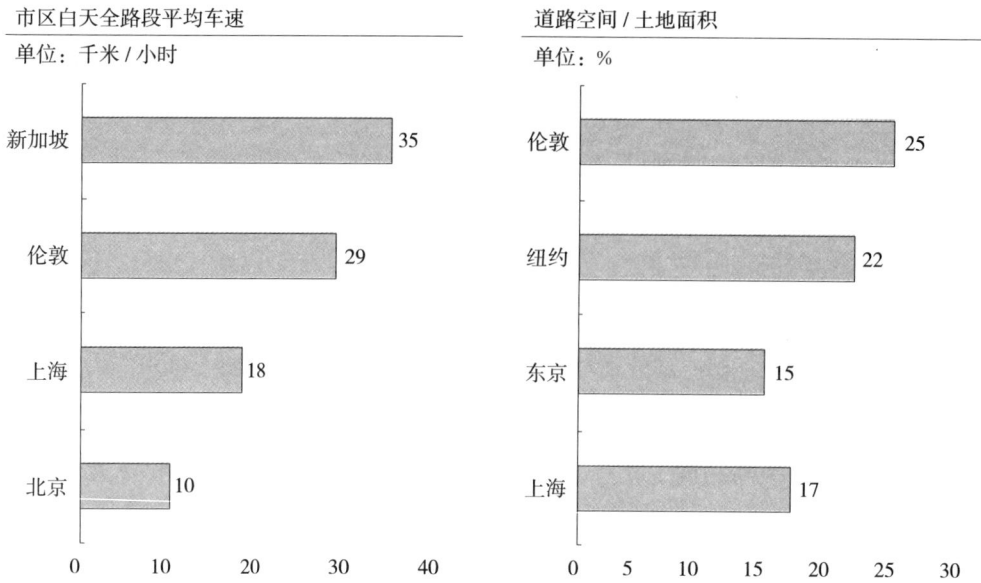

图 7-1　世界主要城市道路效率差距

资料来源：麦肯锡：上海 2005 年第三次交通情况调查。

的城市尚没有生活垃圾无害化处理厂。污水处理设施严重不足，而同时全国 1/3 的污水处理厂因管网不配套等多种原因不能投入正常使用。另外，城市公共交通建设滞后。中国公交出行的分担率平均不足 10%，特大城市也仅有 20% 左右，显著低于欧洲、日本、南美等国家和地区大城市 40%—60% 的出行比例，并且中国特大城市近几年公交出行比例平均下降约 6 个百分点。此外，大运量公交系统尚待发展。截至 2008 年底，全国 10 多个城市轨道交通运营线路共有 776 公里，仅相当于英国伦敦一个城市的规模。

地区不平衡、大中小城市之间差距显著。中西部与东部城市之间差距明显，特别表现于燃气普及率、污水处理率、垃圾处理率等方面。小城市基础设施供给相对落后，如燃气普及率仅 78.1%，比大城市低了 13 个百分点；污水处理率仅 63.3%，比大城市低 8 个百分点左右。考虑到小城市居民 1.2 亿人，占全部城市居民的 33%，因此，其基础设施短缺影响范围较广，也降低了其吸纳农村转移人口的能力，间接增加了大城市的压力。

此外，城市基础设施领域"重建设、轻维护"的问题突出。近 10 年城市维护费用仅为建设费用的 10% 左右，维护不足。2005 年因管道锈蚀造成的事故占险情总数的 86%。

随着城市化标准上升，城市空间扩展，由低层建筑、地面空间向高层建筑、地下空间延伸，建筑难度提高，对城市发展质量提出了更高要求。城市人口的增加导致人口密度迅速提高。

城市发展的科技含量有待提高，尚不能满足居民不断提高的质量要求。以供水水质为例，尽管国家要求饮用水质检测的指标已达 106 项，但由于设备不足，对 126 个供水企业调查显示，最高的可测 92 项，最低仅 17 项。此外，科技含量不足严重影响运营效率。以城市供热为例，目前平均能效在 30% 左右，与 20 世纪 80 年代相比，提高 10 个百分点，这多靠提高锅炉效率和降低外网热损失实现，但系统冷热不均导致的能耗损失仍高达 20%—30%，有待通过增加流量控制器、平衡供回水温差等手段改善。投资配套规划不足、影响投资效果与收益，存在浪费。

二、城市基础设施建设的资金需求

即使未来不能继续保持过去 10 年、20 年乃至 30 年的城市化速度，鉴于现存的城市基础设施基础尚薄弱、行业与区域的不平衡，以及未来外来常住人口的市民化所提出的更高要求，对城市建设的需求丝毫不会减弱。而事实上，各地城市政府不仅对这个巨大需求作出积极的反应，也把城市建设作为未来的经济增长点，规划了惊人庞大的投资规模，从中可以看到明显的资金矛盾以及潜在的融资风险。

1. 未来十年的投资需求

从城市基础设施建设需求和目前进行的规划出发，我们可以估算一个最低方案，并预测到 2020 年以前的最低建设资金需求。该方案的测算考虑未来城市人口增加，并假设 2020 年，基础设施的全国平均水平提高到目前的先进城市水平（数量和质量）；以及考虑通胀、人工成本提高等带来的单位投资成本上升压力。由此分别预测各基础设施子行业的投资需求，汇总数据显示，到 2020 年，城市基础设施投资总额约为 16 万亿元。

图 7-2 显示了各建设项目所需资金和所占比重。其中城市道路桥梁建设和公共交通是重中之重，分别为 6.5 万亿元和 2.7 万亿元，占全部投资需求的比重分别为 40% 和 16%。城市轨道交通将是新增长点。截至 2009 年 8 月，有约 27 个城市正在筹备建设城市轨道交通，其中 22 个城市的轨道交通建设规划已经获得批复。至 2015 年前后，北京、上海、广州等城市将新建成 79 条轨

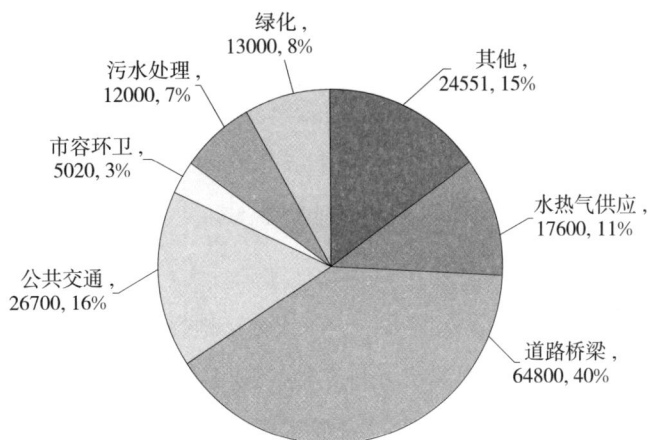

图 7-2　未来城市基础设施建设资金最小需求（单位：亿元）

资料来源：刘京生：背景报告，2009。

道交通线路，总长 2260 公里，总投资 8820 亿元。而在 2008 年底，中国仅有 10 个城市拥有共 29 条城市轨道交通运营线路，运营线路网长度 835 公里，这意味着未来几年，拥有轨道交通城市数量和城市轨道交通运营里程将至少增长 2 倍。

实际上，上述城市基础设施建设投资规模预测，是一个相当保守的方案。我们可以通过观察经济发展水平与城市建设的对应关系，预测一个更接近实际的未来资金需求量。国际经验表明，城市基础设施建设投资占 GDP 一个特定的比例。根据世界银行较早的归纳，发展中国家的平均值是 4%，与联合国推荐的发展中国家占 GDP 的 3%—5% 相接近；其他国家在大规模城市时期该指标在 3%—5%。而在中国城市化高速扩张的过去 20 年期间，城市基础设施投资占 GDP 的比率偏离于这个常态标准，投资规模仍然偏小。

根据第二次全国经济普查结果，2008 年中国 GDP 总量超过 31 万亿元，2009 年 GDP 按不变价计算，同比增长 8.7%，总量超过了 33 万亿。作一个保守的假设，即到 2020 年每年保持 8% 的名义增长率，届时中国实际 GDP 总量将达到 79 万亿元。如果从 2010 年开始每年按照 GDP 总量 4% 的比率投资城市基础设施，到 2020 年累计总规模将超过 24 万亿元（图 7-3）。

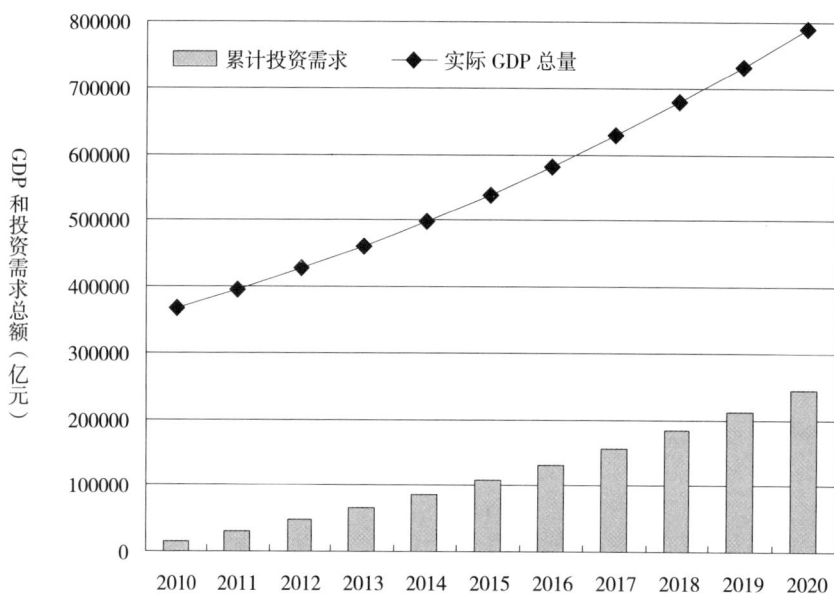

图 7-3　今后 10 年的 GDP 总量和城市基础设施投资需求

资料来源：国家统计局；刘京生：背景报告，2009。

2. 基于土地出让融资模式的局限性

面对如此巨大的基础设施建设投资需求，目前依赖土地融资的模式难以满足。财政、贷款和自筹是三个主要资金来源，但实际都严重依赖土地。2008 年，我国城市基础设施投资的资金来源呈现三足鼎立的局面：政府投入占 32.2%、银行贷款占 29.6%、企业自筹占 28.7%。其他来源仅占 9.5%。

首先，政府投入多来自经营土地的收入。20 世纪 80 年代初，中央财政拨款占全国城市基础设施投资的 26%，90 年代初降至 5%，2008 年仅有 1.1%；地方政府已成为政府投入的主体。而在目前分税制框架下，地方政府预算内的税费收入并不宽裕。以 2007 年为例，城市预算内财政收入共 2.4 万亿，而预算内支出 3.8 万亿，即使考虑上级政府转移，预算内收支仍存在缺口。不少地方财政收入满足日常开支尚有困难，基本要靠经营土地的收入为城市基础设施建设融资。

其次，银行贷款与自筹主要来自地方城市投资或融资平台公司，但其最终还款来源又多归结于土地，包括依托政府收入部分，如前所述实际仍依赖土地收入。银行贷款多以土地使用权 / 收益权作质押、由未来土地收益还款。1991 年时国内贷款占城市建设资金来源比重仅有 15%，而 2008 年利用银行信贷规模占比近 30%，这与以土地为质押的贷款增加直接相关。以我们调研的重庆城投为例，其 2002—2008 年总融资规模 850 亿元，银行贷款占 40%，而其中以政府划拨的土地使用权 / 收益权质押的占总贷款的 63%。此外，土地整理收入又贡献了其总融资的 13%。

自筹资金同样与土地收入、政府财政紧密相关。自筹资金包括两大类：企业经营产生的资金和发行债券 / 股票等融来的资金。企业经营资金十分微薄，并依赖政府补贴。我们统计了 50 家有代表性的城投公司数据，经营现金净流入仅 115 亿，而其投资现金净流出则高达 1328 亿，经营现金仅能满足 9%。且经营现金中还有相当部分来自政府，50 家城投中有 25 家经营亏损，但税前利润仅有 2 家为负，差值主要靠政府补贴弥补，其中又以土地增值补贴居多。

2009 年来，城投及地方融资平台债券融资火热，背后同样依托土地与财政。截至 2009 年 8 月已累计发行各类地方企业债券 1634 亿元，而 2008 年全年发行的累计金额仅 684 亿元。其中，大量债券在"偿债保证措施"中都涉及地方政府的支持或承诺，如市政府的"城市建设风险准备金"提供担保（2008 常州城建债）、市政府与城投公司签署回购协议为债券偿还提供兑付承诺（2009 怀化城投债）等。此外，为提高发行规模，政府多以注入土地的方式来做大城投公司的净资产。我们统计的 50 家城投公司中有 10 家无形资产（以土地使用权为主）占总资产比例超过 20%，平均达 36%，最高达到了 51%。

3．城市建设资金缺口

面对未来投资额的增长，目前依托土地的融资方式难以应对。根据住建部测算，2009 年用于城市基础设施投资的土地出让金约 3341 亿元，占当年全部资金来源的 48%（包括政府直接投资及补贴给城投以企业名义投资）；按 2009 年土地出让金共计 1.59 万亿元计算，即 21% 的土地出让金被用于城市基础设施建设。

据此计算，未来 10 年城市基础设施投资需求在 16 万亿—24 万亿元之间，假设仍有 50% 来源于土地出让金，即 10 年共需要 8 万亿—12 万亿元。如果保持用于基础设施投资占全部土地出让金 21% 的比例不变，即意味着在十年的时间内，政府共需要获得 38.1 万亿—57.1 万亿元的土地出让金收入，平均每年 3.81 万亿元到 5.71 万亿元，相当于近年来最高水平的 2009 年土地出让金的 2.4 倍到 3.6 倍。土地出让收入如此大幅增长，面临着明显的可持续发展挑战。

土地出让面积难以大幅增加是根本性的制约。据住建部统计，截至目前，全国耕地约有 18.3

亿亩,由于坚守 18 亿亩耕地红线的硬性要求,到 2020 年,每年可以用于"农转非"的土地指标不足 190 万亩,供地压力已相当紧张。如果土地集约化利用不能大幅改善,仅靠复耕等手段,乐观估计 2010—2020 年,每年土地出让面积为 220 万亩计算,要每年筹集 3 万亿元以上的土地出让收入,将导致土地出让价格最高可达 136 万元 / 亩,是 2009 年均价 37 万元 / 亩的 2.7 倍以上。更重要的是,土地出让价格过度攀升,并不应该成为正常的预期。因为这样昂贵的土地价格,抬高了城市建设成本,使城市政府无力提供保障性住房,基础设施建设的回收风险进一步增大,反而遏制了以人为本的城市化速度。

此外,土地收益中对于农民的分配比重提高,将压缩支付城市建设投资的比例。调查资料表明,在 20 世纪 90 年代以来,农民在土地收益中的分配比例长期处于较低水平,仅获得土地收益的 5% 至 10%。征地收益分配弊端带来的严重问题已引起高度重视,政府在 2003 年提出改革征地制度,完善征地程序,及时给予农民合理补偿。目前,部分省市已率先开始调整分配比例,据中国社会科学院对江苏昆山、安徽桐城和四川成都市新都区征地收益分配的调查,按样本地区平均来看,昆山市征地补偿费占平均土地供应价格的 15.9%;桐城市为 15.6%;新都区为 28.5%(王小映等,2007)。

未来十年,政府预算内收入也难以对市政投资给予更大支持。首先,财政收入增长速度可能放缓。1994 年税制改革后,全国财政收入平均增速在 20% 左右。相比本世纪前 10 年,未来的 GDP 年均增长率将有所下降。其次,财政收入占 GDP 比重由 1997 年的 10.5% 快速增长到 2007 年的 19.5% 的同时,劳动者报酬则由 52.8% 下降到 39.7%。政府提出要在未来提高居民收入份额,转向消费需求带动经济发展,按照这个思路,未来财政收入占 GDP 比继续大幅提高的可能性有限。最后,城市基建投资在财政中的占比也可能将下降。中国经济增长结构需要转变,政府的职能也需要调整,其中财政对教育、医疗、社会保障等领域的投入要持续提高。我们在 2008—2009 年中国发展报告中,就测算未来政府对社会福利支出占财政收入的比例,需由 2007 年的 27% 提高到 35%,仅能保证一个基本的、低水平的全民福利覆盖。这部分投入的提高会降低基建投资占比继续提高的可能性。

4. 现行融资模式的风险

当前的融资模式,也蕴藏着较高的金融风险。主要来自地方债务主体——城投公司 / 融资平台公司的运行质量。

首先,经营现金流偿还利息的压力较大。我们统计的 50 家城投公司,其经营现金流净值 / 利息(及股利)现金支出的中值是 1.19 倍,即支付利息已基本耗尽了其全部的经营现金净流入,独立还本的能力确实有限。其中 22 家公司的该指标是低于 1 的,即经营现金流不足以偿还利息。而统计的 20 家地方融资平台公司在该指标的表现更差,其均值仅有 0.63。事实上,地方融资平台多通过划拨股权及土地等资产,迅速包装"达标"的公司。其对并表的下属公司缺乏掌控力,名义上的经营现金流都不能说明偿还能力。

其次，部分城投企业的资产负债率偏高。由于现金流较差，地方政府不断向城投企业注入土地、股权等增加其净资产，以改善资产负债率。即使如此，部分企业的资产负债率也已明显偏高。我们统计的 50 家城投公司，其资产负债率的中值为 54%，与 2007 年全国规模上工业企业平均 57% 的水平相比，总体看似乎不高。但城投企业间的差异较大，资产负债率高于 70% 的有 8 家，其中最高的达到 87%。

第三，资产价值评估不规范，其价值存在争议，特别是土地。如某地级市城投发债时，以 28 宗土地抵押，估值近 40 亿元。其中一块估价达 150 万元 / 亩。而媒体披露，其邻近两块新近拍卖的土地，价格分别为 60 万元 / 亩和 81 万元 / 亩。甚至某县国资公司发债时，将 2500 亩需要围垦的盐碱地作为抵押担保，每亩估值也达 100 万元。

最后，互相担保加大了风险。第三方担保方式理论上可以降低债券违约风险，然而目前出现的同省地方政府的城投公司相互担保，复杂的相互担保关系加大了资金链压力，易诱发城投债信用风险的连锁反应。

从更深层的视角看，地方政府仍在加速放大财务杠杆，风险有向银行体系集聚的可能。基于城投公司 / 融资平台公司的特殊性质，其债务归根结底是地方政府的债务，而地方政府原本负债已较高。据财政部财科所的估计，2007 年全国地方政府负债余额约为 4.1 万亿元，相当于当年 GDP 的 15.9%，地方财政收入的 174%。其中地级市与区、县两级占 61%，约 2.4 万亿元。在实施一揽子财政刺激计划的过程中，尽管中央政府今年代地方发债 2000 亿元，但远不能解决地方的资金饥渴，银行贷款进一步扩张。根据中国银行业监督管理委员会的统计数据，至 2010 年 6 月末，地方政府融资平台贷款余额为 7.66 万亿元，而 2008 年初，全国政府融资平台公司负债总计约为 1.7 万亿元。目前存在严重偿还风险的贷款占 23%，这意味着融资平台贷款的风险敞口约在 1.5 万亿元。

历史研究表明，地方一般预算内财政收支缺口越大，地方政府越易干预银行体系（包括用虚增土地价值融资等间接干预），地区信贷不良率就越高。而当前，地方政府收支缺口正在扩大。此外，变相高杠杆融资的风险在积聚。地方融资平台公司本身已是放大杠杆的工具，而在其掩护下，还会将借贷资金转化为子公司的资本金，再去债务融资，数倍放大杠杆。相关信息披露不透明，事实上使得投资者及银行无从提早发现风险，并采取措施降低。当前，直接干预或已有限，但利用土地抵押融资等形式间接干预的情况仍存在，风险同样不可忽视。

三、探索可持续的融资模式

未来 10 年，城市基础设施建设投资需求仍可能大幅增长，而目前的融资模式不仅从总量上恐难满足需求，同时也存在较高的金融风险及其他弊端，迫切需要转变融资模式，根据可持续原则和多样性原则，进行融资模式的制度创新，多渠道筹集城市基础设施建设资金。国际上为了解决公共领域建设融资难题，逐渐探索出一些新模式，形成了一些新经验。我国也进行了许多有益的尝试，结合国际经验和中国国情，本章着重介绍其中的几个比较成型的模式。

1. 政府的城市建设债券

地方政府仍然是城市基础设施建设的投资主体，特别是对于非经营项目，如市政道路、市容绿化、部分公共交通。根据国际经验，市政债是一个可行的创新方向。市政债券（Municipal Bonds）是指地方政府或其授权代理机构发行的有价证券，所筹集资金用于市政基础设施和社会公益性项目的建设。

市政债是全球主要国家普遍采用的市政基础设施融资方式，不仅解决融资，而且避免金融风险过度集中在银行体系。目前世界 53 个主要国家中，有 37 个允许地方政府举债。发达国家发行市政债，支持市政基础设施投资的比例达到 70%。而 2008 年末，美国市政债余额达 2.6 万亿美元，占当年 GDP 的 18.2%，占全部债券余额的 9%，成为债券市场的重要支撑力量。即使在同样以银行融资为主导的日本，其 2008 年市政债占 GDP 比也达到 12.5%。在充分防范风险的前提下，这些经验是值得我们借鉴的。

考虑城投 / 地方融资平台债的性质，我国已经有了"准市政债"的试验。但是，由于各地各自为政，实施效果很不规范，难以监管，暴露出诸如资本金真实性难以确认、互相担保等问题，发行市政债"合并报表"在一定意义上更有利于风险的评价与控制。2009 年，中央代发的 2000 亿地方债也确定"代发不代偿"，地方政府使用资金、承担还本付息等原则，包括个人购买免利息税等都已与市政债接近，只是对资金使用范围和期限等有所限制。

在国内地方政府发行市政债，需要以解决一系列问题为条件。包括解决政府会计编制和信息披露问题（专栏 23）；预算法的有关规定相互有矛盾；地方政府无税权问题；以及缺少稳定的税源（国外多为物业税）保证还本付息等。此外，应培养市政债券市场化定价的环境，投资者的风险自负，地方政府也要承当发行失败的风险。在此基础上，通过市政债发行结构的设计，还可以形成多种市政债模式，有效解决诸多特殊融资问题。

专栏 23　　　由国外市政债评级指标看中国地方政府会计、

统计、披露制度的不足

我们整理了 CRISIL（标普在印度的公司）的市政债评级方面的主要指标，并与中国目前情况进行了比较，最欠缺的在于债项和财务的披露；国内地方政府至少需要编制 / 披露简要完整的资产负债表与详细的现金收支表，才能建立类似的评级指标体系。此外，

CRISIL 会重点关注利用债务进行资产投资（CAPEX）的比例，如果过高，则表明内部资金产生率不足、过度依赖信贷融资。

市政债评估方法		重要参数指标		
	目前是 / 否可行		是 / 否统计	是否 / 披露
法律和行政因素		**经济基础**		
有效行政区域	√	人口和人口增长	√	√
税收权力	√	区域内存贷款量	√	√
税收征管能力及欠税处理经验	×	工业用电量	√	√
中央政府补助转移	√	工业用水量	√	√
借债能力	×	销售税征收	不适用	不适用
以政府收入承诺偿还债务的能力	√	财产转让的印花税征收	不适用	不适用
		人均收入	√	√
经济基础		机动车数量	√	√
人口因素、土地范围	√	电话网络需求	√	×
工业活动水平	√	银行存款增长	√	√
商业活动水平	√			
税基的多样性和弹性	√	**当前财政状况**		
扩大税收覆盖范围的可能性	×	税收收入 / 总收入	√	*
人均收入的水平	√	非税收入 / 总收入	√	*
		本级税收 / 总收入	√	*
财政状况		本级收入 / 总收入	√	*
评估政府会计报告质量	×	非税收入 / 总收入	√	*
分析政府盈余 / 赤字	√	中央政府补贴 / 总收入	√	×
税收收入和非税收入增长因素	*	财政盈余 / 赤字	√	*
征纳效率，债务人分析	×	盈余 / 总收入	√	*
对中央政府补助和转移支付的依赖程度	*	非债务资本收入 / 资本支出	×	×
主要公共服务支出	√	资本支出 / 总支出	×	×
过去 / 预计债务偿还需要	严重欠缺	总盈余 / 赤字	×	×
过去 / 预计债务偿还保障倍数	严重欠缺	税收征收率	√	×
流动资产	×	偿债比率	严重欠缺	×
预测收入 / 支出增长	严重欠缺	债务明细（来源、条款、利率、偿债安排）	严重欠缺	×
		利息保障倍数	严重欠缺	×
管理评估				
组织机构的架构和责任划分	√	**市政机构运营**		
系统性和程序性: 信息化程度	√	主要公共服务支出 / 总支出	√	×
项目管理能力	×	工资薪金支出 / 总支出	√	×
政治环境管理	×	人均供水量	√	√
加强资源管理采取的措施	×	初级教育的人均支出	√	√
对支出采取的控制措施的程度	×	医疗健康服务的人均支出	√	√

注: √—中国具备；*—部分具备；×—不具备

资料来源: 刘京生: 背景报告，2009。

首先，解决市政投资发展不平衡，特别是中小城市建设落后的问题。通过"中小城市集合市政债"，即依托中小城市政府集合信用和项目发行债券，成立集合基金和专门账户，辅以专业机构担保，可以加速中小城市市政基础设施建设融资，改善与大城市差距过大的问题。集合机制与国家支持机构担保的多层增信，由专业管理公司统一管理资金的使用与偿还，也都可以缓解投资者对中小城市债的风险疑虑，降低融资成本，提高融资年限。

其次，解决市政投资的运营效率不高，存在投资盲目与追求形象等问题。借鉴"增额税收融资"，即划定一个待改建的区域，通过贷款、发债等方式融资，投向基础设施建设，并将项目开发后的该区域税收增额作为偿付募集资金的来源。这样，可以将城市，特别是各种开发区、商务中心区及产业园区等的融资、投资、收益联系起来，通过市场机制，促使政府在进行投资规划时，重视投资的效果，将投入与产出有机联系，避免浪费。

2．市场化经营与使用者付费

城市基础设施中的相当大部分，并不是典型意义上的公共品，而是可以通过排他性地使用，运用市场机制建设与运营。例如，交通设施的使用，以及供水、供气和供热，乃至垃圾处理等公用事业，都可以由企业按照市场经济机制供给，并在销售和供给中获得收益。只要是可以获得赢利的事业，都可以像产业发展一样，利用相关的融资渠道，筹集建设资金。这涉及三个关键领域。

首先，通过深化经营企业的改革，提高投资和经营效率。在市政设施领域发挥市场机制的作用，关键是推进以提高运营效率为目标的企业改革。城市基础设施企业回报率偏低，与经营效率低直接相关。经过多年改革后，目前相当数量的基础设施企业仍由政府甚至基层单位直接管理，由于政企不分、缺乏竞争，导致经营效率低下，政策性亏损掩盖经营性亏损，缺乏提高经营科技含量、改进投资效率的动力，也难以吸引人才。由于经营中存在问题，经常面临社会质疑，因而也难以顺利进行合理和必要的提价，从而使企业陷入经营效率进一步低下的恶性循环中。

其次，通过准入机制的改革，引进竞争机制。公用事业领域经营企业改革的成功，归根结底有赖于竞争机制的引入。21 世纪以来，中央展示了加快城市公用事业及其相关国有企业改革的明确意图，国务院有关部门相继出台了支持和规范公用事业改革的政策文件。城市公用事业实行改革以来，特别是实行特许经营之后，已经有大量民营企业和外国资本进入市政设施投资市场。从全国来看，目前无论是企业数量还是营业额，民营企业仅占全部公用事业的 10%。民间资本的进入所能提供的不仅是资金，更重要的在于竞争促进改革，增加企业对于服务和绩效的关注，推进政策的透明化和可持续性；最终体现在经营效率提高与运营成本的下降。

第三，通过理顺价格机制，实现使用者付费。在强调企业改革、提高经营效率的同时，也应注意到，中国消费者对经营性公用事业的付费能力，也存在合理上升的空间，从而可以缓解市政基础设施的资金压力。以水务行业为例。目前的平均收费水平，不足以实现合理成本回收。世界银行对中国满足全成本回收的收费水平测算显示，平均自来水费不低于 2.0 元 / 立方米，而目前

36个大城市的实际平均价格为1.76元/立方米；测算的污水处理费不低于5.0元/立方米，而目前的平均价格仅为0.73元/立方米，甚至不能满足基本的处理成本（1.0—1.5元/立方米）。提高用户付费的比例，并不仅限于提价，还包括扩大市政基础设施的合理收费范围，并减轻基础设施需求过度增长的压力（专栏24）。

专栏24	与国际水费相比，我国0.26美元/立方米的水费偏低	
收费水平	发展中国家	工业化国家
<0.2美元/立方米	不足以回收基本的运营维护成本	不足以回收基本的运营维护成本
0.2—0.4美元/立方米	可回收运营和部分维护成本	不足以回收基本的运营维护成本
0.4—1.0美元/立方米	可回收运营和维护成本和大部分投资成本	可回收基本的运营维护成本
>1.0美元/立方米	可回收运营维护和投资成本，但极少达到此收费水平	在大部分高收入城市，可回收现代供水系统的全部成本

资料来源：世界银行："Water Electricity, and the Poor", Komives et al, 2005。

3. 创新基础设施融资手段

为推进城市基础设施建设的发展，打破建设资金瓶颈，需要借鉴国际上流行并在中国有所实践的有关市场化投融资模式。在常规融资手段外，目前国际上涌现出较多的创新融资手段，各有特点和适用范围，有助于以多样化的融资手段，引导各种资本进入城市基础设施建设领域。

建设融资的PPP模式。PPP（Public-Private Partnership的缩写）模式，或者称"公私合作伙伴关系"，是指公共部门通过与私人部门建立伙伴关系，来提供公共产品或服务的一种方式。以PPP模式促进公共事业发展，是一种被证明有效的方式，可以作为解决城市基础设施建设融资难的解决方案之一。其标准的运作形式是：政府通过采购形式与中标单位签订特许合同，由中标单位负责筹资、建设、经营。政府与提供贷款的金融机构达成直接协议，向借贷机构承诺将按照与中标单位签订的合同支付有关费用，协议使中标单位能够比较顺利地获得金融机构的贷款。PPP模式大致分为3种类型：外包、特许经营和私有化。采用PPP模式的实质是：政府通过给予私人部门长期的特许经营权和收益权，加快基础设施建设和有效运营。

北京地铁4号线就是PPP模式在轨道交通领域的一个尝试。由于香港地铁是全球唯一赢利的，北京市政府希望，把香港地铁近30年建设运营的经验与北京地铁建设运营的实际情况相结合，探索出一条新的投融资和建设运营模式。北京京港地铁有限公司是由北京市基础设施投资有限公司、北京首都创业集团有限公司和香港地铁有限公司共同出资组建，根据与北京市人民政府签订的北京地铁4号线项目特许协议，建设和运营地下铁路系统，并发展与铁路相关的商业和法律、法规允许的其他经营活动。北京地铁4号线采用的是特许经营类型的PPP模式。政府负责制定票价，并行使监督权力。

基础设施投资基金。近年来出现了两种形式的基础设施投资基金：政府出资、民间参与并管理的和民间资金、民间运营的。它们对于基础设施投资起到两个作用：首先是资金（直接投资或为债务提供担保）平衡或补充政府的投入，并增加净资产撬动债务杠杆；其次是它们的专业性与追求赢利性，使其对风险项目的投资充当了"评级"作用，往往推动这些项目直接进入资本市场。基础设施基金在我国具有相应的投资群体。考虑到基础设施投资的周期长、回报相对稳定的特点，正是符合保险、社保等追求长期稳定收益投资者的要求。在我国该类投资者实力雄厚并且对基础设施项目也确有兴趣。比如保监会在 2009 年 4 月放开保险公司对基础设施建设的债权投资后，截至当年 6 月底，保险机构基础设施领域的投资余额达到 750 亿元。而基础设施基金可以通过专业性和资产组合管理分散风险，进一步提高其投资的安全性。

项目融资。指项目发起人为该项目筹资和经营而成立一家项目公司，由项目公司承担贷款，以项目公司的现金流量和收益作为还款来源，以项目的资产或权益作抵（质）押而取得的一种无追索权或有限追索权的贷款方式。根据国际经验，项目融资主要用于需要资金数额庞大而投资风险也大，传统融资方式难以满足，但是项目完成后现金流量比较稳定的工程项目，如天然气、煤炭、石油等自然资源的开发，以及运输、电力、农林、电子、公用事业等大型工程建设项目。

资产证券化。前述各种新融资模式，虽然有助于缓解银行在满足地方基础设施融资增量的压力，但银行目前已承担的存量风险，仍有待化解。而资产证券化在该领域也能发挥作用。资产证券化在基础设施投资的应用可分为以下两种。

第一种是经营性项目的资产证券化，依托于该经营项目的现金流偿还本息，这在我国已有所应用。如南京城建以未来 4 年的污水处理收费受益权为基础资产"作价"，发行 7.21 亿元的收益凭证。收益凭证共有 4 期，期限从 1 年到 4 年不等。预期收益率从 2.9% 到 3.9% 不等。通过发行资产证券化产品，实际上是把未来收益提前收回，即把未来取得的污水处理费收益，以此种形式提前收回，把融来的资金，用来置换出银行贷款利息，实质上还是对南京城建项目进行的再投入。同时结合国外私人基础设施基金的经验，合理的资产证券化提高其资产的周转速度，能够带来更大的投资规模，并提高了基础设施基金的回报率，促进其健康发展。一定意义上，资产证券化与基础设施基金相辅相成，互相促进。

第二种是基础设施贷款的资产证券化。这是以贷款的本息为基础发行的。如果运用得当，将有助于分散银行巨额基础设施贷款存量所积聚的风险。尽管金融危机后，人们对于资产证券化等衍生产品倍加怀疑，但客观看，危机更多反映是加强监管与自律的需要，而不是放弃金融创新。特别是金融创新在我国发展尚不足，而不是过度，如美国的住房抵押贷款证券化率高达 68%，而我国仅有 0.3%。未来仍应有较大的空间。

第八章

绿色城市化之路

　　进入工业化以来，城市的功能开始发生根本性的转变。一方面，城市已经成为集聚生产的最大场所，另一方面，城市继续扩大着自身的集聚生活和集聚消费功能。城市功能多元化的转变带来的不仅是城市规模的急剧膨胀和大都市群的迅速扩张，现代城市成为国家和地区社会财富积累的最为重要的源泉和发生地。在城市化过程中，一方面，能源和资源的使用可能会大大增加，污染物的密集排放，可能会导致环境与生态系统的退化；另一方面，城市化也代表了资源的集约使用方式，资源利用效率的提高、清洁生产技术的发展，也为解决资源短缺和环境污染问题提供了新的契机。

一、中国城市化中的环境挑战

　　随着人口和经济活动在城市的集聚，工业和生活污水、固体废弃物以及废气的排放量大大增加，密集的污染物排放超出了自然的降解能力，造成环境污染。此外，还有汽车等交通工具使用带来的噪音污染，城市建筑大量使用玻璃、金属以及景观灯饰带来的光学污染等。不仅如此，水、能源的大量使用，地表生态的改变，还会使城市和周边地区的生态系统变得更加脆弱。环境污染和生态退化问题日益成为人们对生活质量感观的负面因素，不仅影响城市居民的健康与生活，而且还会影响城市周边农村乃至整个国家的福利。

（一）水污染

　　中国是人均水资源相对短缺的国家，而水体的污染进一步加剧了水资源的短缺。过去10年，中国人均水资源拥有量平均仅为 2100m^3 左右。在中部和南部等降水比较充分的地方，因为环境污染导致的大部分水被污染，致使许多城市被定义为"缺水"。2009 年，长江、黄河、珠江、松花江、淮河、海河和辽河七大水系的 203 条河流、408 个地表水国控监测断面中，25.7%为 V 类水质和劣 V 类水质，其中，海河、辽河、淮河流域的水污染问题最为突出。在海河流域，2005 年化学需氧量（COD）排放超过 1.5 亿吨的，有北京、天津、石家庄等 11 个城市，其COD 排放量约占流域总量的 65%。造纸及纸制品业、化学原料及化学制品制造业、食品加工业、医药制造业、纺织业等 5 个行业的 COD 排放量占全部重点工业企业的 70% 以上（《海河流域水污染防治"十一五"规划》）。在黄河中上游流域，西宁、兰州、包头、银川、太原、宝鸡、咸阳、西安、洛阳、呼和浩特等 10 个城市 COD 排放量占全流域排放总量的 72%，化学原料及化学制品制造业、石油加工及炼焦、造纸及纸制品业、食品加工业、食品制造业等 5 个行业的COD 和氨氮排放量分别占工业排放总量的 90% 和 80%（《黄河中上游流域水污染防治"十一五"规划》）。珠江和长江的总体水质相对较好，但是，一些临近城市的河段在旱季的时候也低于V 类。

　　近年来，中国的废水排放总量总体上呈不断增长态势，城市生活污水是废水排放增长的主要来源。2000年废水总排放量为415亿吨，到2008年上升到571吨，增加了38%。在废水排放中，城市生活污水的比重最近10年已经超过50%，并且仍在不断提高，2000年为53.3%，到2008年已经上升到57.7%。工业污水的排放得到了较好的控制，2005—2008年一直稳定在240亿吨左右，在2006年和2008年甚至有小幅下降。目前，城市生活污水排放仍在快速增长，2003年以来的平均增长率超过6%。值得注意的是，近年来城市生活用水效率有下降的趋势。在2000年，每100吨城市生活用水产生38.4吨污水，到了2008年已经上升到45.2吨。如果不能进一步提高水资源利用的效率和污水处理水平，随着城市人口的增加，中国城市水资源短缺问题将变得更加严峻。

表8-1　　　　　　　　　　　　　　　　中国的废水排放情况

	2000	2002	2004	2006	2008
人均水资源（m³）	2193.9	2207.2	1856.3	1932.1	2071.1
废水排放（亿吨）	415.0	439.0	482.0	536.9	571.6
工业污水（亿吨）	194.0	207.0	221.0	240.2	241.6
生活污水（亿吨）	221.0	232.0	261.0	296.6	330.0
废水增长率（%）	3.5	1.4	5.0	2.4	2.7
工业污水增长率（%）	−1.5	2.0	4.2	−1.2	−2.0
生活污水增长率（%）	8.3	0.9	5.7	5.4	6.4
生活污水/废水排放（%）	53.3	52.8	54.1	55.2	57.7
生活污水/生活用水（%）	38.4	37.5	40.1	42.8	45.2

　　资料来源：2000—2006年数据来自《中国化学工业年鉴2008》（第二十四卷）（下卷），2008年数据来自《中国统计年鉴2009》。
　　注：中国的生活污水排放统计只包括城市生活污水。

（二）空气污染

　　城市中的空气污染问题依然严重。由于我国能源消费主要以煤为主，工业生产和居民生活中煤燃烧所产生的颗粒物（监测指标为可吸入颗粒物PM_{10}）和二氧化硫（SO_2）成为最主要的空气污染来源（阚海东，2008）。从20世纪90年代开始，中国政府一直致力于控制工业和生活造成的空气污染。2001年以来，烟尘和粉尘排放分别减少了约21%和40%。近年来全国范围内降低二氧化硫排放取得重大进展，二氧化硫总排放量在2006年之后开始有所下降，从2006年的2237.62万吨下降到2008年的1991.37万吨（见表8-2），但是总排放量仍位居世界前列。

表 8-2　　　　　　　　　　　　全国近年废气中主要污染物排放量　　　　　　　　　　　　单位：万吨

年度	二氧化硫			烟尘			工业粉尘	氮氧化物		
	合计	工业	生活	合计	工业	生活		合计	工业	生活
2001	1947.8	1566.6	381.2	1069.8	851.9	217.9	990.6	—	—	—
2002	1926.6	1562	364.6	1012.7	804.2	208.5	941	—	—	—
2003	2158.7	1791.4	367.3	1048.7	846.2	202.5	1021	—	—	—
2004	2254.9	1891.4	363.5	1094.9	886.5	208.4	904.8	—	—	—
2005	2549.3	2168.4	380.9	1182.5	948.9	233.6	911.2	—	—	—
2006	2588.8	2237.6	351.2	1088.8	864.5	224.3	808.4	1523.8	1136	387.8
2007	2468.1	2140	328.1	986.6	771.1	215.5	698.7	1643.4	1261.3	382
2008	2321.2	1991.3	329.9	901.6	670.7	230.9	584.9	1624.5	1250.5	374
增长率（%）	-6	-6.9	0.5	-8.6	-13	7.1	-16.3	-1.2	-0.9	-2.1

资料来源：《中国环境统计年鉴》（2004，2006，2008）。

注：我国从 2006 年开始统计氮氧化物排放量，生活排放量中含交通源排放的氮氧化物。

20 世纪 90 年代以后，由于城市中汽车拥有量的迅速增长，汽车尾气成为空气污染的新的重要来源。在北京、广州、上海等特大城市，汽车尾气排放的一氧化碳（CO）占总 CO 排放的 60%—70%，氮氧化物（N_xO_x）占全部氮氧化物的 20%—40%（马涛，2007）。2009 年，中国的汽车产销量历史性地突破 1000 万辆，预计这一增长势头在较长一段时间内还将持续。国际能源署及世界可持续发展工商理事会关于汽车化以及机动车相关的氮氧化物控制的计划表明，按照保守的情况估计，从 2005 年到 2015 年，中国道路车辆将增长 72%，仅轻型车辆的氮氧化物排放的增长就将增加 35%。

工业废气和城市汽车尾气的排放，严重影响了中国城市的空气质量。2008 年，中国 31 个省会城市中，有 18 个城市空气质量达到二级以上的天数占全年的比重不足 90%，其中北京、合肥、兰州、乌鲁木齐四个城市达不到 80%。有 14 个城市达不到全年平均可吸入颗粒（PM_{10}）浓度低于 0.10mg/m³ 的国家二级标准，没有一个城市达到全年平均可吸入颗粒（PM_{10}）浓度低于 0.04mg/m³ 的国家一级标准。从全国来看，国家环境保护部 2007 年《中国环境状况公报》数据显示，可吸入颗粒物年均浓度达到二级标准以上的城市占 72%，仍有 28% 的城市空气可吸入颗粒物水平未达标，污染较重的城市主要分布在四川、北京、山西等 20 多个省市自治区。

（三）固体废弃物污染

随着城市化和工业化的推进，城市以及周边地区的固体废弃物产生量也在快速增加，对城市环境和生态构成了直接的威胁（图 8-1）。大量的城市生活垃圾堆积，不仅占用了大量的土地，还带来了城市地下水和空气的污染。

图 8-1　拾荒者在城市垃圾填埋场

图片来源：凤凰网，http://finance.ifeng.com/huanbao/special/lajichuli/hbsd/20091126/1510131.shtml。

据《2009 年到 2012 年中国垃圾处理行业投资分析及前景预测报告》的分析显示，我国每年产生近 1.5 亿吨城市垃圾，且垃圾增长率达到 10% 以上。据这份报告披露，中国城市生活垃圾累积堆存量已达 70 亿吨。以北京为例，截至 2008 年，北京每日产生生活垃圾 1.84 万吨，年产生活垃圾已达到 672 万吨，生活垃圾的迅猛增加与垃圾处理能力的不足形成了尖锐的矛盾，北京现有垃圾处理厂 23 家，日处理能力 1.04 万吨，到 2010 年北京还将有 10 座垃圾处理设施到期被陆续关闭。如果按现有的垃圾增长量和填埋场的处理能力，5 年内北京可能会面临找不到填埋垃圾的地方的境地。值得注意的是，不只是北京遇到这样的困境，这种情况在其他城市也普遍存在。

世界银行（2005）基于对中国城市人口的预测，对中国 2030 年的城市固体废弃物的产生情况作了预测（见表 8-3）。根据这一预测，如果到 2030 年中国城市的人口为 8.8 亿，按照每人每天产生 1.2 公斤固体废弃物的低模式预测，每年将产生 3.9 亿吨的城市固体废弃物。如果按照每人每天产生 1.8 公斤的高模式预测，每年将产生 5.8 亿吨固体废弃物，高、低模式之间相差 2 亿吨左右。考虑到未来 20 年中国的城市化速度还要高于世界银行的预测水平，如果这种高模式成为现实，而城市垃圾处理能力得不到有效提高，那么中国城市被垃圾包围将不是危言耸听。

表 8-3　　　　　　　　　　　世界银行对中国城市固体废弃物产生量的预测

年份	预测的城市人口（千）	低废弃物产生		预期废弃物增长		高废弃物产生	
		产生率公斤/人/天	城市固体废弃物产生量（吨）	增长率公斤/人/天	城市固体废弃物产生量（吨）	产生率公斤/人/天	城市固体废弃物产生量（吨）
2000	456340	0.90	149907690	0.90	149907690	0.90	149907690
2005	535958	0.95	185843437	1.00	195624670	1.10	215187137
2010	617348	1.00	225332020	1.10	247865222	1.30	292931626
2015	698077	1.05	267538101	1.20	305757726	1.50	382197158
2020	771861	1.10	309902192	1.30	366248045	1.60	450766824
2025	834295	1.15	350195326	1.40	426324745	1.70	517680048
2030	883421	1.20	386938398	1.50	483672998	1.80	580407597

资料来源：世界银行：《中国固体废弃物管理：问题与对策》，2005。

（四）温室气体排放

二氧化碳（CO_2）、甲烷等温室气体排放是一种特殊的环境污染，被认为是导致工业化时代以来全球气候暖化的重要原因之一，对人类环境和可持续发展的影响正引起全球性的关注，并成为当前国际经济和政治的新角力点。

在 1992—2001 年的 10 年里，中国的 CO_2 排放增长相对缓慢，但是 2002 年开始增长速度明显加快。在 2002—2006 年短短 5 年里，从 34 亿吨增加到 60 亿吨。现在可能已经超过美国成为世界上最大的排放国。

需要指出的是，尽管中国温室气体排放总量巨大，但是人均排放量目前刚刚达到世界平均水平，远远低于发达国家（UNDP，2010）。世界银行的统计数据显示，2006 年中国人均的二氧化碳排放为 4.65 吨，只有美国人均排放水平的 24.5%，不到英国、德国和日本人均排放水平的 1/2。

值得一提的是，中国排放量快速增加的部分原因是其工厂生产向西方国家出口的廉价商品。2008 年我国对外货物出口中，70% 是资源和劳动密集型产品，超过 50% 是出口加工贸易。廷德尔气候变化研究中心（Tyndall Centre for Climate Change Research）与苏塞克斯能源小组（Sussex Energy Group）的一份研究表明，2004 年中国二氧化碳排放总量的 23% 来自于净出口（Wang，Watson，2007）。[①] 随着 2004 年以来中国净出口的快速增加，温室气体排放中来自净出口的比例进一步增加。

城市是我国非农产业聚集的主要区域，因此也是未来控制温室气体排放的重点。从中国 CO_2

---

① Wang, T. & Watson, J. "Who Owns China's Carbon Emissions", Tyndall Center Briefing Note 23., 2007.

的排放来看，工业部门的 CO_2 排放占总碳排放的比重达到 84%，并且其单位 GDP 排放强度要高于农业和服务业。按照 IEA 的部门划分，电力和热力工业的 CO_2 排放占总排放的比重接近一半。此外，制造业和建筑业的排放占比达到 31.2%，交通占 6.8%，居民消费的排放占 4.2%（见图 8-2）。按照我国通行的行业划分，在工业部门内部，排放量占前 5 位的行业分别是电力、热力的生产和供应业，石油加工、炼焦及核燃料工业，黑色金属冶炼和延压加工业，非金属矿物制品业和化学原料及化学制品制造业（见图 8-3），这 5 大行业在工业 CO_2 排放的比重中超过 75%（UNDP，2010）。

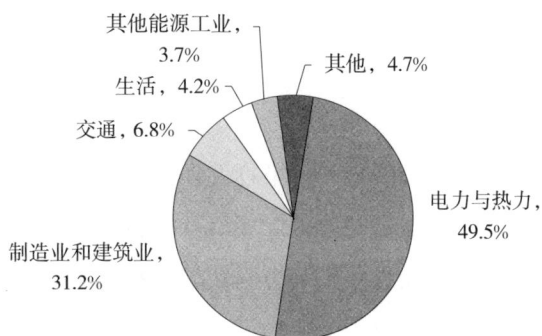

图 8-2　中国不同部门的 CO_2 排放量比较

数据来源：IEA（2009）。

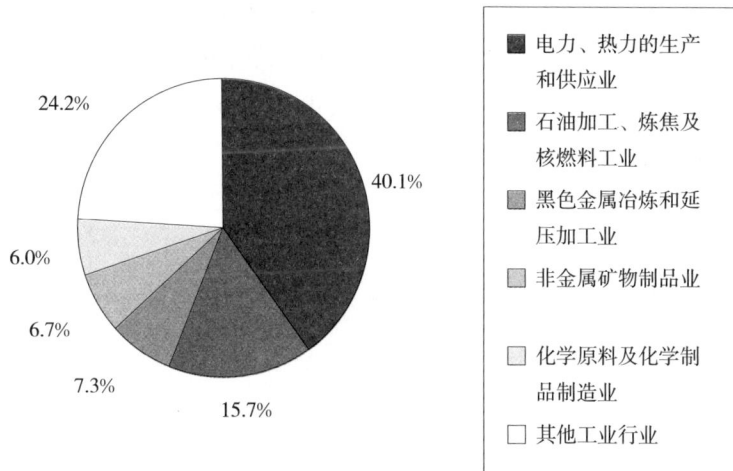

图 8-3　中国工业中的主要 CO_2 排放部门

数据来源：《中国能源统计年鉴 2008》。

我国城市的消费水平要远远高于农村居民，城市生活方式将对未来节能减排形成严峻的挑战。2008 年，我国城镇居民人均消费支出达到 11243 元，而农村居民人均消费支出仅 3661 元，前者为后者的 3 倍。在一些关键的生活能源消耗项目上，城乡之间的差距更为显著。2008 年每百户城镇居民的汽车拥有量为 8.83 辆、空调为 100.28 台、电冰箱为 93.63 台，而同期每百户农村居民的汽车拥有量不到 1 辆、空调为 9.82 台、电冰箱 30.19 台。尽管我国直接来自家庭生活产生的温室气体排放在总排放中的比重还比较低，但是从空间上看，工业和服务业主要集中在城市及周边地区，而且除了出口的产品和服务，所有的工业产品最终将会转化为居民的消费。巨大的城乡消费差距意味着，城市排放在温室气体排放中占据着较高比重。城市化意味着生产和消费在城市的集中，能否在城市化过程中有效地控制温室气体排放，将是中国城市化所要解决的迫切问题。

二、环境污染对发展的影响

无节制的资源消耗、不合理的城市规划、污染物处理设施的匮乏和缺乏有效的环境管理，是导致城市环境污染和生态退化的几个重要的原因。城市及周边地区的环境污染和生态退化，不仅制约居住在城镇之中的居民的发展，而且由于环境问题的公共物品特性，还会影响城市周边地区乃至整个国家和全人类的福祉。

环境污染和生态退化对人的发展的负面影响是多方面的（刘民权、俞建拖，2010）：首先，环境污染造成癌症、心血管疾病、呼吸道疾病等诸多疾病发病率的增加，损害人体的健康；其次，为了控制环境污染和消除环境污染造成的负面影响，往往需要付出高昂的成本；第三，环境污染和生态退化，导致经济发展所需要的资源可获得性降低；第四，虽然穷人常常不是污染物排放的主要贡献者，但是他们却往往成为环境和生态退化成本的直接和主要承担者，这种环境损害成本分配的不平等，将严重损害发展的公平性。

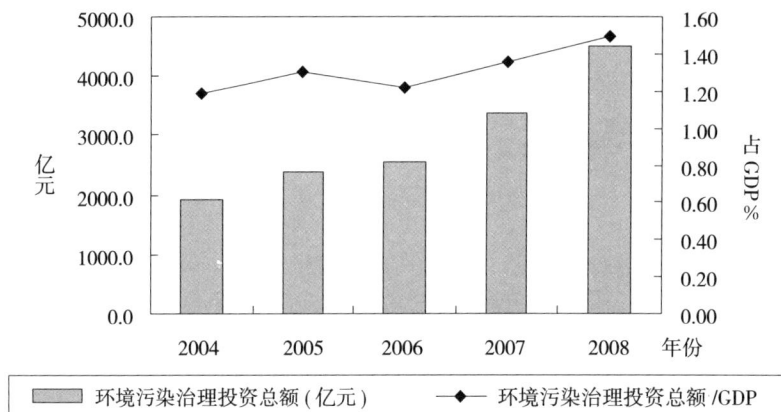

图 8-4　中国不断增加的环境治理投资

资料来源：《中国统计年鉴 2009》。

据《中国统计年鉴 2009》的数据显示，在 2004—2008 年，中国每年用于治理环境污染的投资从 1900 多亿元增加到近 4500 亿元，该项投资占 GDP 的比重从 1.19% 上升到 1.49%（见

图 8-4）。

环境污染所造成的经济与社会代价是非常沉重的。据国家环保部的测算，2004 年全国因环境污染造成的经济损失为 5118 亿元，占当年 GDP 的 3.05%。虚拟治理成本为 2874 亿元，占当年 GDP 的 1.80%。其中，水污染导致的环境损失成本已经达到 2863 亿元，占所有环境退化经济成本的一半以上。此外，空气污染导致的经济成本高达 2200 亿元，其中 70% 是城市居民健康损失成本。这表明当前中国的环境污染成本已经到了不可忽视的地步。

气候变化的挑战同样非常迫切。由于我国城市化和工业化程度高的地区主要集中在东部沿海地带，温室效应导致的海平面上升可能会影响到城市区域的选址、规划，以及防灾、减灾等应急系统建设（潘家华，背景报告，2009）。

环境污染和生态退化所造成的发展代价在人群中的分布往往是不平衡的。以温室气体为例，由于温室气体排放所引起的气候变化，那些原本就位于生态脆弱地区的贫困人群和其他脆弱人口更容易受自然灾害的影响。贫困人口通常享受到的教育和卫生等公共服务的水平低、条件差，基础设施落后，因此缺乏必要的能力应对气候变化带来的风险。

三、中国城市化所面临的环境和资源挑战

中国在城市化中面临的环境与资源挑战，比发达国家在城市化相似阶段要严峻得多，这是中国在当前城市化阶段的速度、规模、经济发展阶段和结构、技术水平，以及经济体制等一系列因素综合所导致的结果。

首先，正如报告前文已经指出的，我国当前正处于城市化和工业化的高速发展阶段，工业生产、城市建设和城乡居民消费都在快速增长，客观上造成了能源消费和温室气体排放的快速增长。此外，中国城市化的规模之庞大，也是人类历史上前所未有的。这种速度和规模上的特征，导致中国目前在资源和能源消耗的增长上存在许多刚性。目前中国是世界上每年新建建筑量最大的国家，每年 20 亿平方米新建面积，相当于消耗了全世界 43% 的水泥和 35% 的钢材（仇保兴，2009），并且还在以高于世界平均水平的速度在增长。预计在今后 20—30 年里，这样一种增长趋势还将持续。

其次，发展方式粗放和生产技术普遍落后，导致了过高的能源消耗和污染物排放。2006 年，按现行汇率计算，我国每万美元 GDP 的能耗超过 9 吨标准煤，是世界平均水平的 2.7 倍，分别是美国和日本的 3.7 倍和 5.4 倍，是印度和巴西的 1.4 倍和 3.3 倍。以电力行业为例，截至 2009 年底，全国 30 万千瓦及以下的火电机组占火电总装机组的比重仍高达 33%。我国火电机组的平均供电煤耗达到 370 克，比世界发达国家的平均水平高 40 克，比目前世界上最先进的火电机

组要高出 90—100 克。在单位产品方面，2005 年我国电力、钢铁、有色金属、石化、建材、化工、轻工、纺织等 8 个行业的主要产品能耗平均比国际先进水平高 40%。其中火电供电煤耗高 22.5%，大中型钢铁企业吨钢可比能耗高 21.4%，铜冶炼综合能耗高 65%，水泥综合能耗高 45.3%，大型合成氨综合能耗高 31.2%，纸和纸板综合能耗高 120%。此外，我国机动车燃油经济性水平比欧洲低 25%，比日本和美国分别低 20% 和 10%。载货汽车百吨公里油耗 7.6 升，比国外先进水平超出 1 倍以上（倪维斗，2007）。

第三，中国的环境问题与特定发展阶段下的经济结构密切相关。2008 年中国的 GDP 中，第二产业所占比重仍高达 48.6%，工业部门所占的比重接近 43%，由于工业和建筑业本身的能源密集型特征，工业部门对二氧化碳排放的贡献变得更高。

第四，中国以煤炭为主的能源结构也是温室气体和其他大气污染物排放水平和排放强度偏高的原因之一。与煤炭相比，天然气和石油每单位热值所产生的二氧化碳要低得多，其中天然气平均每单位热值排放的二氧化碳只有煤炭的 60% 左右。2008 年，中国一次能源消费构成为：煤炭 68.7%、石油 18.7%、天然气 3.8%、其他（水电、核电和风电）占 8.9%；而同期世界一次能源消费构成为：煤炭 25.5%、石油 37.4%、天然气 24.3%、其他（水电、核电和风电等）12.8%。中国每年消费的煤炭中，近 70% 的原煤没有经过洗选直接燃烧，燃煤造成的二氧化硫和烟尘排放量约占全国排放量的 70%—80%，二氧化硫排放形成的酸雨面积已占国土面积的 1/3。这种能源结构使得中国的温室气体排放和其他大气污染物的排放控制变得更加严峻。

第五，能源与资源的价格机制尚未进一步理顺。自从 20 世纪 70 年代末以来，中国经济经历了从计划经济体制向市场经济体制转轨的过程，市场取代国家计划成为资源配置的主体方式，使经济的发展取得了巨大的成功。但是，在一些环境和资源领域，市场化的改革还有待深入。譬如，目前我国城市供热、供水和供电还带有很浓的计划时代的福利性特征，热、水、电的定价过低，使得这些产品和服务的价格不能充分反映成本，不利于资源能源的集约使用。此外，对于具有典型公共品属性的环境，产权界定的不清晰、政府管理的缺位，导致环境服务使用的社会成本不能充分内部化。不仅如此，在资源和能源生产领域的行政性垄断，也导致了资源生产和消费过程中的浪费。

第六，脆弱的地球和中国自身的生态系统日益成为城市化发展的硬约束。当前我国的二氧化碳排放量、二氧化硫排放量、固体废弃物排放量均位居世界前列，整个地球生态系统自身能够吸收、降解的污染物是有限的，中国自身的生态系统也十分脆弱，这将严重加剧资源的短缺，对我国未来的城市化发展形成"硬约束"。以水资源的短缺为例，目前我国 600 多个城市中，已经有 400 多个不同程度地缺水，108 个城市严重缺水。在一些地区，地下水超采严重引起了城市地面沉降等问题。譬如，河南省平原地区的地下水超采率已接近 40%，导致郑州、开封、焦作和平顶山等 11 个城市存在降落漏斗，总面积达 1247.18 平方公里。水资源短缺和地下水超采造成的城市地貌的改变，将严重制约这些城市的生产和生活。

除了上述因素，环境保护投入不足、城市环境基础设施薄弱以及环境管理能力的有限，客观上也不利于保护环境和集约使用资源。目前，我国环境保护投入占 GDP 的比重不到 1.5%，远低于 OECD 国家的平均水平。目前，我国城市生活污水、生活垃圾的处理能力还十分有限，截至 2008 年，全国城市生活污水集中处理率还只有 55% 左右，生活垃圾的无害化处理率只有 70%。此外，我国的许多环境达标标准与国际水平相比偏低，以大气污染为例，按照世界卫生组织的推荐标准，空气中可吸入颗粒物浓度不能超过 20 微克 /m³，而中国国家标准的一级空气质量标准为上限不超过 40 微克 /m³。环境监督、环境执法能力不足，也导致企业和个人的偷排、超排的现象难以遏制。

面对上述的挑战，中国政府目前正在积极采取一系列的政策措施和行动。譬如，《中华人民共和国国民经济和社会发展第十一个五年规划纲要》（2006—2010 年）把建设资源节约型、环境友好型社会作为一项重大的战略任务，提出了一系列的环保和节能指标。规划提出，到 2010 年单位 GDP 能耗比 2005 年末降低 20%，化学需氧量和二氧化硫排放总量比 2005 年末下降 10%。值得一提的是，在"十一五"环境保护规划中，这些指标不再是指导性指标，而是约束性指标。2009 年哥本哈根气候峰会前夕，中国进一步宣布，到 2020 年将把单位 GDP 碳排放在 2005 年的基础上减少 40% 到 45%。

近年来中国加大了清洁能源的开发利用，并积极淘汰落后产能。截至 2007 年底，水电装机容量达到 1.45 亿千瓦，年发电量 4829 亿千瓦时，电力装机和发电量均居世界第一位，其中 2006 年、2007 年两年平均新增装机 2600 万千瓦，年均增长 12%。2007 年，关停小火电机组 1438 万千瓦，淘汰落后炼铁产能 4659 万吨、落后炼钢产能 3747 万吨、落后水泥 5299 万吨，关闭了 2000 多家不符合产业政策、污染严重的造纸企业和一批污染严重的化工、印染企业，累计关闭各类小煤矿 1.12 万处。

此外，中国还密集出台了多部与环境资源保护有关的法律法规、大力推广人工造林、加大环境基础设施投入，并推出一系列有利于节能的财政与经济政策。应该说，上述的政策和措施在许多方面取得了积极的效果，为走向一个绿色的城市化奠定了初步的基础。

四、迈向绿色城市化

城市化提供了一种集约和高效利用资源的可能性。在同等的生活方式和生活水平下，以人口和产业集聚为特征的城市化，对资源的利用效率比分散式的发展方式要高。但是从可能性到现实的转变不是自然而然的，它取决于一系列市场、政策和技术因素。面对日趋严峻的资源与环境约束，中国必须吸取发达国家和一些发展中国家在城市化过程中的经验和教训，着力加快发展方式转变与经济结构调整，使城市化过程变得更紧凑、集约，走一条"资源节约、环境友好、适宜人居"的绿色城市化道路。

　　绿色城市化是一个相对综合的概念，包含了低碳城市化、循环型城市经济、保留必要的绿色空间、生态景观与人文景观的协调，以及宜居性强等多重理念。归根结底，促进人的发展的新型城市化，要全面体现科学发展的要求。近年来，各地进行了广泛的试验、规划和实施，从上述要求的不同方向上探索着绿色城市化实践（专栏 25）。

专栏 25　　　　　　　天津滨海新区的绿色城市建设

　　绿色城市设计的概念是 20 世纪 70 年代以后迅速发展起来的。进入 21 世纪后，我国从中央到地方纷纷提出建设"绿色城市"，目前国内已有 100 多个城市在打造不同层面的绿色城市（城区）、生态城市（城区）、低碳城市（城区），天津的滨海新区是其中之一。

　　滨海新区将绿色发展的理念纳入区域发展的规划之中，着力将九个产业功能区建设成为绿色城市的典范，其中先进制造业产业区，滨海高新区，重点发展新能源、新材料产业，建设国内规模最大，环保指标最优的生态型的工业区。临空产业区重点发展环保型航空航天产品，成为绿色空间技术应用及产业化的示范区。南港工业区重点发展循环经济的产业链，建设世界级的生态型石化基地。临港工业区、海港物流区重点发展大型节能环保设备的制造产业，建设国内重要的环保装备聚集区。中心天津生态城、中心商务区和滨海旅游区打造自然和谐宜居的绿色环境，建设生态良性循环，高端产业聚集发展的领航区。同时，建立绿色城市信息平台，定期发布有关产业政策、发展规划、投资重点、市场需求和经济运行等方面的信息和预警信号。鼓励和吸引各类中小企业为绿色龙头企业提供配套服务，完善产业链，促进产业的聚集，把低碳经济做大做强。

　　资料来源：《"10+3 媒体"走进天津滨海新区，感知绿色城市》，人民网，http://www.022net.com/2010/4-26/524622362589536.html。

　　（一）推行可持续的城市发展模式，促进资源能源节约。考虑到我国多种重要资源的人均拥有水平低、分布不平衡以及生态环境脆弱的特点，城市化必须紧密结合主体功能区规划要求，根据不同地区的资源禀赋特点和生态环境承载能力，明确城市发展定位，进行针对性的开发，从而合理控制城市规模。要避免单个城市规模过大导致的环境问题，避免城市布局过分集中形成城市连绵带导致的格局性环境问题。改善城市机体运行的能流和物流，重点是工农业生产和日常消费，尤其是建筑开发和交通运输领域。重新审视城市的小汽车和住房消费政策，不能简单地模仿发达国家的城市发展模式。减少不合理能源资源消耗，在城市规模已定的条件下，尽可能地减轻城市对所在区域的环境压力。

（二）明确各级城市政府是环保第一责任主体，加强城市环境管理能力。建立包括污染减排、环境质量改善、绿色 GDP 指标在内的环境导向官员政绩考核体系。将环境保护指标作为约束性指标，并且在环境质量严重恶化的城市严格实行环境保护"一票否决"和末位淘汰制度。在城市规划和建设过程中，应积极贯彻落实环境影响评估。各级城市政府应将环境基础设施列为最优先的公共财政投入领域。明确政府资金投入主体责任，政府首先应保证每年环境保护资金投入不低于一定底线，在此基础上，多渠道筹措短缺资金。试点利用发行市政环境债券，完善各种环境补贴制度，探索建立适合公共设施建设的融资模式，合理发挥公共资金的作用，用优先的公共资本金吸引社会资金、商业性资金参与城市的发展建设。

（三）完善环境治理机制。以公开和科学的环境影响评估为基础，在事前、事中和事后的各个环节上，加强社会对政府采购、公用事业建设及政策执行的监督。充分依托城市信息交流和共享平台，建立健全环境信息发布制度、环境污染举报制度等。通过公众参与机制，建立政府与媒体之间的良性互动；拓宽公众参与环境保护的渠道，保障公众的环境知情权、监督权。通过公众反馈提高环保决策的准确性和执行的有效性。强化"示范"和"警示"制度，促进多部门和区域联动。强化城市环境综合整治，继续推进"城考"和"创模"工作，树立建设资源节约型和环境友好型城市典范，同时加大对环境管理落后城市的曝光力度，落实地方政府环境目标责任制和责任追究制度。开展风险源监管及污染事故应急技术研究，提高技术支撑能力；建立城市群环境信息共享渠道，建立健全城市群之间环境保护合作协调机制，包括跨界信息通报、联合检测、预警联动等机制；建立环境风险源动态管理和监控系统，并协同基础设施，共同防范和应对重大污染事故。

（四）优化城市规划体系，突出环境导向。不合理的城市规划，往往是造成交通拥堵和空气质量恶化以及废水、固体废弃物得不到有效处理的根源。在我国的城市化过程中，应该从人的全面发展的需求出发，注重规划的科学性、前瞻性、可参与性和权威性，根据各地的实际情况，对城市中的产业以及功能区进行合理布局，加强城际和城乡之间的分工协作，从而创造一个宜居的、共享的城市环境。

改善城市内部空间格局，对于典型的高污染行业，原则上禁止在城市市区布局建设。大力推进工业进园区规划，逐步实现新建设项目的全部圈区管理，并先行建设污染治理基础设施。要将乡村纳入规划，用城市资金技术和人才优势，统筹城乡的污染防治，改善城市周边地区尤其是城乡结合部的环境质量。同时也要避免城市恶性扩张以及不合理的土地利用给城市与周边地区带来污染。在城市规划的编制—决策—执行—监督全过程环节上，切实落实规划的法律地位。将规划环评的强制性要求体现在规划法规中。开展试点，并逐步推行城市中长期环境规划编制和立法工作。

（五）继续理顺资源和能源领域的价格机制，充分发挥市场在资源和要素配置中的基础性作用。通过减少当前资源与要素市场中的价格的扭曲，提高资源的使用成本，减少资源利用过程中的浪费。通过明确产权和贯彻实施"使用者付费"、"污染者付费"的原则，将经济生产和生活中的外部成本内部化。完善城市各类用水的区别水价和超额累进加价收费制度，调整污水处理费征收标准。以污水资源化为目标，加快污水处理设施的建设步伐，加强中水回用技术与设备的开发应用。此外，要以供热收费制度改革为重点，积极推进城镇供热体制改革。计划经济和福利分房旧体制下形成的供热制度，已经不能适应市场经济体制和住房货币化新体制的需要，也是造成采暖能源浪费的重要经济根源。应逐步使城镇供热由暗补变为明补，积极推行按用热量分户计量的收费办法，逐步取消按面积计收热费。在推进资源能源价格改革的同时，注意对城市中的弱势群体进行适当的价格补贴。

（六）构建绿色生产和消费体系。加快用高新技术改造传统产业，推广和使用各种新技术、新工艺、新设备，制定奖惩制度，引导企业推行清洁生产甚至零排放工艺。加大新能源产业、新能源汽车等领域的技术研发和推广应用，大力推广交通节能和建筑节能。加快发展风能、太阳能、水能、核能等清洁能源，改变我国的能源消费结构，降低单位能耗的温室气体和其他污染物排放。大力发展公共交通，尤其是城市和城际轨道交通，促进城市群的同城化，充分发挥城市的集聚效应和集约效应。在城市建设中，推广节能、环保材料以及技术的应用，从源头上减少能源的消耗和污染物的排放，又不至于降低人的生活水平。针对我国以煤炭为主的能源结构，大力研发包括整体煤气化联合循环（IGCC——Integrated Gasification Combined Cycle）在内的清洁煤技术，提高煤炭的利用效率，降低污染排放水平。改善郊区农业种植模式，提高农业资源利用率。积极推进污水、垃圾减量化、资源化、产业化。配套中水回用管网，开发中水消费市场。构建垃圾分类收集和分类处理回收的配套系统。宣传绿色消费理念，推行环境标志和绿色产品认证，促进绿色产品生产。以政府投入为引导，采用减（免）税、消费者直接补贴等激励手段，推进节能减排型产品的生产和消费。采用综合财税手段，大力推进绿色能源、绿色工艺、绿色产品、绿色交通、绿色建筑的使用和推广。

（七）建设城市自然生态系统，发挥自然调节修复机制。构筑城市生态环境框架，保护好城市水源地、城市生态廊道等城市生态系统敏感点。加强城市河、湖水系治理，增加生态环境用水，维持自然生态功能；建设公园绿地、环城绿化带、社区居住区绿地、企业绿地和风景林地，围绕城市交通干线和城市水系等建设绿色走廊。增强城市中自然生态系统的抗干扰和自我修复能力，实施城市生物多样性策略，利用生态系统调节机制，增加自然生态系统的承载能力和环境容量。通过建设"绿色"城市结构，疏通城市自然系统的物流、能流、信息流，改善城市生态要素间的功能耦合网络关系，扩大生物多样性的保存能力和环境承载容量，提高对城市废弃物的降解。

第九章

城市化管理和城市治理创新

完成从"半城市化"到"完整城市化"的转变，城市化管理和城市治理的改革创新是一个关键。未来 10 年，中国可能有 2 亿多农村人口进入城市成为城市市民，数以百计的中国城市正在蓬勃发展，若不加以有效的管理和治理，可能会有大量土地被"硬化"，并带来能源消耗、污染排放、生态退化、交通拥堵、城市竞争力降低以及城市贫困、环境恶化、社会冲突等各种问题。对城市化和城市自身的发展过程进行有效管理或治理成为各级政府必须面对的一个重大挑战。为此，需要评估以往的城市化管理和城市治理模式，针对城市化发展中存在的突出问题和矛盾，按照科学发展、和谐发展的要求，创新城市化管理和城市治理模式，实现城市化过程的统筹管理与城市内部政治、经济、社会、环境的协调发展。

一、城市化管理和城市治理的现状

（一）城市化管理和城市治理的区别

城市化管理和城市治理的目的都是为了防止城市化和城市发展中的负外部性、缓解不同利益群体的相互冲突、调节不同利益，促进城市的可持续性及公平性增长。城市化管理与城市治理有共同点，也有区别。城市化管理主要是对城市化进程的"过程管理"，城市治理主要是针对城市中存在的经济、社会和环境等问题进行的"内部管理"；城市化管理是一种宏观管理，城市治理相对于城市化管理则属于微观管理；城市化管理的主体是政府，包括中央政府、地方政府和城市政府，城市治理的主体是多元化的，不仅包括城市政府，还包括企业、城市居民和各种非政府的社会组织。[①]城市化管理和城市治理不完全是控制性、约束性的管理，也包括积极主动的引导和支持。

（二）城市化管理和城市治理的必要性

城市化和城市发展存在外部性。城市化主要是市场力量和企业追求规模经济的结果。但城市达到一定规模后将使社会成本增加，包括交通拥挤的时间成本、不断增高的土地价值、高昂的居住费用、较高的健康成本、更高的碳排放及环境恶化等。作为外部因素，这些负外部因素没有被企业及家庭转化为内部因素。因此，城市集中化可能导致"利益的个人化及成本的社会化"（经合组织，《地区事务》，2009）。

城市政府、城市居民以及企业、非政府社会组织等等，都是不同的利益主体。在城市化发展中，由于不同利益主体对自身利益的追求，可能会出现为了谋求企业利益或局部地区利益，而牺牲城市整体利益、牺牲全体社会成员利益、甚至牺牲子孙后代利益等行为。如城市建设项目的决

---

①　社会组织是党的十六届六中全会作出的《中共中央关于构建社会主义和谐社会若干重大问题的决定》中提出的。一般认为，在内涵上与"民间组织"的概念基本相同，包括社团、基金会、民办非企业单位以及中介服务组织等。

策，不应该由个体的开发商掌控，因为开发商可能无视城市规划或建设密度的要求，导致土地的无序开发。再如，城市化过程中必然占用空间资源，包括耕地、森林、草原、海洋、地下水等，这些空间资源尽管在当代就有很高的价值，但对后代人的发展则具有更高价值。在完全的市场机制下，这类空间资源的当代市场价格根本无法反映未来的更高价值，为了可持续发展，必须控制对这些空间资源的过度开发。

城市化管理在中国具有现实意义。这不仅是因为中国面临着世界发展史上规模最大的城市化，而且目前中国正处在重要的转型时期，发展理念、发展模式和经济体制如不能得到及时发展和创新，将有可能加重城市化中的负外部性。比如，在发展理念上，一些城市还是追求本地区GDP 的最大化，而忽视全面、协调和可持续发展。提高城市化水平，很可能仅仅成为增加 GDP 的一个重要手段，而忽视城市化是促进人的全面发展的重要手段。在经济体制上，各级地方政府特别是城市政府事实上掌控着作为城市化基础资源的土地资源，既是土地的所有者，又是土地出让的受益者，而且占地的多寡又与本市的财政收入从而财政支出密切相关。这样，在发展模式上，自然会形成一种通过占用土地并推高土地与房地产价格获取收入，通过加大城市建设和房地产开发、招商引资等带动经济增长和城市发展的模式，助长投资主导型的发展方式。

（三）城市化管理和城市治理现状

改革开放 30 多年，城市化水平大幅度提高，城市体系基本形成。在城市中基本形成了以公有制为主体，多种所有制经济共同发展的局面，社会主义市场经济体制框架基本建立。城市成为中国市场体系的支撑，城市经济成为我国市场经济的主体（张军扩、刘锋、高世楫，2008）。

随着城市化进程的推进，城市政府在城市化中的作用不断加强。在计划经济下，我国的地方政府并不具有独立的决策地位，更多的是承担中央政府分支机构的角色，起着承上启下的中介左右。在计划经济时期，地方政府虽然有着能接触社会底层了解地方民众需求的优势，但缺乏对地方民众负责的基本权限，对自身的行政后果不愿或无法独立承担责任。改革开放以后，打破计划经济时代模式的中央政府开始改变旧有的城市化管理模式，伴随政企、政社、中央与地方之间关系的调整，地方政府获得了一定的经济管理权和行政决策权，成为相对独立的利益主体和决策主体。随着城市化的进程，生产和供给本地民众需求的公共服务，促进地方经济社会发展和增加民众福利成为城市政府的主要责任。

城市化管理和城市治理的内部结构得到优化，初步明确了规划、建设、治理的职能分配框架，并着手解决以往城市中普遍存在的"轻规划、重建设、轻治理"现象。政府职能转换，政府对市场的行政干预不断减少。政府更多以经济的、法律的手段来调控城市宏观经济和社会管理。

公共服务的范围和水平不断提高。改革开放以来，城市政府公共服务提供的职能不断拓展，城市居民享有的基础设施、教育、医疗卫生、社会保障、公共交通、住房和公共安全的程度和水平不断提高（详见第六、七章）。近年来，通过打造宜居、绿色、特色、人文、和谐城市等活动，中国许多城市的品质得到全面提升。

加强了城市治理的法制建设，颁行了一大批有关城市化管理和城市治理的法律和法规，城市化管理和治理初步走上了有法可依的轨道。现行有关城市治理方面的法律、法规如：《中华人民共和国行政处罚法》、《城市规划法》、《环境保护法》、《城市市容和环境卫生治理条例》、《城市道路治理条例》等。

加强了社区建设，鼓励公众的参与。部分城市进行了诸如公共预算改革、民主恳谈会、市民听证会等形式的尝试，让市民有效参与城市资源的分配、确定城市社会政策的优先顺序，并对有关民生政策进行监督。这些公众参与的尝试有力地促进了公众对城市政策的认知和参与，改进了城市政策的制定水平，实现了社会公平。

专栏 26　　　　　　无锡市和哈尔滨市的参与式公共预算实验

参与式预算是一种创新的政策制定方式。参与式预算过程是通过定期举办各种讨论会，拓宽社会公众对公共支出提出建议的途径和渠道，使得他们能够参与分配资源、决定社会政策优先次序等政策制定过程，并对这个过程进行监督。从短期来看，通过实行参与式预算项目，政府能够选择最能反映群众的需求的社会发展项目或政策，实现社会公平。从长期来看，参与式预算项目可以促进社会公众对社会事务的认知和参与，改进政策制定和资源分配水平以实现社会公平，增进财政政策的透明度，推进公共财政职能转变。

在中国发展研究基金会的积极推动下，无锡市和哈尔滨市从 2006 年开始在部分社区进行"参与式预算"改革的试点工作，且在 2007 年进一步扩大了试点区域，截至 2007 年，两市共在 28 个街道（或镇）开展了参与式预算试验，群众从大量的民生需求中投票选出了 63 个项目，涉及资金金额超过 7500 万人民币，部分区县参与式预算资金达到本级一般预算的 1%。

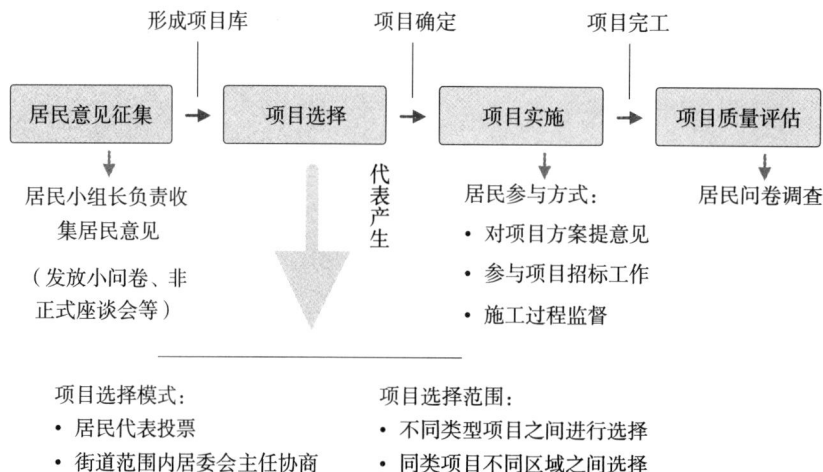

图 9-1　无锡、哈尔滨"参与式预算"的实施流程

无锡与哈尔滨的"参与式预算"项目的实施取得了较好效果，增进了政府与公众的关系，提升了政府资金的使用效率。

资料来源：中国发展研究基金会：《"参与式预算"改革成效评估研究报告》，2008。

二、城市化管理和城市治理中存在的主要问题

目前城市化快速发展中出现的问题，有些是城市化管理不完善和城市治理结构不合理带来的。虽然早在2000年中央就提出了要不失时机地实施城镇化战略的决策，但在工作层面、在一些重大问题上还没有形成共识，没有形成长期的、统一的工作思路和政策。中央每年召开农村工作会议，统筹研究农业农村发展问题，对保持农业发展、农村稳定和农民增收发挥了十分重要的作用。我国城镇人口很快就要超过农村人口，应该在更高层面上召开全国城市工作会议。其实，目前许多老百姓反映较为强烈的如大学毕业生就业难、房价过高、分配不合理、教育不公平、看病贵、交通拥堵、环境质量差等民生问题，以及由此带来的一系列社会矛盾，都需要放在城市化这一宏大的历史背景和战略性趋势下统筹考虑，才能寻找到根本性的解决之策。

（一）政府职责错位和不到位

加强对城市化的管理和城市治理，并不是说政府什么事都要管，恰恰相反，政府应专注于应该由政府管的事、各级政府应专注于管好属于本级政府该管的事。目前的问题是政府管了很多本来不该管的事，反而对该管理的事没有精力去管。

经济增长与城市化是相辅相成的过程，很多促进经济增长的政策，也是促进城市化进程和促进城市发展的。国家确定城市化空间开发布局、实行对特定区域倾斜的政策、修建重大基础设施项目等，会引导特定区域的城市化进程，影响个别城市的发展，并改变城市化的空间布局。设立开发区的政策、促进城市住房消费、鼓励发展城市轨道交通、促进汽车消费、土地收入分配等，都直接或间接地推动了城市化的发展特别是大城市的发展。而另外的一些政策，如城乡分割的户籍管理制度、基本农田保护、土地指标管理等，又起到约束城市化、防止城市人口扩张的作用。

目前在中央政府各部门中难以找到确定的对城市化管理的职责规定，没有明确的专司城市化管理的部门，只是在国家发展和改革委的职责中有一条"研究提出城镇化发展战略和重大政策"与城市化管理相对贴近。其他与城市化和城市发展相关的职责，都是间接地影响城市化管理并分散于各有关部门职责中。如，国家发展和改革委负责国民经济和社会发展规划、年度计划以及政

府投资安排和重大项目审批等；国土资源部负责土地利用规划、计划以及建设用地管理；城乡住房建设部负责拟定全国城镇体系规划、城市规划，负责城市基础设施建设、房地产发展的管理；交通部负责全国、城市及城际轨道交通的建设管理；环保部负责城市环境保护的管理；公安部负责户籍制度的管理；民政部负责行政区划和建制市设置的管理等。这些职责，都从不同的角度对城市化进程施加影响。

城市政府在推进城市化中的作用大于中央政府。城市政府管理城市化的途径和机制通常是以下几种：一是通过修编城市规划，城市规划主管部门委托城市规划研究设计机构提出城市总体规划草案，在城市政府通过后，报上一级政府批准后实施。城市规划是以控制城市人口和土地面积增长为出发点的，但没有哪一个城市规划不是扩大土地面积的，也就是说，即便所有城市都严格按照城市规划确定的面积发展，但每隔几年修编城市规划后城市面积都会扩大一圈。二是通过设立开发区扩大城市面积，城市出于发展经济和招商引资的需要，将城市周边的一些地块划为开发区或城市新区进行规划建设，逐步变成城市建成区的一部分。开发区往往从发展经济特别是发展工业出发，是城市的一个特定的功能区。三是通过行政区划调整，就是"地改市"、"县改市"、"县改区"、"乡改镇"，以及将城市郊区独立行政单元的一部分合并到城市。四是放开或放宽人口落户限制条件，管理城市人口的增长。如近年来一些城市出台了放宽户籍限制的政策，满足其落户条件的人口可以在城市落户。城市政府还是公共服务、社会保障、公共住房、计划生育、人口管理、社会救助、社会治安、公共安全、防灾减灾等社会事务的责任主体。

（二）按照行政区进行管理

因为城市化是按照行政区而不是经济区推进的，城市化有时候变成了只是行政区划的变动。一些率先发展起来的地区，由于经济发展较快，城市边界失控，许多良田被城市化了，农业空间和生态空间占用过多，有些城市人口集聚规模超出了资源环境承载能力，有些城市出现了地下水严重超采、交通拥挤、环境恶化等问题。而一些经济尚不发达的地区，经济发展并没有达到相应的城市化程度，却人为地合并一些乡镇，把人口规模在行政区意义上扩大，人为地拔高城市化率，实质上的城市化水平并没有多少进步。

（三）规划体制滞后

规划体系方面的主要问题是，国家层面的空间规划缺失，按照行政区规划城镇体系、缺乏跨越行政区的明确的城市化空间布局引导；已经出台的若干区域规划过多过滥，缺乏从经济区角度对各主要城市的功能定位，缺乏对基础设施的统一规划和布局，缺乏对各类空间特别是城市建设空间和工业空间的控制性规定。在市和县层面的规划中，没有空间发展规划，没有明确本辖区内"山水林田路"、城镇与乡村的"红线"及其各自功能区的定位、发展方向和开发、管制原则。

城市规划按省（自治区、直辖市）和县等行政区编制辖区内的城镇体系规划，强化了按行政区推进城市化的倾向。城市规划不区分不同区域城市"有控有扩"的情况，均以城市人口和面积的"双控"为出发点，注重城市的扩展方向，注重扩大城市规划区的面积，对城市内部的格局、风格、市政设施布局等的规划深度不够。审批机制混乱，不同规划的审批主体不对称，较大城市的城市规划由国务院审批，而当地的经济社会发展规划却由当地人大审定。有些规划在决策时，因缺乏规范的协调机制，当存在不同意见时，只能采取"抹平"各种不同意见的办法通过规划，使规划内容大打折扣，失去应有功效。在一些地方，城市政府换届就是"规划换届"，每个新领导上任就按照新的思路再次"大手笔"地做大城市人口规模，占用更多面积的土地。城市规划面积与规划费挂钩的机制，在一定程度上也影响了规划的科学性（陆大道，2006）。

（四）财政能力与政府职能不匹配

城市建设的收入是城市财税体制中重要的一部分。城市建设的收入包括城市维护建设税、城市公用事业附加、中央和地方财政拨款以及市政公用设施配套费、市政公用设施有偿使用费、土地出让金、资产置换收入等。由表9-1可知，不包括住宅投资的城市建设资金主要依靠市本级财政性资金，占全部城市维护建设资金总量的92%，中央和省级的财政资金只是象征性补助，比重不到3%。市本级财政资金来源中，土地收入是最大的一笔来源，占37%，其次是市本级的财政拨款，占24%。真正属于制度性安排的税收收入即城市维护建设税和城镇公用事业附加占城市维护建设资金的比例不到15%。这就很容易理解城市政府为什么热衷于经营城市、搞土地的城市化。

表 9-1　　　　　　　　　2008 年全国城市维护建设资金来源及构成

项目	数额（亿元）	比重（%）
城市维护建设资金合计	5616.422	
中央财政拨款	75.6011	1.35
省级财政拨款	89.0386	1.59
市级财政资金	5190.636	92.42
市财政拨款	1335.693	23.78
城市维护建设税	744.2775	13.25
城镇公用事业附加	89.6248	1.60
市政公用设施配套费	331.8355	5.91
市政公用设施有偿使用费	263.2865	4.69
土地出让金	2105.447	37.49
水资源费	25.4199	0.45
资产置换收入	16.299	0.29
其他收入	284.0119	5.06
其他财政资金	255.7795	4.55

资料来源：根据《中国城市建设统计年鉴2008》数据计算。

目前的分税制对城市政府财政能力有着重大影响，也影响着城市化和城市发展。由于地方的主体税收企业增值税以及企业和个人的所得税被划为共享税，消费税划为中央税，地方本级收入在分税制以后急剧下降，由 1994 年前约占财政总收入的 70% 下降到 50% 以下（维持在 47% 左右），而地方政府的预算支出比重急剧增加，已经上升到 70% 左右，这产生了地方本级收入和地方预算支出间的巨大财政缺口（见图 9-2）（王有强、卢大鹏、周绍杰，2009）。

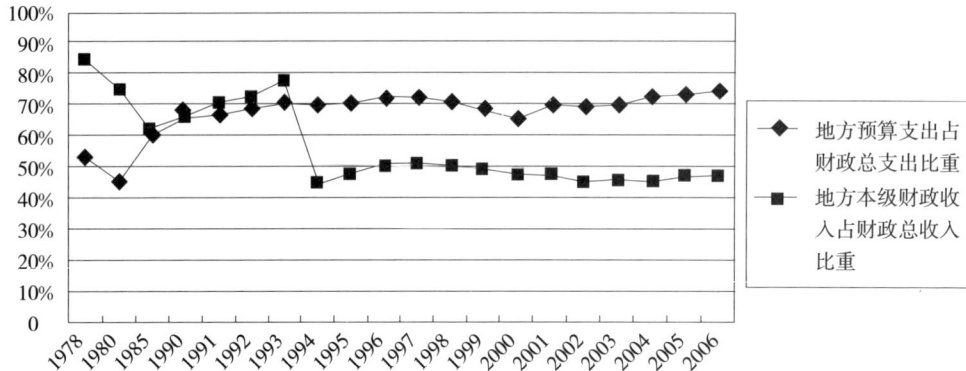

图 9-2　1978—2006 年地方财政收支比重的变化趋势

资料来源：《中国统计年鉴 2007》。

（五）"市管县"体制有待改革

我国目前实行的"市管县"体制是 1983 年以来逐渐形成的，这一模式在过去近 30 年中，一定程度上发挥了城乡合治、以市带县的功能，但随着县域经济的发展，其对县域经济发展的制约作用也日益显现：一是在市场经济体制日益完善条件下，市领导县体制阻碍了社会经济资源的自然合理流动和配置；二是中心城市对县域的带动作用减弱，城乡发展中的矛盾日益加剧；三是市利用行政权力，集中县级财力进行市区建设，削弱了县域发展能力；四是增加了管理层次，降低了行政效率。

自 20 世纪 90 年代以来，中国县域经济取得了快速发展。例如，浙江全国百强县数量连续多年位居全国第一，县域经济总量占 GDP 比重超过 60%。随着强县的发展，在市管县的体制下，出现了许多体制矛盾和机制障碍：公共服务和社会管理能力明显不足，影响了政府职能的全面履行；发展所需的市场监管服务机构缺乏、编制受限，制约了强县经济的进一步发展和提升；目前浙江所实行的强县扩权政策的执行与现行体制和法律法规不相适应，许多权力无法真正下放。并且，除经济强县外的其他县发展也很快，普遍出现了县一级政府的经济社会管理权限与经济社会发展不相适应的问题，严重影响了县域经济的进一步提升。而对于广大中西部地区的县，在市管县体制下，则存在严重的事权与财权不匹配，财政无法保障，公共服务提供能力弱和公共服务水平差的突出问题。在市场化进程中，由于"市管县"体制失去了原有的制度支撑条件和相适应的制度环境，其体制绩效越来越不明显，暴露出制约区域经济一体化进程的问题。

从国外地方政府体制看，绝大多数国家地方政府层级设置实行两级制或三级制，市和县都是各自独立的自治实体，不存在隶属关系。考虑国情和当前发展状况，我国可考虑改革"市管县"体制，实行市县分治。实行市县分治，进行省直管县，有利于保持县域经济的活力，增强县级财政保障能力，提高县级的公共服务水平，也有利于区域和城市群内县级间的横向经济社会联系和协调。

专栏 27　　　　　　　各地方的"市管县"体制改革实验

　　浙江省是最早进行强县扩权改革的省份，1992 年该省对 13 个经济发展较快的县（市）进行扩权。从 2002 年起，湖北、河南、广东、江西、河北、辽宁等省也先后开始了"扩权强县"的改革，把地级市的经济管理权限直接下放给一些重点县，在经济管理方面形成了近似于"省管县"的格局，海南省出于土地面积和人口较少的因素，已经完全实行了"县市分治"，市只管理城市本身，县则由省直接管理。重庆直辖后，也完全过渡到直管区、县，这为进一步推广"省管县"积累了经验。

　　"省直管县"是近几年来行政管理体制中最受关注的改革模式，并已在全国范围内开始试点。财政部的统计资料显示，从 1992 年起开始试行"省管县"改革，截至目前，全国共有河北、山西、海南、辽宁、吉林、黑龙江、江苏、浙江、安徽、福建、江西、山东、河南等 18 个省份，和北京、上海、天津、重庆四个直辖市，正在实行财政省直管县改革试验，约占全国省市的 2/3。"省管县"是国家"十一五"规划的目标之一，随着 2010 年走近，省直接管理县（市）的体制改革开始提速。

　　　　　　資料来源：王红茹、张俊才、张一彪：《"省管县"改革：地方权利再分配》，人民网，2007 年 6 月 15 日，http://politics. people.com.cn/GB/30178/5845418.html。

（六）绩效考核体系不完善

　　政绩或绩效考核在中国既是影响经济发展速度、质量、效益的重要管理手段，也在很大程度上影响着城市化的速度、城市化的道路、城市化的空间布局和城市化的质量。目前各级地方政府和有关部门普遍对下一级政府或城市进行绩效考核、达标考核，如小康社会实现程度、国家园林城市、国家生态市、国家卫生城市、全国文明城市等考核。江苏省全面建设小康社会主要指标，包括了经济发展、生活水平、社会发展和生态环境 4 大类，18 项内容，27 个具体指标。其中，经济发展类指标包括了人均 GDP、非农产业占 GDP 比重、城市化水平、城镇登记失业率四个具体指标。专栏 28 列出的部分城市称号，是各有关部门从本部门角度对城市进行管理和考核的一种办法，对城市发展不可避免地也产生一定影响。

	城市称号	主办单位
专栏 28	**城市称号及主办单位**	
1	国家园林城市	城乡建设部
2	国家生态市	国家环保总局
3	国家卫生城市	全国爱国卫生运动委员会
4	全国文明城市	中央精神文明建设指导委员会
5	中国优秀旅游城市	国家旅游局
6	全国绿化模范城市	国家绿化委员会
7	国家环境保护模范城市	国家环保总局
8	全国城市环境综合整治优秀城市	国家建设部
9	全国社会治安综合治理先进城市	中央社会治安综合治理委员会
10	中国人居环境奖	城乡建设部
11	中国魅力城市	中央电视台
12	国际花园城市	国家公园协会

资料来源：陆大道等：《中国区域发展报告——城镇化进程及空间扩张》，商务印书馆 2006 年版。

（七）城市治理中的主体缺失

近年来，城市治理开始重视加强社区建设、发挥社区作为居民自我管理基层组织的功能；也开始重视发挥城市居民在城市治理中的作用，有些决策鼓励居民参与，如水电气价格和景点门票价格调整等实行了价格听证制度。但总体上看，在城市治理中还存在主体缺失的问题。

一是社会组织和社区等居民自治组织的缺失。随着住房商品化、就业市场化、服务社会化，越来越多的城市居民由"单位人"变成"社会人"，在城市政府与分散的"社会人"之间，原来的单位管理作为一个管理层次被弱化，而新的管理网络没有形成，提供社会服务、满足市民多样化需求的社会组织发育不够，政府往往要直接面对千百万分散的居民个人，很多社会矛盾无法化解在基层、化解在居民的自治组织内。

二是城市居民在城市治理中的主体地位缺失。尽管各项社会事务中的民主化进程在不断推进，但城市居民在城市治理中的主体地位还没有完全确立起来。比如，建设项目决策基本是在政府（包括地方政府）与企业之间的分权，项目建设所在地城市居民对建设项目的决策几乎没有任何影响力，不能参与决策，只能被动地接受。因而导致近年来屡屡发生因建设项目的环境、占地、拆迁等问题引发的社会事件。[①]

---

① 近年来有个别项目由于所在地居民的反对而停止建设或搬迁，如厦门的石化项目等。

专栏 29　　　　　　　　　让民间团体参与大都市治理

德国斯图加特地区协会与许多经济和社会团体就各种举措进行密切合作。例如，斯图加特地区协会 2001 年加入了斯图加特文化区（于 1991 年设立的协会，以宣传斯图加特地区的文化特性）和斯图加特体育区（一个城市协会，专业的体育协会和体育俱乐部）。该协会还与斯图加特妇女论坛区进行联合研究，这是一个由女性专家和政治家组成的主张男女平等的网络，维护妇女在地区运输规划中的利益。该研究结果纳入了该协会自身的地区运输计划中。将大都市当局和私营部门集合在一起，通过其各自机构的互相参与，也有助于公共和非公共参与者之间更广泛和更密切的协作。例如，德国汉诺威大都市当局是几个商会的成员（如德国—意大利双边商会）。在匈牙利，《地区发展和规划法》规定了在规划过程之前，协会和企业自愿参加咨询过程的法律义务。经营部门也通过当地商会派代表进入布达佩斯大都市区发展委员会。

韩国首尔的执行领导层最近几年一直寻求鼓励更多市民参与大都市管理。例如，鼓励公众直接参与控制腐败，如果怀疑有违法行为或其他危害公众利益的行为，可请求政府部门进行审核。该市还极好地利用了韩国非常高速的因特网传播，精心建立了一个在线系统，处理被称为 OPEN（在线市民申请增强程序）的市民事务。通过评估该市的因特网站点，居民可以监控其申请及该市其他业务的进展。首尔的管理还通过给居民以金钱奖励，支持鼓励报告可疑的腐败情况。最后，该市鼓励市民在决策过程中直接向各个监督委员会陈述意见。委员中 30% 以上要求为女性，以提高女性在社会事务中的参与率。

法国在确立城市社区和城市群社区的 1999 年地区规划法中规定设立了 conseil de développement（发展局）。其代表有大都市级的经济和社会参与者，要协助共同的市政当局组织精心制定其战略项目和措施。但是，由于法律没有对此事项规定任何规则，在委员资格和地位方面有很大的差异（Lefevre，2006）。一般而言，参加这些会议的是商会、企业协会和高等教育机构。有时居民也直接参加会议。在有些地区，这些会议由政府机关联合主持。总的来说，这些会议缺人又缺预算，但它们有助于增强那些发展不完善的私营和公共部门之间的关系。

───────────────

资料来源：OECD：背景报告，2010。

三、城市化管理和城市治理创新的方向

一方面，为消除城市化过程中的负外部性，需要统筹城市化过程中中央政府与地方政府关系、资源分配、规划制定、财税、绩效考核等之间的关系和机制；另一方面，城市内部的社会结构发生巨大变化，市民参与城市经济、社会、生态环境等领域的决策、建设活动空前活跃，需要协调城市内部的政治、经济和社会的发展，促进公平性增长。因此，在城市化迅速发展的背景下，要加强城市化管理和城市治理创新。总体目标是，建立由政府、企业、社会组织和城市居民共同参与，政府管理与市场机制互补，兼顾效率与公平，有利于城市化健康发展和可持续发展的新型城市化管理模式和城市治理模式。

（一）创新城市化管理和城市治理的原则

以人为本。城市化要以人口城市化即农民工的市民化为重要内容，使城市化过程真正成为促进人的全面发展的过程，而不仅仅是促进经济增长的过程，不仅仅是土地城市化、高楼林立的物质形态城市化的过程。

集约均衡。要从我国人多地少和生态环境脆弱的国情出发，走集中型城市化道路，地域性城市或单个城市走紧凑型城市道路，使经济集聚和人口集聚在全国大体均衡。

统筹协调。在城市化的过程中，要统筹协调城市化发展和新农村建设，不能以牺牲农业、农村、农民利益为代价推进城市化，要统筹城市化中农民工、现有城市市民、其他流动人口等不同群体的利益，统筹协调国土空间中生态功能区、农产品主产区和城市化地区的空间结构安排及其调整，统筹协调东中西部地区的城市化空间布局，以及各城市群内部大中小城市和小城镇的功能定位，统筹协调与城市化密切关联的户籍、住房、社保、教育等方面的制度设计。

改革创新。要推进政府职能转变，注重城市政府能力建设。城市政府需要通过增强资源汲取力、宏观调控力、社会平衡力、社会引导力、学习创新力、法制治理力和政策发展力，来引导城市发展。要推动城市民主化进程，为城市居民更多参与城市治理创造条件。

开放驱动。经济发展的日益区域化和全球化的扩展，使得城市化管理日益超出单个城市的范围。从城市竞争力的视角出发，新的城市化管理需要实现全球化背景下的资源重组、学习创新和区域发展背景下的合作和协调。

（二）转变城市政府的职能

城市政府在城市治理职能定位中最主要的问题是，过度追求经济增长，对社会问题关注不足。强化城市政府提供公共服务和加强社会管理的职能，城市政府应该为城市居民提供良好的公共服务，并适当投资公共基础设施以补偿民间投资的不足。城市政府应把工作重点放在完善城市公共设施，改善城市人居环境，做好公共服务等方面，并通过委托、授权、承包、合同等形式，

把部分职能转移给非营利的社会组织，政府主要发挥组织和监督职能。

（三）建立科学发展的绩效评价体系

建立符合科学发展观的绩效评价体系。总的原则应该是强化对城市政府提供公共服务、加强社会管理和增强可持续发展能力等方面的评价。在此基础上，对位于不同区域的城市，实行各有侧重的绩效评价和政绩考核。比如，对位于优化开发城市化地区的城市，应该实行转变经济发展方式优先的绩效评价，主要强化对经济结构、资源消耗、环境保护、自主创新、服务业比重以及农民工市民化、外地人口本地化（非农民工的外来人口在本市落户）等的评价，弱化对经济增长速度、招商引资、按照常住人口统计的城市化率等的评价。对位于重点开发城市化地区的城市，实行经济发展优先的绩效评价，综合评价经济增长、质量效益、产业结构、资源消耗、环境保护、工业化以及农民工市民化等，弱化对投资增长速度、招商引资、按照常住人口统计的城市化率等的评价。对农产品主产区和重点生态功能区以及位于此类区域的城镇，分别实行农业发展优先和生态保护优先的绩效评价，弱化对工业化、城市化以及经济增长速度等相关经济指标的评价。

（四）建立有利于城市化健康发展的规划体系

从推进城市化的角度应重点推进市县层面空间性规划的整合。空间性规划按照空间单元的大小精简为：全国主体功能区规划、区域规划、市县空间发展规划、城市规划、乡镇规划、村庄规划。国家要强化主体功能区规划、跨省级行政区区域规划的编制和实施，全国主体功能区规划以全国国土空间为规划对象，区域规划以主体功能区规划明确的城市化地区（城市群）为规划对象。在市县层面，以市县级辖区为规划对象编制空间发展规划，实行经济社会发展规划、城乡规划、土地规划的"三规合一"或市县层面各类相关规划的"多规合一"，形成一个市、一个县，一张规划图。城市规划、乡镇规划、村庄规划在市县空间发展规划的基础上编制，是一个"点"的内部规划，重点应放在规划好城市、乡镇、村庄内部的各类功能区、基础设施布局，城市格局、风貌风格等，而不应是"片"的规划，重点不应放在如何拓展城市面积上。各类开发区、工业园、大学城、"城中村"等都应纳入城市规划统一管理。空间规划基本的关系为，空间尺度小的规划服从空间尺度大的规划。

（五）简化行政层级和改革建制市设置模式

减少行政区划层级，可以考虑将目前的中央、省（自治区、直辖市）、地（市）、县（市）、镇（乡）五级行政层级的管理体制改为中央、省、市县三级行政体制。地级市不再直接管理县和县级市，实行省直管县体制。县或市以下的乡镇设县市政府派出机构，不再作为一级政府。

取消达到一定标准就改变行政区划名称和管辖范围的做法，原则上不再进行全地域的"地改市"、"县改市"、"县改区"、"乡改镇"。改革"大市"管"小市"的体制，县城或建制镇建成区人口规模达到20万人口的城市最低标准后应经一定法定程序将其建成区部分改为建制市。目前一些建制镇的人口规模已经远远超过了设市人口标准甚至超过过去大城市的人口标准，应该尽快改变其行政设置，实行"镇"改为"市"。

（六）加快推进财税体制改革

城市政府财权与公共服务事权的不对称，缺乏稳定的、能随人口增加而增长的财政资金渠道，是城市政府不愿意接受农民工落户的原因之一。从推进城市化的角度设计财税体制，应建立财权与事权相对称的财税体制，形成保证税收随人口增加而增加的机制。科学划分中央政府与各级地方政府在提供公共服务方面的事权。按事权与财权相对称的原则，将一部分收入稳定的税种留给地方政府或城市政府。提高财政收入中市县级地方政府的分成比例。按谁享用、谁付税的原则，增加城市居民纳税占城市建设资金来源的比例。改革个人所得税征收和分享机制，个人所得税由单位代扣后，应将部分收入划转给纳税人居住地的基层政府支配。开征房地产税和环境税，收入归纳税人居住的城市政府支配。完善中央财政对城市基础设施建设的补贴机制，中央财政原则上不再对城市基础设施建设给予财政资金补助，需要补助的，可考虑实行补贴数额与该城市吸收农民工落户数量挂钩的机制。

（七）加强社区建设和体制创新

社区在城市治理结构中居于重要地位和关键环节，是居民社会生活的共同体、居民的自治体，也是政府行政管理和社区自我管理、政府依法行政和居民依法自治的桥梁和纽带。要坚持政府指导与社会参与相结合，建立与社会主义市场经济体制相适应的社区管理体制和运行机制。加强社区组织和队伍建设，提高社区工作的专业化水平。扩充社区管理职能，承接企业事业单位、政府机关剥离的社会职能和服务职能。各级政府要加大对社区基础建设的投入，通过政策扶持、多渠道筹措资金、资源共享、共驻共建等多种办法，改善社区基础条件和服务设施，形成社区居委会主办、社会力量支持、群众广泛参与的机制。以拓展社区服务为龙头，不断丰富社区建设的内容，发展社区卫生，繁荣社区文化，美化社区环境，加强社区治安，完善社区功能。努力建设管理有序、服务完善、环境优美、治安良好、生活便利、人际关系和谐的新型现代化社区。

（八）发挥居民和社会组织在城市治理中的作用

鼓励城市居民和各类社会组织参与城市治理是建立现代城市治理模式的必然要求。居民参与城市治理，会大大减少城市政府与居民之间的矛盾，增强城市居民的归属感和责任感，降低治理成本。各类社团、行业协会、专业组织、中介机构等非营利性社会组织，是公民参与城市治理的有效途径。目前我国社会组织发展还不充分，在注册管理、慈善捐助、法人身份、行为规范方面还存在很多问题和障碍。在创新城市治理模式中，要十分注意发展各类社会组织的作用，建立城市公民、社会组织与政府部门之间上情下达、下情上达的信息交流机制，推进政务公开，实行城市治理从决策、实施到监督的全过程参与。

第十章

政策建议

本报告提出促进人的发展的新型城市化战略。为这一战略的实施提出的政策建议，可以总结概括为如下十四条：

一、加强对城市化发展的领导

建议召开专题研究城市化发展总体思路的中央全会，对我国城市化发展中的若干重大问题作出决断、决定。重点在农民工市民化、城市化空间布局、城市化的主体形态、城市基础设施和公共服务体系建设、住房制度和房地产发展、城市建设资金来源以及农民工市民化后承包地和宅基地处置等重大问题上统一思想、形成共识、统一步调。

建议每年以中共中央名义召开中央城市工作会议，统筹研究城市化发展中的新问题，制定城市化发展的大政方针和政策，部署农民工市民化、城市群发展、城市产业、城市住房、城市基础设施和公共服务建设等方面的工作。

二、把农民工市民化作为推进城市化的主要任务

从"十二五"时期开始，到 2020 年用大约十年时间，通过先使具有稳定职业、缴纳税收、享有社会保障和固定住所的农民工及其家庭成员转为市民，同时逐步解决其他现在已经在城里的，以及未来十年中新进城五年以上近 2 亿自愿留城定居的农民工以及他们的家属的身份与待遇问题。到 2030 年再解决 2 亿农民工及其家属的市民化问题，从而用近二十年时间，实现中国农民工从进城到落户，进而与城市原有居民享受同等公共服务的过渡。

农民工市民化不宜采取统一放开所有地区、所有城市户籍的方式，应坚持农民工自愿原则，实行"保留户籍、总量控制、放宽条件、逐步推进"的方式。中西部地区的中小城市和小城镇，可很快完全放开户籍限制，农民工享受城市居民的所有待遇；东部地区的中小城市和小城镇，原则上也可完全放开户籍限制；大城市和特大城市，要根据本地综合承载能力逐步放宽落户条件。对于不愿在就业地落户的农民工，继续实行在城乡之间双向流动，但应保障农民工权益，做好劳动报酬、劳动保护、子女教育、社会保障、医疗服务、居住等方面的工作。建议修订土地承包法关于农民举家到设区的城市落户就要取消其土地承包权的条款，可以考虑保留一定时期如 3—5 年的土地承包权。

建立"人地"挂钩机制，即根据各城市吸纳农民工人口定居的数量，每年增加一部分用地指

标用于解决农民工市民化后的用地问题。用地指标根据吸纳人口的规模决定，吸纳多的多给，吸纳少的少给，不吸纳的不给。还可以考虑实行城乡之间用地增减规模的挂钩，城市建设用地增加的规模要与农村建设用地减少的规模挂钩；城乡之间的人地挂钩，城市建设用地增加的规模要与农村人口转为城市人口的规模挂钩；地区之间的人地挂钩，一个地区建设用地的增加要与吸纳外来人口的规模挂钩。实现耕地占补平衡。

建立"人钱"挂钩机制。中央财政和省级财政建立农民工市民化转移支付，根据各城市吸纳农民工定居的规模，每年定向给予财政补助。财政补助主要用于支持城市政府建设更多面向农民工及其家庭成员的社会保障，建设医疗设施、义务教育和职业教育设施，建设廉租住房，加强市政设施的扩容改造等。财政补助的资金来源，可以考虑发行专项国债，也可以考虑从国有企业上缴利润中提取一定比例。

建议国家组织编制推进农民工市民化的一揽子计划，由国务院批准实施，并定期进行中期评估和修改。

三、把城市群作为推进城市化的主体形态

将"城镇化战略"改为"城市化战略"，在党和国家的文件中，恢复使用"城市化"概念，不再使用"城镇化"概念。

根据人多地少的基本国情，我国必须走紧凑型、集约化、高密度的城市化道路。因此在城市化发展的指导思想和工作方针上，要明确把城市群这种既可以防止城市功能过于集中带来的"城市病"，又可以集约利用土地的城市化形态作为我国城市化的主体形态。在充分考虑资源环境承载能力的前提下发展好现有的小城市、县城和有潜力的小城镇，形成"点"，而不是形成"片"。这类城市和小城镇，应当强化独特的主体功能，不要毫无重点地追求形成综合性的城市。小城镇不应该成为未来城市化的主体形态。废除"重点发展小城镇"这种不符合城市化规律的方针。

四、构建"两横三纵"为主体的城市化空间布局

综合考虑资源环境承载能力、现有开发强度和发展潜力以及历史、民族、国防等各方面的因素，构建以陆桥通道、沿长江通道为两条横轴，以沿海、京哈京广、包昆通道为三条纵轴，以轴线中上述20个城市化地区为主要依托的城市化空间格局。我国主要的城市化地区为：环渤海、

长江三角洲、珠江三角洲 3 个特大城市群；哈长地区、闽东南地区、江淮地区、中原地区、长江中游地区、关中平原地区、成渝地区、北部湾地区等 8 个大城市群；冀中南、晋中、呼包鄂榆、黔中、滇中、藏中南、兰州—西宁、宁夏沿黄和天山北坡地区等 9 个城市化地区。对小城镇实行分类指导的方针，加强边境地区口岸城市建设。

五、实施城市群内"同城化"工程

实施城市群"同城化"行动。推进形成城市群内各城市功能分工清晰、产业定位互有补充、基础设施网络连接、人员往来便捷通畅的整体性城市网络。促进城市群中超大型城市适度疏解城市功能，增强城市群内中小城市功能，提高综合承载能力。编制统一的城市化发展规划，统筹规划各城市的功能定位和产业定位，统筹规划公共服务、居民点、生态系统格局，保护好城市之间的绿色开敞空间。加强城市群内部各城市之间的交通、能源、通信、环保、防灾等基础设施的统一布局和共建共享，提高一体化、网络化、均质化水平。

六、明显提高城镇建成区的人口密度

把大幅度提高城市、县城和建制镇建成区人口密度作为推进城市化和城市发展的重要任务，使人口城市化与土地城市化的增长速度保持合理的比例。国家有关部门应该根据不同规模城市的实际情况，制定约束性的指标，显著提高全国城市建成区的人口密度，县城和建制镇也应努力提高建成区人口密度，至少应做到人口密度不再下降。人口在 200 万以上的城市人口密度应提高到每平方公里 1.5 万人左右，人口在 50 万—200 万的城市应提高到每平方公里 1.2 万人左右，人口在 50 万以下的城市应提高到每平方公里 1 万人左右。

设定城市开发边界和开发强度指标，根据资源环境承载能力对经济总量、人口规模、产业结构、汽车总量等进行管理，并作为约束性的指标分解落实到各主要的城市化地区，并与资源环境承载能力指标相互配合使用。对城市盲目扩张进行管理，限制城市对周边农村地区和生态地区的侵占，限制在城市边界以外地区的土地开发、工业开发和房地产开发。

七、简化行政层级和改革建制市设置模式

减少行政区划层级，可以考虑将目前的中央、省（自治区、直辖市）、地（市）、县（市）、镇（乡）五级行政层级的管理体制改为中央、省、市县三级行政体制。地级市不再直接管理县和县级市，实行省直管县体制。县或市以下的乡镇设县市政府派出机构，不再作为一级政府。

取消达到一定标准就改变行政区划名称和管辖范围的做法，原则上不再进行全地域的"地改市"、"县改市"、"县改区"、"乡改镇"。改革"大市"管"小市"的体制，县城或建制镇建成区人口规模达到20万人口的城市最低标准后应经一定法定程序将其建成区部分改为建制市。目前一些建制镇的人口规模已经远远超过了设市人口标准甚至超过过去大城市的人口标准，应该尽快改变其行政设置，实行"镇"改为"市"。

八、重新划定城市规模标准和城市分类

新通过的《城乡规划法》没有规定城市规模等级标准，这使许多政策制定缺乏基准。应重新明确城市规模等级，建议根据中国人口众多的实际情况，将城市分为六个等级：即超大城市、特大城市、大城市、中等城市、小城市，以及小城镇。在城市规模等级基础上，设立城市化地区分类，但城市化地区只有统计意义和规划意义，没有行政意义，不是一级政府。城市化地区可以按照一定地域空间的人口密度确定。根据城市化地区内部各行政单元意愿，城市化地区内部各城市可以联合编制基础设施的统一规划。可以设置城市化地区的规划委员会，由民间选举和区域内各行政单元的政府代表组成，主要负责城市化地区跨行政区的空间规划的编制、审定和评估以及涉及若干行政区的重大项目的环境影响评价和审定等。

九、完善城市公共服务体系

要合理确定各级政府间公共服务的事权。中央政府应当负责制定公共服务的范围、内容、标准、规则、法律以及部分领域的规划。在此基础上，中央政府应当负责全体社会成员无差别享有的、不能市场化的，体现社会公平的最基本公共服务。若保持目前中央财政占国家财政收入的比

重不变，义务教育、社会保障、基本医疗等基本公共服务应调整为由中央政府负全责。省级政府负责公共性相对差一些的公共服务，包括高中阶段教育和高等教育中政府负担的部分、社会救助、促进就业、区域性的防灾减灾、社会治安、公共文化等。城市政府应当负责受益对象十分明确的保障城市运营和功能所必需的市政公用事业的供给，如城市道路和桥梁、公交、城市污水和垃圾处理、城市公园和绿地、城市水源地保护、廉租房和公租房等。

推动城市公共服务供给模式改革，实现供给方式多样化，如可采取政府直接供给、特许经营供给、市场供给等多种方式。鼓励包括境外资本在内的各类社会资本，以合资、合作或委托经营等方式参与城市公共服务的提供。要把解决好弱势群体公共服务问题作为城市政府的重要工作，并在投入上、工作上不断加大力度。

十、将落户农民工纳入住房保障体系

通过扩大城市居住用地供给、降低土地价格、开征房地产税等多种措施从总体上降低城市商品房价格。大幅度扩大廉租房和公租房供给规模，把自愿在城市落户的农民工纳入住房保障体系和援助范围。把符合条件的农民工纳入廉租房援助范围。探索由集体经济组织利用农村建设用地建设农民工公寓，定向租赁给落户农民工和其他外地落户人口的做法。对于购买城市经济适用房、限价房的落户农民工，通过政府对商业银行补偿的方式，采取降低首付款比例，延长还款期，契税和利率优惠等政策。

十一、实行积极的就业政策

把促进就业放在经济社会发展目标的优先位置，实行积极的就业政策并将这一政策延伸到农民工群体，加强对农民工的就业服务。借鉴国际上通行的就业/失业界定标准，完善就业调查和统计制度，并将就业/失业列入地方政府绩效考核的体系并赋予较高的权重。对于城市人力资本薄弱的国企下岗职工，积极的就业政策应更加侧重于提高他们的就业能力。对大学生就业群体，给予适度的社会保护和积极实习培训、中介等公共就业服务。

促使中、西部地区在吸纳农村人口进入城市就业中发挥更大的作用。随着东部地区经济结构调整和转型，劳动密集型的制造业和低端服务业将渐次向中、西部地区转移，未来中、西部地区在吸纳农村人口进入城市就业中将发挥更大的作用。中西部地区目前还存在过度追求重工业化、偏离劳动密集型比较优势的倾向，应该及时调整政策，迎接东部地区的产业转移，但是在产业转移过程中需要加强环境保护和资源的节约利用，保护劳动者权益。

我国在 2015 年左右劳动力供给将达到高峰，此后开始逐步小幅下降，"人口红利期"将转入"人口负债期"，未来养老负担将大大加重，迫切需要未雨绸缪，建立覆盖全民的基础养老金制度，完善城乡养老保障体系。有条件的地区可以进一步放宽计划生育政策，延缓"人口负债期"的到来。

十二、走可持续的绿色城市化之路

面对日趋严峻的资源与环境约束，必须充分汲取其他国家在城市化过程中的教训，着力加快发展方式转变与经济结构调整，使城市发展更紧凑、更集约，走资源节约、环境友好、适宜人居的城市化道路。

推进城市化要紧密结合主体功能区规划要求，根据不同区域的资源环境承载能力，实行针对性更强的不同方式的开发。对城市中的产业以及功能区要合理布局，加强城际之间、城乡之间的分工协作，创造宜居的、共享的城市环境。理顺资源和能源领域的价格和税收机制，充分发挥价格和税收在节约资源保护环境中的杠杆作用。通过明确产权和贯彻实施"使用者付费"、"污染者付费"的原则，将经济生产和生活中的外部成本内部化。充分发挥科技领先的作用，推广交通节能和建筑节能，大力发展公共交通，尤其是城市和城际轨道交通。加强环境评估与社会监督，不断完善对公共与民营部门的环境考评机制。在事前、事中和事后的各个环节上，加强全社会对企业投资、生产过程、公用事业建设及政策执行的监督。

十三、多渠道筹措城市基础设施和公共服务的资金来源

未来十年，城市基础设施和公共服务的建设投资将大幅增长，而目前的融资模式不仅总量上难以满足需求，而且也存在较高的金融风险及其他弊端，迫切需要转变融资模式。第一，对使用者付费的服务可以采取梯度式加价的收费方式，少使用者付低费，多使用者付高费，以减轻贫困人群的负担。第二，允许发行城市建设债券，以缓解地方融资平台的筹资压力。对中小城市可以发行"中小城市集合市政债"。第三，通过公共部门与私人部门建立伙伴关系提供公共服务。通过采购形式与中标单位签订特许合同，由中标单位负责筹资、建设、经营。政府通过给予私人部

门长期的特许经营权和收益权，加快基础设施建设和有效运营。第四，强化项目融资，即以项目公司的现金流量和收益作为还款来源，以项目的资产或权益作抵（质）押而取得的一种无追索权或有限追索权的贷款方式。第五，稳妥推出资产证券化。资产证券化特别适用于解决有稳定现金流的基础设施的扩大融资问题，在我国应有较大的发展空间。第六，加快税收体制改革，尽快开征房地产税和环境税，并以此为基础健全城市税体系，解决城市建设资金过度依赖"土地财政"的问题。

十四、促进城市治理民主化

完善有关法律规定，保障公民有效行使在城市治理中的知情权、参与权和监督权等各方面的权利。实行城市人大代表直选，推行参与式公共预算，在政府组织、社区组织、经济组织、社会中介组织、居民之间建立一种民主协商对话机制。社会公共事务应尽可能在网上公布，建立询问、听证和监督机制。

要坚持政府指导与社会参与相结合，建立与社会主义市场经济体制相适应的社区管理体制和运行机制。加强社区组织和队伍建设，提高社区工作的专业化水平，扩充社区管理职能，形成社区居委会主办、社会力量支持、群众广泛参与的工作机制。

探索农民工有序参与城市民主化治理、表达自身利益的切实机制和渠道并逐步制度化，农民工参与基层民主选举、民主议事和民主监督，参与城市人大代表直选。在农民工集中居住的社区，建立"民意调查"和"居民议事会"等制度，在市民听证会等公众参与城市治理的形式也应该积极吸纳农民工加入。

放宽对社会组织的准入管理，大力发展社会组织，更好地发挥社会组织在反映诉求、规范行为、协调利益和服务社会等方面的作用。

附　　录 *

	2008 年人类发展指数	2008 年预期寿命指数	2008 年教育指数	2008 年 GDP 指数	2008 年人类发展指数排序	2006 年人类发展指数排序	2006—2008 年人类发展指数排名变化
全国	0.808	0.816	0.857	0.749			
北京	0.938	0.960	0.934	0.920	1	2	1
天津	0.901	0.880	0.924	0.898	3	3	0
河北	0.820	0.842	0.864	0.753	13	9	−4
山西	0.803	0.809	0.869	0.731	18	14	−4
内蒙古	0.832	0.770	0.919	0.808	10	15	5
辽宁	0.861	0.870	0.911	0.803	6	7	1
吉林	0.834	0.817	0.931	0.755	9	11	2
黑龙江	0.807	0.796	0.883	0.742	17	12	−5
上海	0.935	0.939	0.922	0.944	2	1	−1
江苏	0.862	0.853	0.890	0.842	5	5	0
浙江	0.863	0.863	0.873	0.853	4	4	0
安徽	0.767	0.812	0.815	0.674	26	26	0
福建	0.826	0.815	0.866	0.796	12	10	−2
江西	0.794	0.822	0.882	0.678	23	23	0
山东	0.845	0.845	0.877	0.812	8	8	0
河南	0.798	0.810	0.861	0.725	20	20	0
湖北	0.815	0.833	0.887	0.727	15	17	2
湖南	0.812	0.840	0.890	0.706	16	18	2
广东	0.854	0.854	0.874	0.833	7	6	−1
广西	0.797	0.825	0.886	0.680	21	22	1
海南	0.802	0.870	0.833	0.703	19	16	−3
重庆	0.829	0.875	0.900	0.711	11	13	2
四川	0.791	0.849	0.841	0.684	24	24	0
贵州	0.698	0.743	0.760	0.592	30	30	0
云南	0.727	0.751	0.779	0.651	28	29	1

＊ 本附录所有表格由万海远负责收集数据和计算，由李实修订。

续表

	2008 年人类 发展指数	2008 年预期 寿命指数	2008 年教 育指数	2008 年 GDP 指数	2008 年人类 发展指数 排序	2006 年人类 发展指数 排序	2006—2008 年人类发展 指数排名变化
西藏	0.651	0.715	0.571	0.667	31	31	0
陕西	0.816	0.833	0.901	0.713	14	19	5
甘肃	0.727	0.778	0.758	0.644	29	28	−1
青海	0.759	0.779	0.792	0.705	27	27	0
宁夏	0.791	0.841	0.823	0.709	25	25	0
新疆	0.796	0.807	0.853	0.727	22	21	−1

附表 2　　　　　　　　　各省、市、自治区人均 GDP 及 GDP 指数（2008 年）

	人均 GDP（元）	人均 GDP（PPPUSD）	GDP 指数
全国	22698	8901	0.749
北京	63029	24717	0.920
天津	55473	21754	0.898
河北	23239	9113	0.753
山西	20398	7999	0.731
内蒙古	32214	12633	0.808
辽宁	31259	12258	0.803
吉林	23514	9221	0.755
黑龙江	21727	8520	0.742
上海	73124	28676	0.944
江苏	39622	15538	0.842
浙江	42214	16555	0.853
安徽	14485	5680	0.674
福建	30123	11813	0.796
江西	14781	5796	0.678
山东	33083	12974	0.812
河南	19593	7684	0.725
湖北	19860	7788	0.727
湖南	17521	6871	0.706
广东	37589	14741	0.833
广西	14966	5869	0.680
海南	17175	6735	0.703

	人均 GDP（元）	人均 GDP（PPPUSD）	GDP 指数
重庆	18025	7069	0.711
四川	15378	6031	0.684
贵州	8824	3460	0.592
云南	12587	4936	0.651
西藏	13861	5436	0.667
陕西	18246	7155	0.713
甘肃	12110	4749	0.644
青海	17389	6819	0.705
宁夏	17892	7016	0.709
新疆	19893	7801	0.727

注：名义人均 GDP 数据来自《中国统计年鉴 2009》；2008 年按照购买力平价计算的人均 GDP（PPPUSD）根据世界银行估计的 PPP 指数折算。

附表 3　　　　　各省、市、自治区三级教育入学率及教育指数（2008 年）

	小学学龄儿童入学率（%）	初级中学入学率（%）	高级中学入学率（%）	高等教育入学率（%）（按 18 至 20 岁平均数算的入学率）	综合入学指数	成人识字率（%）	教育指数
全国	99.9	100.6	72.5	23.0	0.740	91.6	0.857
北京	99.0	100.0	100.6	57.3	0.892	95.5	0.934
天津	106.0	100.2	86.3	49.4	0.855	95.8	0.924
河北	100.0	98.6	64.0	17.5	0.700	94.6	0.864
山西	98.6	100.0	63.8	21.0	0.709	94.9	0.869
内蒙古	105.9	106.6	85.6	20.6	0.797	98.1	0.919
辽宁	100.8	100.8	77.3	31.2	0.775	97.9	0.911
吉林	101.4	105.0	74.4	25.4	0.765	101.4	0.931
黑龙江	98.2	97.6	55.8	26.5	0.695	97.7	0.883
上海	99.2	101.0	101.6	46.6	0.871	94.8	0.922
江苏	102.0	102.9	83.7	30.2	0.797	93.6	0.890
浙江	101.1	102.3	90.4	27.9	0.804	90.8	0.873
安徽	99.7	100.6	65.6	17.4	0.708	86.8	0.815
福建	101.8	101.5	78.7	19.7	0.754	92.2	0.866
江西	99.1	99.2	78.0	29.2	0.764	94.1	0.882
山东	102.0	101.6	77.3	22.0	0.757	93.7	0.877
河南	101.5	101.0	62.3	14.3	0.698	94.2	0.861
湖北	99.9	103.7	78.6	28.7	0.777	94.1	0.887
湖南	98.9	102.7	70.8	18.9	0.728	97.0	0.890

	小学学龄儿童入学率（%）	初级中学入学率（%）	高级中学入学率（%）	高等教育入学率（%）（按 18 至 20 岁平均数算的入学率）	综合入学指数	成人识字率（%）	教育指数
广东	101.5	98.7	65.5	15.4	0.703	95.9	0.874
广西	100.1	103.0	65.3	13.8	0.706	97.6	0.886
海南	99.5	96.6	55.0	18.2	0.674	91.2	0.833
重庆	99.3	104.2	87.6	28.6	0.799	95.1	0.900
四川	100.0	104.4	82.4	19.8	0.767	87.9	0.841
贵州	97.4	98.2	48.9	10.2	0.637	82.2	0.760
云南	95.7	95.5	51.3	10.8	0.633	85.2	0.779
西藏	97.0	93.8	42.0	12.4	0.613	54.9	0.571
陕西	99.4	103.7	79.3	25.7	0.770	96.6	0.901
甘肃	97.6	98.6	69.9	14.8	0.702	78.6	0.758
青海	96.5	96.4	77.9	10.5	0.703	83.7	0.792
宁夏	99.2	98.8	75.9	15.5	0.723	87.3	0.823
新疆	97.4	100.4	52.0	12.7	0.656	95.2	0.853

注释：1. 小学学龄儿童入学率数据来自于《中国统计年鉴 2009》与《中国教育统计年鉴》数据。

2. 初中阶段毛入学率（普通初中、职业初中）

$$初中阶段毛入学率 = \frac{初中阶段在校学生总数（不含成人）}{12—14 岁年龄组人口数} \times 100\%$$

3. 高中阶段毛入学率（普通高中、成人高中、普通中专、成人中专、职业高中、技工学校）

$$高中阶段毛入学率 = \frac{高中阶段在校学生总数}{15—17 岁年龄组人口数} \times 100\%$$

4. 高等教育毛入学率

$$高等教育毛入学率 = \frac{高等教育在校学生总数}{18—22 岁年龄组人口数} \times 100\%$$

附表 4   各省、市、自治区预期寿命和预期寿命指数（2000 年和 2008 年）

地区	2000 年预期寿命	2005 年预期寿命	2008 年预期寿命	2008 年预期寿命指数
全国	71.4	73.0	73.98	0.816
北京	76.1	80.09	82.58	0.960
天津	74.91	76.71	77.81	0.880
河北	72.54	74.38	75.51	0.842
山西	71.65	72.83	73.55	0.809
内蒙古	69.87	70.70	71.2	0.770
辽宁	73.34	75.71	77.17	0.870
吉林	73.1	73.67	74.01	0.817

地区	2000 年预期寿命	2005 年预期寿命	2008 年预期寿命	2008 年预期寿命指数
黑龙江	72.37	72.60	72.74	0.796
上海	78.14	80.13	81.35	0.939
江苏	73.91	75.32	76.18	0.853
浙江	74.7	76.00	76.79	0.863
安徽	71.85	73.00	73.7	0.812
福建	72.55	73.37	73.87	0.815
江西	68.95	72.25	74.31	0.822
山东	73.92	75.02	75.69	0.845
河南	71.54	72.82	73.6	0.810
湖北	71.08	73.48	74.96	0.833
湖南	70.66	73.60	75.42	0.840
广东	73.27	75.10	76.22	0.854
广西	71.29	73.29	74.52	0.825
海南	72.92	75.55	77.17	0.870
重庆	71.73	75.27	77.48	0.875
四川	71.2	74.11	75.91	0.849
贵州	65.96	68.20	69.58	0.743
云南	65.49	68.29	70.03	0.751
西藏	64.37	66.56	67.91	0.715
陕西	70.07	73.11	75	0.833
甘肃	67.47	70.06	71.66	0.778
青海	66.03	69.55	71.75	0.779
宁夏	70.17	73.44	75.47	0.841
新疆	67.41	71.12	73.44	0.807

注: 2008 年预期寿命根据 2005 年与 2000 年之间的年平均增长率推算。

附表5

各省、市、自治区人口数、城镇人口比例、出生率

地区	总人口（年末）（万人）				城镇人口（年末）（万人）				城镇人口比例（年末）（%）			出生率（‰）			
	1995年	2006年	2007年	2008年	1995年	2006年	2007年	2008年	2006年	2007年	2008年	1995年	2006年	2007年	2008年
全国	121121	131448	132129	132802	35174	57706	59379	60667	0.44	44.94	45.68	17.12	12.09	12.10	12.14
北京	1251	1581	1633	1695	946.2	1333	1380	1439	0.84	84.50	84.90	8.00	6.26	8.32	8.17
天津	942	1075	1115	1176	545.57	814	851	908	0.76	76.31	77.23	10.23	7.67	7.91	8.13
河北	6437	6898	6943	6989		2652	2795	2928	0.38	40.25	41.90	13.90	12.82	13.33	13.04
山西	3077	3375	3393	3411	873.1	1452	1494	1539	0.43	44.03	45.11	16.60	11.48	11.30	11.32
内蒙古	2284	2397	2405	2414		1166	1206	1248	0.49	50.15	51.71	17.20	9.87	10.21	9.81
辽宁	4092	4271	4298	4315	1780.9	2519	2544	2591	0.59	59.20	60.05	9.90	6.40	6.89	6.32
吉林	2592	2723	2730	2734	1157.46	1442	1451	1455	0.53	53.16	53.21	12.07	7.67	7.55	6.65
黑龙江	3701	3823	3824	3825		2045	2061	2119	0.54	53.90	55.40	13.23	7.57	7.88	7.91
上海	1415	1815	1858	1888	1022.73	1610	1648	1673	0.89	88.70	88.60	5.50	7.47	9.07	8.89
江苏	7066	7550	7625	7677		3918	4057	4169	0.52	53.20	54.30	12.32	9.36	9.37	9.34
浙江	4319	4980	5060	5120	730.8	2814	2894	2949	0.57	57.20	57.60	12.66	10.29	10.38	10.20
安徽	5923	6110	6118	6135		2267	2368	2485	0.37	38.70	40.50	16.07	12.60	12.75	13.05
福建	3237	3558	3581	3604	609.6	1708	1744	1798	0.48	48.70	49.90	15.20	12.00	11.90	12.20
江西	4063	4339	4368	4400	968.92	1678	1738	1820	0.39	39.80	41.36	18.94	13.80	13.86	13.92
山东	8705	9309	9367	9417	1589.1	4291	4379	4483	0.46	46.75	47.60	0	11.60	11.11	11.25
河南	9100	9392	9360	9429		3050	3214	3397	0.32	34.34	36.03	14.41	11.59	11.26	11.42
湖北	5772	5693	5699	5711	1730.4	2494	2525	2581	0.44	44.30	45.20	16.18	9.08	9.19	9.21
湖南	6392	6342	6355	6380		2455	2571	2689	0.39	40.45	42.15	13.02	11.92	11.96	12.68
广东	6868	9304	9449	9544	1245.7	5862	5966	6048	0.63	63.14	63.37	18.10	11.78	11.96	11.80

续表

地区	总人口（年末）(万人)				城镇人口（年末）(万人)				城镇人口比例（年末）(%)			出生率 (‰)			
	1995年	2006年	2007年	2008年	1995年	2006年	2007年	2008年	2006年	2007年	2008年	1995年	2006年	2007年	2008年
广西	4543	4719	4768	4816		1635	1728	1838	0.35	36.24	38.16	17.54	14.44	14.19	14.40
海南	724	836	845	854	248.1	385	399	410	0.46	47.20	48.00	20.12	14.59	14.62	14.71
重庆		2808	2816	2839		1311	1361	1419	0.47	48.34	49.99	13.16	9.90	10.10	10.10
四川	11325	8169	8127	8138	1938.7	2802	2893	3044	0.34	35.60	37.40	17.10	9.14	9.21	9.54
贵州	3508	3757	3762	3793	552.58	1032	1062	1104	0.27	28.24	29.11	21.86	13.97	13.28	13.49
云南	3990	4483	4514	4543		1367	1426	1499	0.31	31.60	33.00	20.75	13.20	13.08	12.63
西藏	240	281	284	287	34.24	79	80	65	0.28	28.30	22.61	24.90	17.40	16.40	15.50
陕西	3513	3735	3748	3762		1461	1522	1584	0.39	40.62	42.10	15.93	10.19	10.21	10.29
甘肃	2438	2606	2617	2628		810	827	845	0.31	31.59	32.15	20.65	12.86	13.14	13.22
青海	481	548	552	554		215	221	227	0.39	40.07	40.86	22.01	15.24	14.93	14.49
宁夏	513	604	610	618	149	260	269	278	0.43	44.02	44.98	19.28	15.53	14.80	14.31
新疆	1661	2050	2095	2131		778	820	845	0.38	39.15	39.64	18.90	15.79	16.79	16.05

资料来源：《中国统计年鉴2009》。

附表 6　　　　　　　　　各省、市、自治区按三次产业分就业人员数（2008 年底）

地区	全部就业人员	构成						非正规部门就业占非农就业人口比例
		第一产业就业人员		第二产业就业人员		第三产业就业人员		
	（万人）	（万人）	（%）	（万人）	（%）	（万人）	（%）	（%）
全国	77480.0	30654.0	39.6	21109.0	27.2	25717.0	33.2	29.2
北京	1173.8	66.0	5.6	256.5	21.8	851.3	72.5	39.9
天津	503.1	78.1	15.5	203.9	40.5	221.2	44.0	30.4
河北	3651.7	1488.4	40.8	1195.5	32.7	967.8	26.5	25.8
山西	1583.5	642.8	40.6	417.4	26.4	523.3	33.0	27.6
内蒙古	1103.3	556.7	50.5	186.2	16.9	360.4	32.7	38.1
辽宁	2098.2	698.2	33.3	534.7	25.5	865.3	41.2	43.1
吉林	1143.5	511.0	44.7	227.8	19.9	404.8	35.4	34.1
黑龙江	1670.2	775.6	46.4	343.0	20.5	551.6	33.0	35.0
上海	896.0	49.4	5.5	352.1	39.3	494.5	55.2	65.0
江苏	4384.1	917.1	20.9	1945.4	44.4	1521.6	34.7	47.1
浙江	3691.9	671.6	18.2	1715.5	46.5	1304.8	35.3	38.2
安徽	3594.6	1605.3	44.7	971.7	27.0	1017.5	28.3	22.3
福建	2079.8	647.8	31.1	739.7	35.6	692.2	33.3	25.2
江西	2223.3	903.9	40.7	609.6	27.4	709.8	31.9	30.3
山东	5352.5	2001.2	37.4	1691.5	31.6	1659.8	31.0	27.2
河南	5835.5	2847.3	48.8	1563.9	26.8	1424.2	24.4	17.1
湖北	2875.6	1016.7	35.4	706.7	24.6	1152.1	40.1	26.0
湖南	3811.0	1889.9	49.6	762.2	20.0	1158.8	30.4	22.9
广东	5478.0	1552.6	28.3	1831.5	33.4	2094.0	38.2	37.2
广西	2807.2	1549.4	55.2	561.9	20.0	695.8	24.8	27.1
海南	412.1	221.5	53.8	46.6	11.3	144.0	34.9	36.3
重庆	1837.1	681.2	37.1	488.6	26.6	667.3	36.3	23.5
四川	4874.5	2192.7	45.0	1068.3	21.9	1613.5	33.1	24.9
贵州	2301.6	1206.0	52.4	261.2	11.3	834.4	36.3	13.2
云南	2679.5	1678.6	62.6	328.2	12.2	672.7	25.1	35.6
西藏	160.4	89.3	55.7	16.8	10.4	54.4	33.9	41.5
陕西	1946.6	910.4	46.8	403.5	20.7	632.6	32.5	30.5
甘肃	1388.7	734.4	52.9	198.6	14.3	455.7	32.8	20.8
青海	276.8	123.3	44.5	59.0	21.3	94.5	34.2	35.6

续表

地区	全部就业人员	构成						非正规部门就业占非农就业人口比例
		第一产业就业人员		第二产业就业人员		第三产业就业人员		
	（万人）	（万人）	（%）	（万人）	（%）	（万人）	（%）	（%）
宁夏	303.9	136.4	44.9	76.2	25.1	91.4	30.1	34.3
新疆	813.7	419.9	51.6	111.5	13.7	282.3	34.7	40.8

资料来源:《中国统计年鉴2009》。

注：非正规部门就业占非农就业人口比例变量中，非正规部门就业包括私营与个人就业；非农就业等于总就业人数扣除农业就业人数。

附表7　　　　　　　　　　各省、市、自治区登记失业人数和登记失业率

地区	失业人员（万人）						失业率（%）					
	1990年	2004年	2005年	2006年	2007年	2008年	1990年	2004年	2005年	2006年	2007年	2008年
北京	1.7	6.5	10.56	10	10.6	10.3	0.4	1.3	2.11	2.0	1.8	1.8
天津	8.1	11.8	11.71	12	15.0	13.0	2.7	3.8	3.7	3.6	3.6	3.6
河北	7.7	28	27.82	29	29.3	32.2	1.1	4.0	3.93	3.8	3.8	4.0
山西	5.5	13.7	14.27	16	16.1	17.5	1.2	3.1	3.01	3.2	3.2	3.3
内蒙古	15.2	18.5	17.74	18	18.5	19.9	3.8	4.6	4.26	4.1	4.0	4.1
辽宁	23.7	70.1	60.4	54	44.5	41.7	2.2	6.5	5.62	5.1	4.3	3.9
吉林	10.5	28.2	27.64	26	23.9	24.3	1.9	4.2	4.2	4.2	3.9	4.0
黑龙江	20.4	32.9	31.3	31	31.5	32.1	2.2	4.5	4.42	4.3	4.3	4.2
上海	7.7	27.4	27.5	28	26.7	26.6	1.5	4.5		4.4	4.2	4.2
江苏	22.5	42.9	41.62	40	39.3	41.1	2.4	3.8	3.56	3.4	3.2	3.3
浙江	11.2	30.1	28.97	29	28.6	30.7	2.2	4.1	3.72	3.5	3.3	3.5
安徽	15.2	26.1	27.77	28	27.2	29.3	2.8	4.2	4.4	4.2	4.1	3.9
福建	9.0	14.5	14.86	15	14.9	15.0	2.6	4.0	3.95	3.9	3.9	3.9
江西	10.3	22.4	22.83	25	24.3	26.0	2.4	3.6	3.48	3.6	3.4	3.4
山东	26.2	42.3	42.9	44	43.5	60.7	3.2	3.4	3.33	3.3	3.2	3.7
河南	25.1	31.2	33.02	35	33.1	36.5	3.3	3.4	3.45	3.5	3.4	3.4
湖北	12.7	49.4	52.64	53	54.1	55.1	1.7	4.2	4.33	4.2	4.2	4.2
湖南	15.9	43	41.86	43	44.4	47.0	2.7	4.4	4.27	4.3	4.3	4.2
广东	19.2	35.9	34.49	36	36.2	38.1	2.2	2.7	2.58	2.6	2.5	2.6
广西	13.9	17.8	18.5	20	18.5	18.8	3.9	4.1	4.15	4.1	3.8	3.8

地区	失业人员（万人）						失业率（％）					
	1990 年	2004 年	2005 年	2006 年	2007 年	2008 年	1990 年	2004 年	2005 年	2006 年	2007 年	2008 年
海南	3.5	4.7	5.08	5	5.4	5.6	3.0	3.4	3.55	3.6	3.5	3.7
重庆		16.8	16.88	15	14.1	13.0		4.1	4.12	4.0	4.0	4.0
四川	38.0	33.3	34.3	36	34.5	37.9	3.7	4.4	4.61	4.5	4.2	4.6
贵州	10.7	11.6	12.13	12	12.1	12.5	4.1	4.1	4.2	4.1	4.0	4.0
云南	7.8	11.9	12.97	14	14.0	14.8	2.5	4.3	4.17	4.3	4.2	4.2
西藏		1.2						4.0				
陕西	11.2	18.5	21.54	21	21.0	20.8	2.8	3.8	4.18	4.0	4.0	3.9
甘肃	12.5	9.5	9.25	10	9.5	9.4	4.9	3.4	3.26	3.6	3.3	3.2
青海	4.2	3.5	3.63	4.0	3.7	3.9	5.6	3.9	3.93	3.9	3.8	3.8
宁夏	4.0	4.1	4.35	4.0	4.4	4.8	5.4	4.5	4.52	4.3	4.3	4.4
新疆	9.6	13.3	11.13	12	11.7	11.8	3	3.5	3.92	3.9	3.9	3.7

资料来源:《中国统计年鉴 2009》。

附表 8   2008 年各省、市、自治区地方财政收入和支出

地区	收入合计 （万元）	支出合计 （万元）	人均财政收入 （元）	人均财政支出 （元）
北京	18373238	19592857	10840	11559
天津	6756186	8677245	5745	7379
河北	9475858	18816696	1356	2692
山西	7480047	13150175	2193	3856
内蒙古	6506764	14545732	2696	6026
辽宁	13560812	21534348	3143	4991
吉林	4227961	11801223	1546	4316
黑龙江	5782773	15423004	1512	4032
上海	23587464	25939161	12490	13736
江苏	27314074	32474927	3558	4230
浙江	19333890	22085756	3776	4314
安徽	7246197	16471253	1181	2685
福建	8334032	11377159	2312	3157
江西	4886476	12100730	1111	2750
山东	19570541	27046613	2078	2872
河南	10089009	22816093	1070	2420
湖北	7108492	16502763	1245	2890

续表

地区	收入合计 （万元）	支出合计 （万元）	人均财政收入 （元）	人均财政支出 （元）
湖南	7227122	17652249	1133	2767
广东	33103235	37785681	3468	3959
广西	5184245	12971100	1076	2693
海南	1448584	3579708	1696	4192
重庆	5775738	10160112	2034	3579
四川	10416603	29488269	1280	3624
贵州	3478416	10537922	917	2778
云南	6140518	14702388	1352	3236
西藏	248823	3806589	867	13263
陕西	5914750	14285208	1572	3797
甘肃	2649650	9684336	1008	3685
青海	715692	3635950	1291	6560
宁夏	950090	3246064	1538	5255
新疆	3610616	10593638	1694	4972

资料来源：《中国统计年鉴 2009》。

附表9　　　　各省、市、自治区城镇居民平均每人全年家庭收入来源（2008 年）　　　　单位：元

地区	可支配收入	工薪收入	经营净收入	财产性收入	转移性收入
全国	15780.76	11298.96	1453.57	387.02	3928.23
北京	24724.89	18738.96	778.36	452.75	7707.87
天津	19422.53	12849.73	863.52	256.87	7203.93
河北	13441.09	8891.50	1078.67	224.86	3946.39
山西	13119.05	9019.35	983.21	202.31	3654.11
内蒙古	14432.55	10284.43	1555.31	324.64	3031.05
辽宁	14392.69	9494.59	1483.30	248.04	4610.32
吉林	12829.45	8677.27	1154.14	97.74	3676.88
黑龙江	11581.28	7393.39	1241.37	122.83	3506.48
上海	26674.90	21791.11	1399.14	369.12	6199.77
江苏	18679.52	12319.86	1999.61	307.31	5548.78
浙江	22726.66	15538.83	3161.87	1324.94	4955.14
安徽	12990.35	9302.38	959.43	293.92	3603.72
福建	17961.45	12668.82	2185.13	952.91	3879.29

续表

地区	可支配收入	工薪收入	经营净收入	财产性收入	转移性收入
江西	12866.44	9105.96	1106.31	265.35	2985.96
山东	16305.41	12940.62	1194.40	346.90	3067.05
河南	13231.11	9043.52	1161.96	156.46	3545.86
湖北	13152.86	9474.81	1114.68	244.13	3340.65
湖南	13821.16	9070.97	1575.08	316.48	3614.74
广东	19732.86	15188.39	2405.92	701.25	3382.95
广西	14146.04	10321.20	1314.40	441.15	3316.44
海南	12607.84	8999.75	1311.38	396.89	2890.59
重庆	14367.55	10957.62	788.26	205.94	3265.92
四川	12633.38	9117.00	1040.14	262.90	3265.06
贵州	11758.76	7811.16	770.86	110.90	3492.70
云南	13250.22	8596.88	1165.96	849.45	3505.74
西藏	12481.51	12314.69	303.34	138.08	891.42
陕西	12857.89	9794.82	544.00	151.46	3356.85
甘肃	10969.41	8354.63	638.76	65.33	2610.61
青海	11640.43	8595.48	763.07	50.17	3458.63
宁夏	12931.53	8793.54	1856.94	182.67	3285.49
新疆	11432.10	9422.22	938.15	141.75	1976.49

资料来源：《中国统计年鉴 2009》。

附表 10　　　　各省、市、自治区农村居民家庭人均纯收入及收入来源（2008 年）　　　单位：元

地区	纯收入	工资性收入	家庭经营纯收入	财产性收入	转移性收入
全国	4760.62	1853.73	2435.56	148.08	323.24
北京	10661.92	6389.31	2058.57	1142.80	1071.25
天津	7910.78	4064.95	3097.14	463.39	285.30
河北	4795.46	1979.52	2416.22	118.63	281.09
山西	4097.24	1713.55	1986.38	153.05	244.26
内蒙古	4656.18	806.48	3218.01	114.90	516.79
辽宁	5576.48	2035.53	2931.26	201.29	408.40
吉林	4932.74	810.17	3344.72	183.20	594.66

续表

地区	纯收入	工资性收入	家庭经营纯收入	财产性收入	转移性收入
黑龙江	4855.59	916.76	3163.70	243.57	531.57
上海	11440.26	8108.32	711.26	849.83	1770.85
江苏	7356.47	3895.50	2812.00	253.47	395.50
浙江	9257.93	4587.44	3762.93	437.52	470.04
安徽	4202.49	1737.84	2114.24	119.04	231.37
福建	6196.07	2421.46	3146.09	179.03	449.49
江西	4697.19	1842.36	2552.59	66.55	235.69
山东	5641.43	2263.46	2962.96	163.93	251.07
河南	4454.24	1499.93	2699.30	53.00	202.02
湖北	4656.38	1742.33	2690.83	40.82	182.40
湖南	4512.46	1990.52	2196.61	57.06	268.26
广东	6399.79	3684.47	2001.50	339.47	374.35
广西	3690.34	1283.39	2190.62	41.76	174.58
海南	4389.97	808.63	3235.09	53.58	292.68
重庆	4126.21	1764.64	2016.64	50.90	294.03
四川	4121.21	1620.40	2061.70	71.37	367.74
贵州	2796.93	1002.68	1512.47	63.92	217.86
云南	3102.60	617.47	2156.80	109.83	218.50
西藏	3175.82	759.72	1845.04	185.46	385.60
陕西	3136.46	1243.57	1475.01	86.01	331.87
甘肃	2723.79	867.98	1543.24	19.49	293.08
青海	3061.24	983.16	1602.74	148.55	326.80
宁夏	3681.42	1260.04	2032.01	65.73	323.64
新疆	3502.90	422.82	2779.71	121.15	179.23

资料来源:《中国统计年鉴 2009》。

附表 11　　　各省、市、自治区城镇居民家庭平均每人全年消费性支出（2008 年）　　　单位：元

地区	消费性支出	分项支出							
		食品	衣着	家庭设备、用品及服务	医疗保健	交通和通信	教育文化娱乐服务	居住	杂项商品和服务
全国	11242.85	4259.81	1165.91	691.83	786.20	1417.12	1358.26	1145.41	418.31
北京	16460.26	5561.54	1571.74	1096.57	1563.10	2293.23	2383.52	1286.32	704.24
天津	13422.47	5005.09	1153.66	817.18	1220.92	1567.87	1608.97	1528.28	520.49
河北	9086.73	3155.40	1137.22	574.84	808.88	1062.31	946.38	1097.41	304.28
山西	8806.55	2974.76	1137.71	471.65	769.79	931.33	1041.91	1250.87	228.53
内蒙古	10828.62	3553.48	1616.56	672.64	869.71	1191.70	1383.53	1028.19	512.81
辽宁	11231.48	4378.14	1187.41	507.40	913.13	1295.70	1145.46	1270.95	533.29
吉林	9729.05	3307.14	1259.62	510.49	914.47	954.96	1071.80	1285.28	425.30
黑龙江	8622.97	3128.10	1217.04	494.49	864.89	749.05	906.19	941.25	321.95
上海	19397.89	7108.62	1520.61	1182.24	755.29	3373.19	2874.54	1646.19	937.21
江苏	11977.55	4544.64	1166.91	813.45	794.63	1357.96	1799.75	1042.10	458.10
浙江	15158.30	5522.56	1546.46	713.31	933.11	2392.63	2195.58	1333.69	520.95
安徽	9524.04	3905.05	1010.61	579.59	633.93	920.77	1160.14	988.12	325.82
福建	12501.12	5078.85	1105.31	722.17	540.63	1777.06	1453.18	1300.10	523.83
江西	8717.37	3633.05	969.58	623.17	483.96	872.57	945.99	851.15	337.91
山东	11006.61	3699.42	1394.11	806.35	799.79	1410.45	1277.43	1247.04	372.01
河南	8837.46	3079.82	1141.76	633.32	790.87	915.12	988.95	963.59	324.03
湖北	9477.51	3996.27	1099.16	604.40	675.32	890.12	1037.24	914.26	260.74
湖南	9945.52	3970.42	1090.72	674.84	790.95	971.05	1110.11	960.82	376.62
广东	15527.97	5866.91	975.06	947.54	836.39	2623.08	1936.38	1748.16	594.45
广西	9627.40	4082.99	772.28	603.84	529.36	1376.03	1081.54	891.33	290.04
海南	9408.48	4226.90	491.84	565.51	536.40	1303.50	930.87	1106.39	247.08
重庆	11146.80	4418.34	1294.30	842.09	878.25	1044.36	1267.03	1096.82	305.60
四川	9679.14	4255.48	1042.45	590.51	564.93	1121.45	947.01	819.28	338.03
贵州	8349.21	3597.94	851.50	525.70	471.39	871.15	934.73	836.54	260.27
云南	9076.61	4272.29	1026.50	331.94	606.86	1216.46	732.95	739.20	150.42
西藏	8323.54	4262.77	1011.82	310.22	317.08	966.74	419.59	634.94	400.38
陕西	9772.07	3586.13	1047.61	618.16	862.70	967.52	1281.58	1007.68	400.68
甘肃	8308.62	3183.79	1022.62	546.23	654.82	817.17	936.33	846.26	301.40
青海	8192.56	3315.94	945.14	538.54	610.02	787.63	880.86	802.73	311.72
宁夏	9558.29	3352.83	1178.88	596.81	816.87	1096.32	1043.72	1069.15	403.71
新疆	8669.36	3235.77	1245.02	535.31	643.48	1003.89	812.36	781.90	411.63

资料来源：《中国统计年鉴 2009》。

附表 12　　　各省、市、自治区农村居民家庭平均每人生活消费支出（2008 年）　　　单位：元

地区	生活消费支出合计	分项支出							
		食品	衣着	居住	家庭设备及服务	交通和通讯	文教、娱乐用品及服务	医疗保健	其他商品及服务
全国	3660.68	1598.75	211.80	678.80	173.98	360.18	314.53	245.97	76.67
北京	7284.65	2470.72	577.81	1162.96	402.56	950.53	883.35	709.44	127.29
天津	3825.43	1568.95	292.52	699.21	153.61	402.87	324.47	301.06	82.75
河北	3125.55	1192.93	203.74	696.14	151.94	346.73	250.07	219.32	64.68
山西	3097.54	1206.69	276.23	486.75	138.26	328.74	380.70	210.32	69.85
内蒙古	3618.11	1483.61	239.96	569.60	128.80	406.74	399.35	320.62	69.43
辽宁	3814.03	1549.00	298.82	601.71	158.91	426.47	387.97	283.37	107.78
吉林	3443.24	1362.44	254.05	530.69	124.80	355.58	341.70	380.71	93.27
黑龙江	3844.73	1267.68	308.49	871.51	130.00	395.02	437.57	351.05	83.41
上海	9119.67	3731.27	467.33	1806.08	503.96	879.57	855.30	697.11	179.06
江苏	5328.37	2202.58	276.39	860.35	250.11	614.23	713.23	290.93	120.56
浙江	7534.09	2779.10	454.79	1659.88	364.05	851.06	747.00	532.06	146.14
安徽	3284.11	1454.18	180.04	650.51	165.53	280.63	294.84	199.44	58.94
福建	4661.94	2162.30	263.59	777.51	222.86	534.68	390.15	197.85	113.01
江西	3309.21	1633.12	157.75	559.39	155.00	301.68	236.01	205.68	60.58
山东	4077.05	1551.77	250.29	804.75	240.91	452.55	417.27	280.49	79.00
河南	3044.21	1165.81	209.75	712.61	169.61	290.79	214.38	215.00	66.27
湖北	3652.57	1711.34	187.07	651.50	234.92	290.44	267.13	210.36	99.80
湖南	3804.97	1947.52	169.06	629.75	171.11	286.01	278.67	244.17	78.67
广东	4872.46	2388.91	177.67	964.53	189.01	483.66	272.87	259.00	136.82
广西	2985.03	1594.67	91.19	535.45	124.01	261.85	172.73	154.32	50.81
海南	2883.10	1537.55	89.89	391.04	104.07	261.57	288.49	123.82	86.67
重庆	2884.92	1537.59	160.34	328.97	167.74	238.43	211.83	197.15	42.87
四川	3127.94	1627.58	174.59	469.73	163.99	256.08	173.26	209.22	53.49
贵州	2165.70	1119.64	112.46	427.40	94.36	159.61	122.10	96.38	33.75
云南	2990.61	1483.16	119.63	626.12	118.97	248.25	168.55	181.97	43.97
西藏	2199.59	1153.37	248.68	324.07	140.06	147.21	62.26	53.84	70.09
陕西	2979.37	1115.66	175.50	598.59	155.07	270.63	351.99	251.23	60.70
甘肃	2400.95	1132.53	134.66	387.83	95.58	234.69	219.91	164.72	31.05
青海	2896.62	1220.02	200.26	568.79	110.35	316.75	148.86	270.06	61.54
宁夏	3094.86	1288.47	217.17	582.47	123.91	299.29	192.57	318.77	72.20
新疆	2691.79	1146.69	218.61	492.77	97.58	276.31	168.99	244.59	46.24

资料来源：《中国统计年鉴 2009》。

附表 13　　　　各省、市、自治区卫生机构数和人员数（2008 年）

地区	卫生机构数						人员合计			
	合计（个）	医院	卫生院	门诊部、诊所	疾病预防控制中心（防疫站）	妇幼保健院（所站）	合计（个）	卫生技术人员	执业（助理）医师	注册护士
全国	278337	19712	39860	180752	3534	3011	6169050	5030038	2082258	1653297
北京	6497	529	123	4355	31	19	194307	150411	59053	55411
天津	2784	247	181	1435	24	23	85886	65161	25890	21979
河北	15632	1111	1958	10989	190	185	303232	247451	109968	69038
山西	9431	1025	1569	5854	131	132	191152	159591	72259	48765
内蒙古	7162	471	1329	4168	137	115	131175	109727	49542	31459
辽宁	14627	854	1062	11277	133	111	274890	217904	90714	80470
吉林	9659	568	802	5664	68	70	162303	127905	57523	41066
黑龙江	7928	911	938	5065	192	136	203528	161939	66771	51353
上海	2822	299		1906	22	24	162160	127471	51047	48758
江苏	13357	1094	1429	8290	168	104	360845	291125	119461	100736
浙江	15290	635	1871	6989	101	87	288340	242908	101893	78284
安徽	7837	720	1845	3854	127	119	227438	187770	73826	60856
福建	4478	332	871	2705	87	85	124213	103341	43013	37760
江西	8229	491	1545	5023	137	111	168472	139764	55187	48241
山东	14973	1253	1755	10314	177	149	438009	375817	159809	122866
河南	11683	1174	2089	7239	181	167	396078	309923	119316	96571
湖北	10305	593	1203	6871	110	99	284832	233823	92037	80614
湖南	14455	767	2344	10268	145	135	281421	232084	96305	72551
广东	15819	1028	1399	10948	136	126	479817	384134	144467	135922
广西	10427	450	1258	7985	100	103	190152	155620	60825	55992
海南	2220	187	311	1544	27	25	42682	33875	12850	13212
重庆	6265	355	1041	4579	43	40	109014	88744	39415	26799
四川	20738	1144	4818	13441	208	201	324525	267591	121851	77892
贵州	5848	475	1459	3263	105	90	106038	89313	38830	28642
云南	9249	692	1396	6396	152	148	151859	126237	57276	42011
西藏	1326	99	665	412	81	57	11680	9435	4376	1920
陕西	8812	816	1733	5596	123	117	183510	148328	58264	46918
甘肃	10534	377	1333	8140	104	100	104179	87633	36176	24950
青海	1582	126	406	744	56	22	25568	21745	9414	7280
宁夏	1629	148	239	1056	25	22	31571	26415	11444	8897
新疆	6739	741	888	4382	213	89	130174	106853	43456	36084

资料来源：《中国统计年鉴 2009》。

附表 14　　　　　　　　　各省、市、自治区基本养老保险情况（2008 年）

地区	年末参加基本养老保险人数	职工	离退休人员	年末参加失业保险人数（万人）	年末领取失业保险金人数（万人）	年末参加城镇职工基本医疗保险人数（万人）		
						合计	职工	退休人员
全国	21891.1	16587.5	5303.6	12399.8	261.2	19995.6	14987.7	5007.9
北京	757.2	577.0	180.1	614.3	2.6	871.0	688.5	182.4
天津	376.5	247.2	129.3	232.5	3.2	399.1	257.3	141.8
河北	862.5	639.8	222.7	481.7	9.8	738.5	539.1	199.5
山西	539.4	411.4	128.0	312.2	7.3	441.8	333.0	108.8
内蒙古	389.5	286.5	102.9	225.5	3.1	373.7	265.1	108.6
辽宁	1406.2	976.4	429.9	622.7	15.7	1209.3	822.8	386.5
吉林	525.3	369.9	155.4	233.7	16.5	450.9	319.1	131.8
黑龙江	857.8	581.8	276.0	467.6	10.3	788.3	572.3	216.0
上海	967.7	609.9	357.8	511.8	14.0	1171.7	850.8	320.9
江苏	1751.6	1373.1	378.6	1052.2	21.5	1604.3	1213.9	390.3
浙江	1386.9	1192.1	194.8	731.1	6.3	1053.9	855.6	198.3
安徽	578.4	420.3	158.1	373.1	12.8	528.8	380.6	148.1
福建	557.2	454.6	102.6	338.7	4.6	435.7	334.3	101.4
江西	550.3	421.9	128.5	266.3	3.4	503.2	353.8	149.4
山东	1565.9	1260.8	305.0	864.1	24.9	1266.2	1010.1	256.2
河南	972.0	732.9	239.1	683.4	18.4	840.9	620.1	220.8
湖北	932.3	680.4	252.0	422.9	7.4	714.9	504.0	210.9
湖南	829.1	593.7	235.3	390.1	8.3	682.0	475.5	206.5
广东	2444.3	2171.2	273.0	1471.9	13.7	2370.7	2130.4	240.3
广西	368.1	273.1	95.0	234.6	8.0	361.4	257.6	103.8
海南	156.2	114.2	42.0	84.7	3.3	121.8	87.8	34.0
重庆	406.1	275.4	130.7	210.1	4.4	326.2	211.0	115.1
四川	1017.9	711.1	306.7	436.9	12.2	893.5	596.8	296.7
贵州	215.9	156.6	59.3	141.4	1.3	257.4	184.4	73.0
云南	293.7	204.4	89.3	191.9	3.7	356.8	253.2	103.6
西藏	8.5	5.5	3.1	7.8	0.0	20.1	14.8	5.3
陕西	433.4	309.0	124.4	329.3	9.1	432.7	299.9	132.8
甘肃	221.0	157.0	64.0	162.6	5.6	248.9	180.1	68.8
青海	68.3	49.7	18.6	35.4	2.3	72.1	47.6	24.5
宁夏	82.6	63.7	18.8	44.4	1.4	83.2	60.5	22.7
新疆	346.3	248.7	97.6	224.8	6.1	376.6	267.6	109.0

资料来源：《中国统计年鉴 2009》。

附表 15　　各省、市、自治区教育、卫生支出占地方财政支出和 GDP 的比重

单位：%

地区	教育支出占财政支出的比例			教育支出占 GDP 的比例			卫生事业费占财政支出的比例			卫生事业费支出占 GDP 的比重		
	2000 年	2005 年	2008 年	2000 年	2005 年	2008 年	2000 年	2005 年	2008 年	2000 年	2005 年	2008 年
全国	15.67	14.83	17.30	1.64	2.03	2.83	4.65	4.04	5.50	0.49	0.55	0.90
北京	13.56	13.78	16.14	2.42	2.12	3.02	6.44	6.20	7.40	1.15	0.95	1.38
天津	16.5	15.20	16.33	1.88	1.82	2.23	4.65	4.29	4.83	0.53	0.51	0.66
河北	17.72	17.42	20.03	1.45	1.69	2.33	4.20	4.60	6.39	0.34	0.45	0.74
山西	16.96	15.27	17.87	2.32	2.44	3.39	4.64	4.21	5.44	0.64	0.67	1.03
内蒙古	12.03	11.54	14.19	2.12	2.02	2.66	3.68	3.06	4.11	0.65	0.54	0.77
辽宁	12.72	11.81	14.23	1.41	1.81	2.28	3.31	2.85	3.90	0.37	0.44	0.62
吉林	13.74	11.75	15.93	1.97	2.05	2.93	3.60	3.28	5.04	0.52	0.57	0.93
黑龙江	12.83	13.53	16.64	1.51	1.93	3.09	3.56	3.56	4.65	0.42	0.51	0.86
上海	13.82	11.11	12.57	1.85	2.00	2.38	5.35	3.17	4.71	0.72	0.57	0.89
江苏	19.86	15.43	18.25	1.37	1.41	1.95	5.51	4.49	4.58	0.38	0.41	0.49
浙江	18.13	18.30	20.56	1.30	1.72	2.11	6.32	5.13	6.47	0.45	0.48	0.66
安徽	16.69	16.47	17.38	1.78	2.18	3.23	3.62	3.51	6.30	0.39	0.47	1.17
福建	19.12	18.80	20.51	1.58	1.70	2.16	4.98	4.37	6.53	0.41	0.39	0.69
江西	17.07	15.59	17.09	1.90	2.17	3.19	4.62	3.87	6.36	0.52	0.54	1.19
山东	19.26	16.97	20.37	1.38	1.34	1.77	4.61	3.71	5.19	0.33	0.29	0.45
河南	17.36	16.78	19.46	1.51	1.77	2.41	3.88	3.75	6.38	0.34	0.39	0.79
湖北	15.64	15.26	17.22	1.35	1.82	2.51	5.18	4.00	5.76	0.45	0.48	0.84
湖南	14.63	14.08	17.63	1.38	1.89	2.79	3.42	2.80	4.96	0.32	0.38	0.79
广东	13.4	14.38	18.61	1.50	1.47	1.97	4.42	3.60	5.32	0.49	0.37	0.56
广西	17.3	17.21	19.37	2.18	2.58	3.50	4.50	4.25	6.07	0.57	0.64	1.10

续表

地区	教育支出占财政支出的比例			教育支出占 GDP 的比例			卫生事业费占财政支出的比例			卫生事业费支出占 GDP 的比重		
	2000 年	2005 年	2008 年	2000 年	2005 年	2008 年	2000 年	2005 年	2008 年	2000 年	2005 年	2008 年
海南	15.02	16.01	15.54	1.86	2.71	3.81	4.37	4.31	5.21	0.54	0.73	1.28
重庆	13.56	12.45	15.11	1.60	1.98	3.01	4.28	3.11	5.08	0.51	0.49	1.01
四川	14.34	12.99	12.52	1.62	1.90	2.95	4.85	4.58	4.87	0.55	0.67	1.15
贵州	15.77	17.93	21.80	3.20	4.72	6.89	5.49	4.96	6.40	1.11	1.30	2.02
云南	15.05	15.96	16.46	3.19	3.52	4.24	5.40	5.85	7.11	1.14	1.29	1.83
西藏	11.64	10.99	12.37	5.94	8.15	11.89	5.40	3.83	4.30	2.76	2.84	4.13
陕西	14.15	15.54	18.54	2.32	2.63	3.87	3.05	3.40	5.49	0.50	0.58	1.14
甘肃	14.64	15.72	18.89	2.80	3.49	5.76	4.28	4.16	6.02	0.82	0.92	1.84
青海	10.65	11.96	13.42	2.76	3.74	5.08	4.13	5.22	6.78	1.07	1.63	2.56
宁夏	13.28	12.18	16.65	3.04	3.22	4.92	3.86	3.37	5.27	0.88	0.89	1.56
新疆	16.42	14.00	18.80	2.30	2.79	4.74	5.58	4.99	5.54	0.78	0.99	1.40

资料来源:《中国统计年鉴 2009》。

附表 16　　　　　　　　　　　各省、市、自治区进出口额占 GDP 的比重　　　　　　　　　单位：%

地区	出口占 GDP 的比重				进口占 GDP 的比重			
	2000 年	2006 年	2007 年	2008 年	2000 年	2006 年	2007 年	2008 年
全国	20.8	36.4	36.0	33.0	18.8	29.8	28.3	26.2
北京	40	38.4	39.8	38.1	125.8	121.6	117.1	141.8
天津	43.6	61.2	57.3	46.0	43.1	56.6	50.3	41.9
河北	6	8.8	9.4	10.3	2.5	3.9	4.7	6.2
山西	6.2	6.9	8.7	9.3	2.7	4.2	6.7	5.1
内蒙古	5.7	3.6	3.7	3.2	9.8	6.4	6.0	4.8
辽宁	19.2	24.4	24.4	21.7	14.5	17.3	16.7	15.7
吉林	5.7	5.6	5.5	5.2	6.0	9.2	9.3	9.3
黑龙江	3.7	10.9	13.2	14.0	3.9	5.7	5.4	5.3
上海	46.1	87.4	89.7	85.8	53.4	87.6	86.7	77.5
江苏	24.9	59.1	60.1	54.5	19.2	45.5	43.1	35.3
浙江	26.7	51.1	51.9	49.9	11.5	19.4	19.7	18.4
安徽	5.9	8.9	9.1	8.9	3.2	7.0	7.4	6.9
福建	27.3	43.2	41.1	36.6	17.6	22.4	20.2	17.9
江西	4.9	6.4	7.5	8.3	1.8	4.2	5.5	6.3
山东	15	21.2	22.0	20.8	9.2	13.2	13.9	14.6
河南	2.4	4.2	4.2	4.0	1.3	2.0	2.2	2.6
湖北	3.7	6.6	6.7	7.2	2.5	5.8	5.5	5.5
湖南	3.7	5.4	5.4	5.2	1.9	2.4	2.6	2.6
广东	78.8	91.9	90.3	78.9	67.0	68.5	64.8	54.3
广西	6	5.9	6.5	7.1	2.2	5.1	5.3	5.7
海南	12.8	10.4	8.5	7.6	7.7	11.1	13.4	14.0
重庆	5.2	7.7	8.3	7.8	4.1	4.8	5.4	5.2
四川	2.9	6.1	6.2	7.3	2.4	4.1	4.2	5.0
贵州	3.5	3.6	4.1	4.0	2.0	2.0	2.2	3.1
云南	5	6.7	7.6	6.1	2.7	5.6	6.5	5.6
西藏	8	6.1	7.3	12.4	1.2	2.9	1.5	1.0
陕西	6.5	6.4	6.5	5.5	4.1	3.0	3.1	3.0
甘肃	3.5	5.3	4.7	3.5	1.3	8.1	10.9	9.8
青海	3.5	6.6	3.7	3.0	1.5	1.5	2.2	1.9
宁夏	10.2	10.6	9.3	8.0	3.6	5.5	4.2	3.9
新疆	7.3	18.7	24.8	31.9	6.4	5.1	4.8	4.8

资料来源：《中国统计年鉴 2009》。

附表 17　　　　　　　　　　各省、市、自治区土地拥有情况（2008 年）

地区	土地总面积（万平方公里）	平均每人土地面积（平方米）	耕地面积（千公顷）	平均每人耕地面积（平方米）	森林面积（万公顷）	平均每人森林面积（平方米）	森林覆盖率（%）
全国	960	72.29	121715.90	0.92	17490.92	13.17	18.21
北京	1.64	9.68	231.70	0.14	37.88	2.23	21.26
天津	1.18	10.03	441.10	0.38	9.35	0.80	8.14
河北	18.77	26.86	6317.30	0.90	328.83	4.71	17.69
山西	15.63	45.83	4055.80	1.19	208.19	6.10	13.29
内蒙古	118.3	490.11	7147.20	2.96	2050.67	84.96	17.70
辽宁	14.8	34.30	4085.30	0.95	480.53	11.14	32.97
吉林	18.7	68.40	5534.60	2.02	720.12	26.34	38.13
黑龙江	45.4	118.68	11830.10	3.09	1797.50	46.99	39.54
上海	0.63	3.34	244.00	0.13	1.89	0.10	3.17
江苏	10.26	13.36	4763.80	0.62	77.41	1.01	7.54
浙江	10.18	19.88	1920.90	0.38	553.92	10.82	54.41
安徽	13.94	22.72	5730.20	0.93	331.99	5.41	24.03
福建	12.14	33.68	1330.10	0.37	764.94	21.22	62.96
江西	16.69	37.93	2827.10	0.64	931.39	21.17	55.86
山东	15.71	16.68	7515.30	0.80	204.64	2.17	13.44
河南	16.7	17.71	7926.40	0.84	270.30	2.87	16.19
湖北	18.59	32.55	4664.10	0.82	497.55	8.71	26.77
湖南	21.18	33.20	3789.40	0.59	860.79	13.49	40.63
广东	17.98	18.84	2830.70	0.30	827.00	8.67	46.49
广西	23.67	49.15	4217.50	0.88	983.83	20.43	41.41
海南	3.54	41.45	727.50	0.85	166.66	19.52	48.87
重庆	8.24	29.02	2235.90	0.79	183.18	6.45	22.25
四川	48.5	59.60	5947.40	0.73	1464.34	17.99	30.27
贵州	17.62	46.46	4485.30	1.18	420.47	11.09	23.83
云南	39.4	86.73	6072.10	1.34	1560.03	34.34	40.77
西藏	120.24	4189.55	361.60	1.26	1389.61	484.18	11.31
陕西	20.58	54.70	4050.30	1.08	670.39	17.82	32.55
甘肃	45.44	172.90	4658.80	1.77	299.63	11.40	6.66
青海	71.75	1294.43	542.70	0.98	317.20	57.23	4.40
宁夏	6.64	107.50	1107.10	1.79	40.36	6.53	6.08
新疆	166.49	781.35	4124.60	1.94	484.07	22.72	2.94

资料来源：《中国统计年鉴 2009》。

附表 18   中共中央文件关于城镇化和小城镇表述的演变

1979 年	"有计划地发展小城镇建设和加强城市对农村的支援。这是加快实现农业现代化，实现四个现代化，逐步缩小城乡差别、工农差别的必由之路。" "我们一定要十分注意加强小城镇的建设，逐步用现代工业交通业、现代商业服务业、现代教育科学文化卫生事业把它们武装起来，作为改变全国农村面貌的前进基地。全国现有两千多个县的县城，县以下经济比较发达的集镇或公社所在地，首先要加强规划，根据经济发展的需要和可能，逐步加强建设。还可以运用现有大城市的力量，在它们的周围农村中，逐步建设一些卫星城镇，加强对农业的支援。" <div align="right">——《中共中央关于加快农业发展若干问题的决定》</div>
1998 年	"大力发展乡镇企业，多渠道转移农业富余劳动力。立足农村，向生产的深度和广度进军，发展二、三产业，建设小城镇。开拓农村广阔的就业门路，同时适应城镇和发达地区的客观需要，引导农村劳动力合理有序流动。" "发展小城镇，是带动农村经济和社会发展的一个大战略，有利于乡镇企业相对集中，更大规模地转移农业富余劳动力，避免向大中城市盲目流动，有利于提高农民素质，改善生活质量，也有利于扩大内需，推动国民经济更快增长。要制定和完善促进小城镇健康发展的政策措施，进一步改革小城镇户籍管理制度。小城镇要合理布局，科学规划，重视基础设施建设，注意节约用地和保护环境。" <div align="right">——《中共中央关于农业和农村工作若干重大问题的决定》</div>
2000 年	"经济结构存在的问题，主要是产业结构不合理，地区发展不协调，城镇化水平低，这是当前我国经济发展中的突出矛盾。" "提高城镇化水平，转移农村人口，可以为经济发展提供广阔的市场和持久的动力，是优化城乡经济结构，促进国民经济良性循环和社会协调发展的重大措施。随着农业生产力水平的提高和工业化进程的加快，我国推进城镇化条件已渐成熟，要不失时机地实施城镇化战略。" "注意发展城市间的经济联系，发挥中小城市对小城镇发展的带动作用。在着重发展小城镇的同时，积极发展中小城市，完善区域性中心城市功能，发挥大城市的辐射带动作用，提高各类城市的规划、建设和综合管理水平，走出一条符合我国国情、大中小城市和小城镇协调发展的城镇化道路。" <div align="right">——《中共中央关于制定国民经济和社会发展第十个五年计划的建议》</div>
2002 年	"农村富余劳动力向非农产业和城镇转移，是工业化和现代化的必然趋势。要逐步提高城镇化水平，坚持大中小城市和小城镇协调发展，走中国特色的城镇化道路。发展小城镇要以现有的县城和有条件的建制镇为基础，科学规划，合理布局，同发展乡镇企业和农村服务业结合起来。消除不利于城镇化发展的体制和政策障碍，引导农村劳动力合理有序流动。" <div align="right">——《全面建设小康社会　开创中国特色社会主义事业新局面》</div>
2003 年	"建立有利于逐步改变城乡二元经济结构的体制。" "农村富余劳动力在城乡之间双向流动就业，是增加农民收入和推进城镇化的重要途径。" "逐步统一城乡劳动力市场，加强引导和管理，形成城乡劳动者平等就业的制度。深化户籍制度改革，完善流动人口管理，引导农村富余劳动力平稳有序转移。加快城镇化进程，在城市有稳定职业和住所的农业人口，可按当地规定在就业地或居住地登记户籍，并依法享有当地居民应有的权利，承担应尽的义务。" <div align="right">——《中共中央关于完善社会主义市场经济体制若干问题的决定》</div>
2007 年	"城乡、区域协调互动发展机制和主体功能区布局基本形成。社会主义新农村建设取得重大进展。城镇人口比重明显增加。" "走中国特色城镇化道路，按照统筹城乡、布局合理、节约土地、功能完善、以大带小的原则，促进大中小城市和小城镇协调发展。以增强综合承载能力为重点，以特大城市为依托，形成辐射作用大的城市群，培育新的经济增长极。" <div align="right">——《高举中国特色社会主义伟大旗帜　为夺取全面建设小康社会新胜利而奋斗》</div>

附录 19　　　　　　　　　　　　代表性国家的城市化经验与政策

发端于 18 世纪 60 年代第一次工业革命启动了世界现代城市化的进程。在 19 世纪以前的几千年里，世界的总人口从来没有超过 10 亿，城市化以一种十分缓慢的方式进行着，有时还会出现反复。1800 年，在 9 亿左右的世界人口中，城市人口所占的比重只有 3%。到了 1900 年，城市人口的比重上升到 14%。到了 2000 年，在 60 多亿的世界总人口中，城市人口达到了 47%（见图附 19-1）（UNFPA，2007）。2008 年，世界城市人口已经历史性地超过农村人口（UNFPA，2008）。

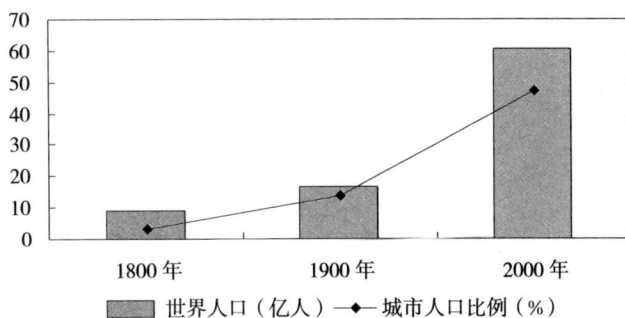

图附 19-1　工业革命以来的世界城市人口增长

资料来源：UNFPA（2007），UNDP（2004）。

（一）英国的城市化

工业化和城市化率先产生于英国。自 16 世纪以来持续的农业革命、商业革命和海外殖民，为英国的工业化和城市化提供了必要的资本、劳动力、原料和市场，并推动了纺织、采掘、冶金等产业部门的先行发展（何宏涛，2006；纪晓岚，2004）。第一次工业革命使得生产方式从手工业转化为机械工业，使手工作坊转变为机械化的工厂，农民脱离传统农业转化为工人和市民，工业城市化在英国开始起步。1750 年，英国的城市人口仅占全国总人口的 25%，到 18 世纪末达到 30%。进入 19 世纪后，英国的城市化开始加速，1851 年英国的城市人口占全国总人口的比例历史性地超过 50%。到 19 世纪末，这一比例超过了 70%。

工业革命重塑了英国城市分布的空间格局。一些不能适应工业化发展需要的城市迅速衰落甚至被淘汰，诺里奇、约克和埃克赛特的人口数量在全国的位次从 17 世纪初的第二、第三和第六位降至 1801 年的第八、第十七和第十五位。那些分布在资源丰富、交通便利的农村小村镇则迅速崛起，产生了像曼彻斯特、格拉斯哥、伯明翰这样一批新兴的大城市。

英国城市化在早期走的是一条自由放任的道路，导致了一系列城市病的产生。在工业化过程中，大量的农村人口涌入城市，但是城市中却难以提供足够的就业机会，城市失业问题非常突出，城市贫困盛行。据统计，1887 年，伦敦东区中心地区有 44% 的居民处在贫困线下，北伦敦中心区 43% 和南伦敦中心区 47% 的居民处在贫困线下（杜恒波，2004）。城市中住房短缺，基础设施和其他公共服务严重短缺，产生了大量的贫民窟，到 19 世纪末，仅仅是伦敦就有 20 多个上万人的贫民窟（《马克思恩格斯全集》第 2 卷，第 61 页，1957）。城市中空气及水源污染严重，公共卫生设施严重缺乏，导致了疾病滋生和横行，在整个 19 世纪，英国农业工人的寿命一直高于城市产业工人的寿命(李冈原，2003)。城市犯罪率激增，教育设施严重不足，童工现象极为普遍，其智力的、精神的、道德的全面发展被严重忽视。此外，由于城市建设规划严重滞后，城市发展盲目无序。

随着现代交通的逐渐发展和人们生活水平的提高，为了摆脱城市化的消极影响，越来越多的人选择在城市郊区生活，导致了城市郊区化。在1801—1851年间，伦敦商业中心区人口非常稳定，一直保持在13 万居民左右，但是到了 19 世纪后半期，由于交通和商业向城市外围地区扩展，伦敦商业中心区急剧衰落。1881 年人口不到5.1万人，1901 年仅 2.7 万人。英格兰和威尔兰北部 8 个大城市人口 1901—1911 年减少了 9 万，北部 22 个纺织城市 1891—1901 年减少 4.1 万，北部 14 个工业城市 1871—1901 年减少 14.6 万人，南部 11 个工业城市 1841—1891年减少 4.8 万人。在大城市中心区人口减少的同时，市郊区的人口不断增多，使一些城市的形态从集中型的大城市走向低密度的郊区化城市。1861 年时伦敦外围市郊人口为 41.4 万人，1891 年为 140.5 万人，1901 年达 204.5万人（ 苏恩，1978 ）。

面对城市化过程中产生的一系列负面问题，政府开始承担起更多的责任，政府的干预和调节对城市化的良性发展起到了重要的作用。首先，在社会福利方面，1824 年，英国通过了《济贫法》修正案，为城市贫民提供了更多的保障。19 世纪末到 20 世纪初，英国政府进行了前所未有的社会改革，通过一系列的社会立法逐步建立起了现代社会保障制度，形成了涉及养老、失业、医疗、儿童等方面的比较完善的福利体系，包括《工人赔偿法》（ 1897 年)、《养老金法案》（ 1908 年)、《失业保险法》（ 1911 年)、《国民健康保险法》（ 1911 年)、《教育法》（ 1906、1907 年) 和《儿童法》（ 1908 年)。这些法律的颁布和实施使英国逐步建立起现代的社会保障制度，为在战后走上 "福利国家" 的道路奠定了基础。在城市基础设施建设和公共服务方面，英国于 1848 年和 1875 年两次颁布《公共卫生法》，1866 年通过了《环境卫生法》，规定政府有义务提供公共卫生设施和服务。1868 年和 1875 年两次通过《工人住宅法》，逐步拆毁了贫民窟，兴建了商店、公园、车站和剧院等基础设施；其次，在城市和农村发展规划方面，1909 年英国颁布了世界上第一部《城市规划法》，城市规划从此成为政府的一项职能。1947 年，英国颁布了《城乡规划法》，在同一时期颁布的专项法还包括 1945 年的《工业分布法》，1946 年的《新城法》，1949年的《国家公署和乡村通道法》，1952 年的《城镇发展法》。这些法律的颁布和实施，使得英国城市化逐渐进入了有序发展的阶段。

英国花园城市建设的探索也为世界城市化的发展提供了启迪。1932 年，尚处于大萧条时期的英国开始在整个国家规划布局 100 个新镇。1935 年，伦敦郡议会拨出 200 万英镑用于绿带系统内的征地，蒙塔格 · 巴洛爵士成立皇家专门调查工业人口委员会。1940 年出版巴洛报告，建议控制伦敦增长，要对拥堵不堪的城市进行再开发，并从这些地区把工业和人口分散出去，鼓励 "平衡的" 区域增长，要完成最后两个花园城市或花园郊区、卫星镇、贸易区的建设，以及开发现有的小城镇和偏远的区域中心。1941 年准备战后重建计划。1943 年，艾伯克龙比完成大伦敦规划，该规划为同心圆形态，内环疏散人口和工业，在郊区环周围不进行开发，由绿带包围城市，以阻止城市的增长。在乡村环周围，规划开发现有的城镇和 8 个全新的城镇来容纳外溢的人口和工业，其中52.5 万人居住在计划扩张的城镇里，35 万人住在新城镇里。1946—1949 年间，大伦敦被指定建设 8 个新城（ 顾朝林，2009 ）。

经过一系列的政策调整，英国的城市化在战后进入了相对稳定、健康的发展阶段。城市病基本上得到了消除，城市人口总体上稳定增长。到 20 世纪末，英国的城镇人口占总人口的比例在 90% 左右，是世界上城市化率最高的国家之一。

（二）法国的城市化

法国的城市化起步较英国要晚半个多世纪，并且城市化速度也较英国要缓慢。1850 年，当英国基本实现城市化（城市化率超过 50%）的时候，法国的城市化水平只有 25%。直到 1930 年，法国的城市人口占比才超过 50%，城市的扩张以一种平缓匀速的状态进行（杨澜等，2008）。

到二战末，法国的城市结构与欧洲大陆其他国家的城市呈现出明显不同的特征。例如，在巴黎第 16 区，流动性较低的工人阶级已在该地区建立了小型的社会单元，有与众不同的街道生活和密切的亲戚和社会关系网络。许多地区仍保持着早些时候的分楼层（floor-by-floor）社会差异。在有些棚户区内，有未规划的独立式住宅，或有大量的穷人所搭建的简易房，这些地区明显与高度个人主义的郊区不同。

面对城市人口增加所造成的住房短缺，法国实行了房租控制政策。经济大萧条和第二次世界大战因素造成城市建设有几十年几乎完全停滞。由于战后人口迁移和不断上升的出生率而造成大面积的住房危机，战后政府开始以大规模生产方式建造大量的标准化公寓，用以应对住房短缺问题，但是对这些公寓的选址、设施配套和住房质量改进等则缺乏必要关注。到 1964 年，全法国已经建设了 200 个至少拥有 1000 户的居住区。

直到 20 世纪 50 年代，法国地区之间的城市化还是非常不平衡的。巴黎地区的土地面积仅占国土面积的 2%，却集中了 20% 的全国人口，商品交易占到全国的 50%，电子制造业、飞机制造业、汽车制造业和制药业分别占全国的 50%、56%、64% 和 76%。在法国的其他地方，只有马赛、里昂和里尔—鲁贝—图尔昆联合体三个中心城市的人口超过 50 万。

从 1954 年起，法国开始"领土整治"，限制大城市发展，鼓励发展中小城市，平衡地区之间的发展，主要措施包括（杨澜等，2008）：（1）调整工业布局。鼓励巴黎和北部工业区企业迁入落后地区或就地办厂，国家提供补偿和优惠，同时禁止巴黎等大城市建立占地 500 平方米以上的工厂；（2）大力发展落后地区原有企业；兴建基础设施，加强对外交流；发展教育和农业技术培训，推动当地的农业现代化；（3）调整城市布局。在巴黎等大城市周围建设新型城市，引导人口外迁。人口增长被引导到所选定的"优先发展轴"沿线上，以适应区域的自然、经济及人文地理上的要求（顾朝林，2009）。1954—1962 年巴黎等大城市有 300 万人迁到其他地区，1968—1975 年又有 450 万人迁移。1968—1975 年巴黎人口减少 11%，里昂人口减少 14%，其他一些大城市人口也有所减少（杨澜等，2008）。在这些政策的作用下，法国城市发展格局不平衡的问题有了明显的缓解。

从 20 世纪 60 年代开始，法国的城市空间快速增长。从 1968 到 1999 年，城市空间增长了 5 倍，城市通勤距离增长了 4 倍，而人口只增长了 50%，这导致了城市区域人口密度的降低。城市区的人口密度从 1968 年的 705 人 /km² 下降到 1999 年的 256 人 /km²，都市连绵区的人口密度从 506 人 /km² 下降到 1999 年的 442 人 /km²（张振龙等，2008）。交通和通信领域的技术革新、城市基础设施的完善和扩张、公共住房政策的实施都是推动法国城市空间快速增长的重要动力。

由于经济活动和住房呈离心式发展，20 世纪 70 年代以来，法国城市中心的人口出现了负增长，不过城市中心在城市发展中仍起主要作用，它们仍然是文化中心并有高等级的服务设施。城市环带的人口增长则非常迅速，在 20 世纪 90 年代，城市环带的人口增长率是城市郊区的 2 倍多。值得注意的是传统城市郊区的螺旋式衰退趋势，近郊区在 20 世纪五六十年代接受了产业和人口的扩张，但是发展前景不容乐观，由于现代化基础设施的短缺、环境的恶化，人口和产业逐渐向有吸引力的地区转移，而人口和产业的丧失又使这些区域面临经济衰退、经济投入不足、环境进一步恶化等，形成了恶性循环，导致城市郊区成为城市中心和城市边缘引力极之间的低洼地带。政府试图通过扩大投资、改造居住环境等措施来阻止城市郊区的衰退趋势，但是收效甚微（张振龙等，2008）。

表附 19-1   法国城市区人口的变化（1968—1999 年）

城市地区	人口年增长率（%）			
	1968—1975	1975—1982	1982—1990	1990—1999
城市中心	0.29	-0.44	-0.1	-0.12
城市郊区	2.13	0.94	0.87	0.43
城市环带	1.40	2.24	1.66	0.97
总计	1.19	0.58	0.64	0.42

数据来源：INSEE-Censuses of Population, Paulus（2002）。

尽管法国一些大城市的中心区经历了人口和就业的衰退，但是整个大城市区仍在继续保持扩张。以巴黎为例，1962—1999 年，巴黎市区的人口下降了 25%，但是外环人口增长了 2.5 倍多，城市边缘地带人口增长了 9 倍。在乡村城市化推动下，城市边缘环带已经扩展出了大巴黎地区的行政边界。

（三）美国的城市化

与英国和法国相比，美国的城市化速度明显要快得多。美国的城市人口比重从 1890 年的 30% 到 1920 年超过 50%，仅用了 30 年的时间。美国的城市化是在第二次工业革命的背景下得到快速发展的，这一时期电气化的快速发展进一步提高了生产力，内燃机的发明和汽车的流水线生产，使汽车在中产阶级家庭迅速得到普及，城市化与机动化是相伴发展的。

到 20 世纪 20 年代以后，虽然美国城市人口比例在总体上还在增加，但是单个城市的向心集聚达到顶点，要素集聚逐步转变为城市之间。这一时期城市群的发展和成熟，正是区域发展要素在地理空间集聚的高级表现形式。

20 世纪初，美国有 60% 的人生活在乡村。在 1929 年大萧条之后，美国实施罗斯福新政，大都市人口迅速集中。联邦住房管理署建立后，可以通过有条件的抵押贷款来刺激房屋建设和房屋产权所有。根据 1937 年的住房法案，成立了美国房屋管理局，并实施了消除贫民区方案，创造就业机会，促进经济发展，消除破旧住房，并向穷人提供公共住房。同时，劳动促进管理署投资雇用规划师对城市进行深入的研究。到 1970 年，有 69% 的人口集中在大都市地区。

到 20 世纪 70 年代，美国有 90% 的人生活在“日常城市体系”之中，随着此类城市体系的发展，它们对国家的空间格局产生了深刻影响。起初，这种格局围绕着一定的中心，并且在形状上呈圆锥形的结构。随着圆锥

"高度"的下降，人口密度、经济收入和教育水平也将下降，而贫困人口数量将趋于增加。然而，那些起初具有向心性并呈圆锥形的空间结构也经历了一些变化，并表现出特定的形式：随着距离的增加，各种密度以一定的指数下降。在1910年至1970年间，所有的密度梯度都经历了逐步下降的过程，这意味着城市中心的密度下降，大都市区向外快速扩展，而整个城市地区的密度则逐步趋于均衡。城市与乡村之间的差异在缩小，几乎消失。人群、物质、信息的流动是如此之快，持续的时间如此之长，以至于创造了一个全新的环境。由于交通和通讯工具的发展，美国逐渐由不同区域组合而成的政治实体转变成一个真正的"国家社会"，推动美国经济进入后工业时期，多结点、多联系的社会系统开始运转，进而影响到美国的城市形态。

20世纪70年代以来，大都市区人口增幅开始下降。在1960—1970年间，标准大都市统计区（SMSA）的中心城市以每年平均0.6%的速度下降，在20世纪70年代以后（合并除外）以年平均0.4%的速度下降。尤其大都市区和边远的周边县区迁移趋势发生逆转：在1960—1970年间，大都市区获得超过300多万的移民人口，但自20世纪70年以来逐渐减少；在1960—1970年间，周边非都市区移民减少，但自20世纪70年以来开始增加。移民流向的平衡已发生逆转，这种现象也被称为"逆城市化"，是一种从人口集中状态向分散状态转移的过程。

此外，在美国城市群地带，人口快速增长。1950—2000年，100万人口以上的大城市人口增加了1.17亿，占城市人口增长的83%，占美国总人口增长的90%。由于集聚经济和规模经济效应，大量人口聚集在波士顿、纽约、费城、巴尔的摩等东北部城市区域以及匹兹堡、克利夫兰、底特律等五大湖沿岸地区。在大都市圈膨胀发展和城镇群间连绵发展的态势下，形成了两个巨大的城市群带，集中了20余个人口超过100万的大都市区和全美70%以上制造业，构成一个特大的工业化区域（制造业产业带），成为美国工业化和城市化水平最高、人口最稠密的地区。

（四）日本的城市化过程

日本自1868年明治维新以来，尤其是在昭和时期（1925—1989年），经历了工业现代化和大规模的快速城市化的发展阶段，逐步从一个农业国发展成为今天的后工业化国家。

战后，为了快速恢复经济，日本政府"倾斜生产方式"，采取了优先发展重工业的模式，大力推进太平洋沿岸工业地带的建设，制造了很多就业机会。由于工业部门主要集中在城市，农村人口大量流入城市，带来战后日本城市化的恢复性增长。1950年朝鲜战争爆发，在"军需经济"的影响下，日本经济快速增长，日本的城市化进程进一步加速。从1947年开始，日本的城镇人口比例从30%的平台一路升高，日本的城市化得到了迅速的推进，但这中间也伴随着城乡与地区之间收入差距的急剧扩大。

为了应对快速城市化和工业化带来的城乡和地区发展不平衡、基础设施严重不足、企业过度集中导致的效益下降，1954年日本经济审议厅计划部提出了《综合开发构想（草案）》。1962年，日本出台了第一个《全国综合开发计划纲要》，计划到1970年基本实现地区间均衡发展的目标。此外，为了克服出现的地区差距不断扩大的问题，自20世纪50年代中期以后，日本先后出台了《低开发地域工业开发促进法》（1961年）、《新产业都市建设促进法》（1962年）、《工业整备特别地域整备促进法》（1964年）等法律。《全国综合开发计划纲要》和这些相关法律的实施，促进了日本的工业由太平洋沿岸重工业地带向全国范围的均衡扩散。具体而言，日本政府认定了一系列的新产业城市以及工业整备特别地区。与此同时，国家加大了对这些地区的基础设施投资。由于这些努力，城乡和地区之间的发展差距在 20 世纪 60 年代初至 70 年代逐渐缩小（1970—1975 年这段时间缩小得尤其迅速）。

尽管国家采取的上述战略在一定程度上减少了地区之间的差距，但由于经济的发展带来的大城市圈和地方城市圈之间的差距依然吸引着人口从地方向大城市的流动（荒井良雄等，2002）。在整个 50 年代中期至 70 年代初，人口由地方向东京、大阪和名古屋三大都市圈的集聚仍在进行。从 1956 到 1970 年，三大都市圈的净流入人口达到了 820 万（绳田康光，2008），形成了沿太平洋巨型城市带。[①] 直到 70 年代第一次石油危机冲击之后，经济的低迷加之日本地方和三大城市圈之间差距的缩小，向三大都市圈流入的人口才开始明显降低（绳田康光，2008）。同时，由于地方政府推行的积极产业促进政策提供的大量就业机会，加之大城市由于劳动力不足而向地方的产业延伸，这一时期出现了人口从大城市向原有出生地的返流现象（荒川良雄等，2002）。但总体而言，日本的城市化在这一时期保持了相当高的速度，城市化率由 1960 年的 43.7% 提高到 1980 年的 59.7%，年均增长 0.8 个百分点。[②]

20 世纪 70 年代末至 80 年代中期，随着经济的回复，日本再一次出现人口向三大都市圈（主要是东京）集中的过程，但是这一过程没有持续太久。80 年代中期至 90 年代中期，日本三大都市圈的人口净流入再度快速下降，在个别年份甚至是净流出。地区差距缩小、90 年代初期房地产泡沫破灭造成的经济不景气、人口的老龄化等因素都是造成三大都市圈人口净流入下降的原因。在整个 80 年代至 90 年代中期，日本的城市化进入了相对缓慢发展阶段，城市化率从 1981 年的 60% 缓慢增加到 90 年代中期的 65% 左右。

20 世纪 90 年代后半期以来，在全球化和信息化的浪潮下，日本向信息社会（知识社会）过渡，承担生产职能的工厂进一步从都市圈扩散到地方圈，为了谋求充分利用现地制造中的成本、物流等多种优势，日本的众多企业还将生产基地从日本转移到海外。而承担中枢商务职能的东京圈的作用进一步加强，人口再次向东京聚集，出现了东京一极集中的现象。同时，人口的郊区化和城市间发达的轨道交通的建立，使得城乡之间和各个城市之间的界限越来越难以区别，都市圈的半径不断扩大，城市群成为日本现代城市化的主导。到 2007 年，三大都市圈聚集着日本 50.7% 的人口，三大都市圈的 GDP 占了全国的 55.7%。[③]

（五）部分发展中国家的城市化

发展中国家自二战以后出现了快速的城市化，但是整个过程与典型的城市化曲线并不相符，主要在于城市化太快，工业化之后，总人口快速增长，但是人口转型不适应。尽管工业化对发展中国家有很强劲的影响，但是制造业在这些国家所占的比重并不高。1960 年，发展中国家工业占 GDP 的比重大约在 15.6%，到 20 世纪 80 年代，

---

① 绳田康光：《战后日本的人口流动和经济增长》，《经济棱镜》（日文），No.54，2008 年 5 月 20 日。

② 参见《日本的城市》，建设省都市局监修，第一法规出版。需要指出的是，日本城市的城市人口是采用人口集中地区（DID，Densely Inhabited District）人口为定义的。具体而言，DID 需要满足以下两个条件：一是人口密度每平方公里在 4000 人以上；二是总人口要在 5000 人以上。由于日本所采用的城市人口的标准相较大多数发达国家而言比较苛刻，所以从城市化率这一单纯的统计数据来看，日本的城市化率在发达国家中是被低估计算了。比如 2005 年时，日本城市化显示为 66%，但如果换成其他任何一个主要发达国家的标准，日本的城市化率则达到 90% 以上（土屋宰贵：《关于我国城市化率的事实整理和考察——基于地域经济的视点》，日本银行工作论文，2009 年 7 月）。

③ 参见日本总务省：《平成 20 年 10 月 1 日时点人口推移》；内阁府：《平成 19 年度县民经济计算》。

也仅仅增长到 17.5%，最近接近 36%。因此，统计往往显示，发展中国家的城市化水平高于工业化水平，这种差距经常用"城市膨胀（urban inflation）"或"假城市化（Hyperurbanization）"表述（Bairoch，1975）。

1. 南亚国家的城市化

南亚国家的城市化水平普遍低于多数非洲国家，但却面临着城市规模巨大的挑战。例如印度的加尔各答、德里和孟买，巴基斯坦的卡拉奇和孟加拉国的达卡都属于世界上规模最大的城市之列。但与此同时，南亚国家仍然具有农村的特点，多数城镇只具有市场功能或者是铁路、公路的枢纽，而很少具有行政职能。南亚城市化多数不是由于经济因素驱动，而是由于高出生率及农村贫困人口迁往城市，超前城市化是这一地区的基本特征。

2. 撒哈拉非洲国家的城市化

撒哈拉非洲的城市化独立于经济全球化过程之外。直到现在，多数的非洲国家由单一城市占主导地位，而不是构成城市网络。虽然这些城市按照国际标准很小，但是占有国家财富的比重却很高。很多撒哈拉非洲城市自从 20 世纪 70 年代以来由于过快的人口增长、缺乏外资、政府的无效管理而变得破败不堪。基础设施投入很少，使自来水管道、电力、排水管道、道路等设施不断老化，促使人们搬迁到地价更便宜的城市边缘地带。在利比亚，人们为了逃离农村和小城镇的政治斗争，导致大城市人口的增长率每年超过 7%，从而导致 10 年间人口翻了一倍。由于经济增长缓慢，政治不稳定，而城市人口在不断增长，从而导致大城市问题更加恶化。

3. 拉丁美洲的城市化

拉丁美洲的城市化程度很高，3/4 的人口生活在城镇中，但城镇景观却跟城市化水平很低的东南亚国家相似。经济的激烈竞争促使拉丁美洲制造业远离大城市，到更远的地区追求廉价的土地和劳动力。在巴西的圣保罗，工业企业远离中心城市 200 公里。城市人口在地理区域上更为分散，从而占用了更多的农田。阿根廷的城市化是剥夺农民的土地，把农民赶到了城市。农民失去了土地，到城市却又无法就业，导致城市中出现了大量的贫民窟现象。

附表 20　　　　全国城市建成区人口密度的变化情况（1981—2008 年）

	城市人口（万人）	建成区面积（平方公里）	人口密度（人/平方公里）
1981 年	14400.5	7438	19360.72
1982 年	14281.6	7862.1	18165.12
1983 年	15940.5	8156.3	19543.79
1984 年	17969.1	9249	19428.15
1985 年	20893.4	9386.2	22259.70
1986 年	22906.2	10127.3	22618.27
1987 年	25155.7	10816.5	23256.78
1988 年	29545.2	12094.6	24428.42
1989 年	31205.4	12462.2	25040.04
1990 年	32530.2	12855.7	25304.11

续表

	城市人口 （万人）	建成区面积 （平方公里）	人口密度 （人／平方公里）
1991 年	29589.3	14011.1	21118.47
1992 年	30748.2	14958.7	20555.40
1993 年	33780.9	16588.3	20364.29
1994 年	35833.9	17939.5	19974.86
1995 年	37789.9	19264.2	19616.65
1996 年	36234.5	20214.2	17925.27
1997 年	36836.9	20791.3	17717.46
1998 年	37411.8	21379.6	17498.83
1999 年	37590	21524.5	17463.82
2000 年	38823.7	22439.3	17301.65
2001 年	35747.3	24026.6	14878.22
2002 年	35219.6	25972.6	13560.29
2003 年	33805	28308	11941.85
2004 年	34147.4	30406.2	11230.41
2005 年	35923.7	32520.7	11046.41
2006 年	37272.8	33659.8	9889.75
2007 年	37051.3	35469.7	9466.39
2008 年	36988.3	36295.3	9221.88

资料来源：《中国城乡建设统计年鉴 2008》。2006 年以后的城市总人口为城区人口加上城市暂住人口，在此之前没有城市暂住人口的统计，其余年份城市总人口为城区人口。

附表 21　　　　部分城市人口密度的变化（1981—2008 年）

	1981 年			2008 年			1981—2008 年 人口密度变化
	人口 （万人）	建成区 （平方公里）	人口密度 （万人／平方公里）	人口 （万人）	建成区 （平方公里）	人口密度 （万人／平方公里）	
上海	613.0	142	4.3169	1815.08	860.2	2.1100	−2.2069
北京	466.4	349	1.3364	1439.10	1310.9	1.0978	−0.2386
广州	233.8	162	1.4432	886.55	895.0	0.9906	−0.4527
重庆	190.0	73	2.6027	879.96	708.4	1.2422	−1.3605
深圳	4.5	100	0.0450	876.83	787.9	1.1129	1.0679
天津	380.9	222	1.7158	639.02	640.9	0.9971	−0.7186
武汉	263.0	174	1.5115	596.00	460.0	1.2957	−0.2158

续表

	1981 年			2008 年			1981—2008 年人口密度变化
	人口（万人）	建成区（平方公里）	人口密度（万人／平方公里）	人口（万人）	建成区（平方公里）	人口密度（万人／平方公里）	
郑州	85.9	65	1.3215	479.45	328.7	1.4588	0.1373
南京	170.2	116	1.4672	478.16	592.1	0.8076	−0.6596
沈阳	293.7	164	1.7909	468.00	370.0	1.2649	−0.5260
哈尔滨	209.4	156	1.3423	415.59	340.3	1.2211	−0.1212
成都	137.6	58	2.3643	405.98	427.7	0.9493	−1.4149
西安	153.6	129	1.1907	336.40	272.7	1.2335	0.0428
昆明	85.9	73	1.1767	317.30	280.2	1.1324	−0.0443
太原	123	136	0.9044	294.60	238.0	1.2378	0.3334
杭州	90.5	55	1.6606	293.28	367.3	0.7986	−0.8620
大连	120.8	87	1.3885	282.59	258.0	1.0953	−0.2932
济南	101.1	88	1.1489	281.00	326.2	0.8614	−0.2874
青岛	101.3	73	1.3877	276.25	267.1	1.0342	−0.3535
乌鲁木齐	88.0	48	1.8333	273.00	302.8	0.9016	−0.9317
长春	125.2	119	1.0521	268.05	327.7	0.8179	−0.2342
长沙	83.5	53	1.5755	247.28	242.8	1.0185	−0.5569
无锡	61.8	36	1.7167	237.42	208.0	1.1414	−0.5752
石家庄	80.8	58	1.3931	233.89	190.9	1.2255	−0.1677
汕头	42.7	8	5.3375	222.39	170.4	1.3052	−4.0323
合肥	53.9	56	0.9625	220.43	268.0	0.8225	−0.1400
厦门	28.3	36	0.7861	219.32	197.0	1.1133	0.3272
贵阳	82.6	59	1.4000	217.27	132.0	1.6460	0.2460
南昌	73.2	65	1.1262	213.00	185.0	1.1514	0.0252
佛山	20.2	11	1.8364	208.67	150.0	1.3913	−0.4450
洛阳	56.3	36	1.5639	204.17	164.0	1.2453	−0.3186
苏州	55.5	29	1.9138	200.28	317.7	0.6304	−1.2834
南宁	50.5	68	0.7426	197.21	179.1	1.1014	0.3587
唐山	86.5	47	1.8404	197.08	213.0	0.9253	−0.9152
福州	69.0	44	1.5682	197.00	176.6	1.1156	−0.4526
包头	89.0	95	0.9368	170.00	180.0	0.9444	0.0076
宁波	32.7	20	1.6769	162.19	241.6	0.6714	−1.0055
鞍山	99.6	70	1.4229	154.93	148.0	1.0465	−0.3763

续表

	1981 年			2008 年			1981—2008 年人口密度变化
	人口（万人）	建成区（平方公里）	人口密度（万人 / 平方公里）	人口（万人）	建成区（平方公里）	人口密度（万人 / 平方公里）	
柳州	45.7	64	0.7141	154.72	126.9	1.2194	0.5054
潍坊	22.4	25	0.8960	154.35	132.0	1.1693	0.2733
邯郸	66.0	56	1.1786	146.66	104.1	1.4094	0.2308
淄博	62.3	65	0.9585	145.53	213.1	0.6830	−0.2754
呼和浩特	49.8	53	0.9396	136.11	154.0	0.8838	−0.0558
徐州	64.8	51	1.2706	133.59	186.6	0.7159	−0.5547
抚顺	101.2	91	1.1121	131.93	123.9	1.0648	−0.0473
烟台	25.0	25	1.0000	131.70	211.2	0.6236	−0.3764
吉林	81.5	72	1.1319	126.93	165.6	0.7663	−0.3656
大同	59	80	0.7375	125.40	91.2	1.3750	0.6375
温州	35.7	12	3.0000	124.65	164.0	0.7601	−2.2399
惠州	9.2	7	1.3143	121.39	132.0	0.9194	−0.3949
常州	39.3	29	1.3552	119.68	120.5	0.9931	−0.3621
南阳	15.4	17	0.9059	114.57	87.4	1.3110	0.4051
江门	13.8	8	1.7250	113.45	113.8	0.9974	−0.7276
保定	38.5	45	0.8556	113.02	129.0	0.8761	0.0206
齐齐哈尔	89.9	97	0.9268	110.48	115.3	0.9584	0.0316
大庆	42.9	43	0.9977	108.68	175.8	0.6183	−0.3794
淮南	53.9	38	1.4184	102.74	95.8	1.0728	−0.3456
海口	17.0	18	0.9444	100.84	91.4	1.1030	0.1586
清江	16.3	15	1.0584	100.00	100.0	1.0000	−0.0584
银川	22.6	30	0.7533	98.84	110.8	0.8923	0.1390
珠海	6.1	4	1.5250	97.28	118.3	0.8220	−0.7030
芜湖	37.0	25	1.4800	96.87	126.3	0.7669	−0.7131
锦州	44.4	30	1.4800	95.70	68.8	1.3906	−0.0894
商丘	11.6	14	0.8286	94.30	58.5	1.6120	0.7834
本溪	64.3	43	1.4953	92.38	106.5	0.8674	−0.6279
衡阳	37.3	31	1.2032	90.85	93.0	0.9769	−0.2263
平顶山	26.6	21	1.2667	90.33	61.7	1.4638	0.1971
秦皇岛	25.2	41	0.6146	89.78	87.5	1.0263	0.4117
营口	32.4	27	1.2000	88.32	97.1	0.9094	−0.2906

	1981 年			2008 年			1981—2008 年人口密度变化
	人口（万人）	建成区（平方公里）	人口密度（万人/平方公里）	人口（万人）	建成区（平方公里）	人口密度（万人/平方公里）	
西宁	45.6	46	0.9913	88.02	64.9	1.3558	0.3645
蚌埠	35.8	29	1.2345	87.26	99.8	0.8748	−0.3597
镇江	27.3	22	1.2188	86.20	98.2	0.8780	−0.3408
开封	42.3	37	1.1432	84.80	89.5	0.9476	−0.1957
张家口	45.8	67	0.6836	83.20	80.0	1.0400	0.3564
枣庄	19.1	22	0.8682	83.17	106.4	0.7817	−0.0864
桂林	29.3	28	1.0464	82.03	59.5	1.3777	0.3313
淮北	25.4	19	1.3368	80.93	62.8	1.2881	−0.0488
绵阳	19.2	18	1.0667	79.12	80.5	0.9831	−0.0836
泉州	13.4	6	2.2333	78.80	81.0	0.9728	−1.2605
湖州	17.0	7	2.5000	78.50	72.2	1.0873	−1.4127
阜新	51.6	32	1.6125	78.00	66.0	1.1818	−0.4307
襄樊	24.5	19	1.2895	76.90	79.3	0.9702	−0.3192
湘潭	34.3	36	0.9528	76.51	72.7	1.0531	0.1004
咸阳	21.7	15	1.4467	76.40	54.6	1.4005	−0.0461
宜昌	28.5	25	1.1400	75.76	81.6	0.9289	−0.2111
赤峰	21.3	22	0.9682	75.67	77.0	0.9827	0.0145
辽阳	32.6	41	0.7951	75.50	92.0	0.8205	0.0254
焦作	28.6	22	1.3000	75.30	90.0	0.8370	−0.4630
长治	21	39	0.5385	74.63	45.3	1.6475	1.1090
鸡西	60.6	58	1.0448	73.97	79.2	0.9336	−0.1112
新乡	36.1	34	1.0618	73.13	94.6	0.7731	−0.2886
宝鸡	25.6	20	1.2800	72.71	71.4	1.0191	−0.2609
自贡	32.8	20	1.6400	72.18	53.2	1.3568	−0.2832
阜阳	12.0	14	0.8571	71.82	68.6	1.0469	0.1898
扬州	23.2	16	1.4500	71.73	75.0	0.9564	−0.4936
遵义	22.0	47	0.4681	71.60	51.0	1.4039	0.9358
株洲	30.0	35	0.8571	70.93	89.6	0.7918	−0.0653
连云港	23.5	22	1.0682	70.30	95.0	0.7400	−0.3282
黄石	35.8	21	1.7048	70.30	62.0	1.1339	−0.5709
南充	13.4	7	1.9143	69.30	64.1	1.0820	−0.8323

续表

	1981 年			2008 年			1981—2008 年人口密度变化
	人口（万人）	建成区（平方公里）	人口密度（万人/平方公里）	人口（万人）	建成区（平方公里）	人口密度（万人/平方公里）	
牡丹江	45.2	38	1.1895	69.10	65.3	1.0582	−0.1313
安阳	31.9	29	1.1000	69.00	73.0	0.9452	−0.1548
南通	22.1	19	1.1818	68.88	68.7	1.0032	−0.1786
天水	11.7	27	0.4333	68.54	42.2	1.6226	1.1893
绍兴	21.8	11	1.9123	67.31	90.4	0.7446	−1.1677
丹东	41.4	27	1.5333	65.35	53.4	1.2238	−0.3096
湛江	28.0	24	1.1667	64.57	77.2	0.8361	−0.3306
泸州	21.0	12	1.7500	64.48	53.1	1.2136	−0.5364
岳阳	14.3	16	0.8938	63.30	78.6	0.8053	−0.0884
邢台	22.4	20	1.1200	63.05	70.0	0.9007	−0.2193
济宁	16.1	13	1.2385	62.79	88.0	0.7135	−0.5249
佳木斯	38.9	42	0.9262	61.10	62.4	0.9793	0.0531
鹤岗	45.4	28	1.6214	61.04	43.0	1.4195	−0.2019
常德	15.4	12	1.2833	60.65	72.5	0.8361	−0.4472
九江	22.4	21	1.0667	60.63	89.5	0.6777	−0.3890
安庆	19.4	15	1.2933	59.78	65.5	0.9127	−0.3807
北海	10.9	9	1.2111	59.50	68.8	0.8648	−0.3463
德州	13.4	19	0.7053	59.46	46.5	1.2787	0.5734
泰州	12.0	10	1.2371	57.45	58.5	0.9821	−0.2551
邵阳	18.9	15	1.2600	57.09	47.0	1.2147	−0.0453
赣州	17.5	14	1.2500	57.00	55.0	1.0364	−0.2136
四平	25.4	24	1.0583	56.60	39.0	1.4513	0.3929
金华	11.6	11	1.1048	56.44	69.7	0.8101	−0.2947
韶关	25.4	18	1.4111	56.40	78.3	0.7203	−0.6908
威海	4.5	9	0.5000	56.39	120.0	0.4699	−0.0301
嘉兴	15.5	15	1.0197	55.97	83.5	0.6703	−0.3494
阳泉	26	29	0.8966	54.46	51.2	1.0630	0.1665
沧州	18.5	21	0.8810	53.97	44.3	1.2197	0.3387
马鞍山	23.2	24	0.9667	53.60	72.0	0.7444	−0.2222
朝阳	13.4	13	1.0308	52.50	35.0	1.5000	0.4692
十堰	17.1	11	1.5545	52.25	59.5	0.8782	−0.6764

续表

	1981 年			2008 年			1981—2008 年人口密度变化
	人口（万人）	建成区（平方公里）	人口密度（万人/平方公里）	人口（万人）	建成区（平方公里）	人口密度（万人/平方公里）	
肇庆	11.2	8	1.4000	51.66	71.0	0.7280	−0.6720
乐山	27.9	6	4.6500	51.34	49.8	1.0305	−3.6195
承德	20.8	17	1.2235	50.05	83.7	0.5980	−0.6256
茂名	7.9	14	0.5643	49.79	67.4	0.7387	0.1744
内江	16.4	9	1.8222	49.48	37.0	1.3373	−0.4849
安顺	12.0	6	2.0000	48.98	31.5	1.5549	−0.4451
益阳	13.4	12	1.1167	48.36	50.5	0.9576	−0.1590
漯河	8.9	9	0.9889	47.61	51.3	0.9281	−0.0608
抚州	9.6	8	1.2000	47.10	45.0	1.0471	−0.1529
信阳	14.7	16	0.9188	46.58	58.2	0.8003	−0.1184
通化	22.6	21	1.0762	46.36	47.3	0.9793	−0.0969
双鸭山	33.3	51	0.6529	46.10	58.8	0.7840	0.1311
宿州	8.6	10	0.8600	45.47	45.7	0.9950	0.1350
铁岭	16.4	17	0.9647	45.31	44.0	1.0307	0.0660
景德镇	26.8	21	1.2762	44.96	72.8	0.6172	−0.6589
许昌	13.8	13	1.0615	44.80	65.3	0.6861	−0.3755
通辽	15.8	32	0.4938	44.73	50.5	0.8857	0.3920
辽源	34.5	19	1.8158	44.35	42.0	1.0560	−0.7598
延吉	13.6	15	0.9067	44.00	34.7	1.2687	0.3621
临汾	12	17	0.7059	42.90	37.4	1.1471	0.4412
漳州	14.0	9	1.5556	42.38	47.5	0.8918	−0.6637
驻马店	8.4	10	0.8400	41.89	49.2	0.8507	0.0107
铜陵	16.0	14	1.1429	41.79	47.0	0.8891	−0.2537
铜川	22.8	17	1.3412	41.25	37.4	1.1041	−0.2371
鹤壁	14.7	10	1.4700	40.99	48.0	0.8540	−0.6160
七台河	13.7	23	0.5957	40.98	62.4	0.6570	0.0614
六安	10.5	15	0.7000	40.51	51.3	0.7898	0.0898
鄂城	6.2	8	0.7750	39.74	47.3	0.8402	0.0652
梧州	17.9	11	1.6273	39.57	36.1	1.0961	−0.5312
潮州	12.9	4	3.2250	38.92	41.7	0.9338	−2.2912
拉萨	10.9	32	0.3406	37.70	59.0	0.6390	0.2984

续表

	1981 年			2008 年			1981—2008 年人口密度变化
	人口（万人）	建成区（平方公里）	人口密度（万人/平方公里）	人口（万人）	建成区（平方公里）	人口密度（万人/平方公里）	
荆门	6.5	12	0.5417	36.93	48.5	0.7610	0.2193
石嘴山	19.2	25	0.7680	36.65	94.2	0.3891	−0.3789
汉中	12.1	10	1.2100	36.60	31.0	1.1806	−0.0294
郴州	12.4	15	0.8267	36.59	41.7	0.8775	0.0508
宜宾	17.8	10	1.7800	36.47	49.0	0.7437	−1.0363
克拉玛依	14.6	9	1.6222	35.80	53.3	0.6718	−0.9504
娄底	6.3	9	0.7000	35.37	41.0	0.8627	0.1627
萍乡	21.1	17	1.2412	35.30	41.5	0.8510	−0.3902
延安	6.3	5	1.2600	35.30	26.0	1.3603	0.1003
梅州	7.3	4	1.8250	31.90	33.4	0.9559	−0.8691
随州	4.5	5	0.9000	31.82	43.0	0.7400	−0.1600
达县	12.0	7	1.7143	31.04	23.2	1.3379	−0.3764
怀化	6.9	9	0.7667	30.83	40.0	0.7708	0.0041
伊宁	14.3	17	0.8412	30.57	35.6	0.8585	0.0173
西昌	9.0	13	0.6923	30.00	29.1	1.0323	0.3400
喀什	12.9	9	1.4333	28.40	41.6	0.6835	−0.7498
库尔勒	9.4	27	0.3481	28.06	45.5	0.6163	0.2681
吉安	12.1	12	1.0083	28.02	29.1	0.9622	−0.0461
三门峡	6.8	7	0.9714	27.51	28.5	0.9653	−0.0062
宜春	7.9	7	1.1286	27.00	32.2	0.8385	−0.2901
石河子	11.7	14	0.8357	27.00	27.1	0.9982	0.1624
白城	16.4	15	1.0933	26.38	38.1	0.6922	−0.4011
周口	9.4	9	1.0444	25.90	42.0	0.6167	−0.4278
昭通	6.8	5	1.3600	25.65	22.5	1.1400	−0.2200
三明	12.9	13	0.9923	24.95	24.5	1.0175	0.0252
乌兰浩特	12.8	11	1.1636	24.81	25.4	0.9775	−0.1861
哈密	8.6	25	0.3440	24.02	34.0	0.7065	0.3625
上饶	10.6	8	1.3250	23.56	27.1	0.8700	−0.4550
都匀	8.1	6	1.3500	21.32	14.7	1.4513	0.1013
老河口	5.8	5	1.1600	20.78	27.0	0.7696	−0.3904
南平	11.6	15	0.7733	20.35	26.1	0.7797	0.0064

续表

	1981 年			2008 年			1981—2008 年人口密度变化
	人口（万人）	建成区（平方公里）	人口密度（万人／平方公里）	人口（万人）	建成区（平方公里）	人口密度（万人／平方公里）	
嘉峪关	5.5	20	0.2750	18.06	42.3	0.4270	0.1520
个旧	18.4	10	1.8400	17.92	12.2	1.4749	−0.3651
候马	6	8	0.7500	16.88	18.5	0.9139	0.1639
义马	3.8	6	0.6333	16.75	15.1	1.1063	0.4730
奎屯	4.1	18	0.2278	16.33	24.6	0.6649	0.4371
二连浩特	0.7	2	0.3500	15.79	20.2	0.7817	0.4317
冷水江	8.1	9	0.9000	15.40	19.9	0.7739	−0.1261
鹰潭	5.2	10	0.5200	14.16	23.7	0.5980	0.0780
黑河	5.3	9	0.5889	14.00	19.0	0.7368	0.1480
开远	7.1	12	0.5917	12.27	19.5	0.6292	0.0376
图们	7.0	9	0.8074	8.59	8.7	0.9908	0.1834
绥芬河	1.2	3	0.4000	8.20	14.2	0.5762	0.1762
玉门	7.3	18	0.4056	6.59	23.2	0.2843	−0.1213
凭祥	1.4	5	0.2745	6.30	5.1	1.2353	0.9608

资料来源：《中国城乡建设统计年鉴 2008》。

参 考 文 献

中文部分

阿部和彦:《日本的产业结构升级与城市、地域结构的变化:超大城市化进程中中小城市面临的课题》,《城市化:中国现代化的主旋律》,湖南人民出版社 2001 年版。

阿玛蒂亚·森:《以自由看待发展》,中国人民大学出版社 2002 年版。

B.J.L.Berry 著,顾朝林、汪侠等译:《比较城市化:20 世纪多元城市化道路》,商务印书馆 2008 年版。

蔡定创:《日本国民经济增长与"国民收入倍增计划"》,2008,http://www.caogen.com/blog/Infor_detail.aspx?ID=168&articleId=7509。

蔡昉、王德文:《中国经济增长可持续性与劳动贡献》,《经济研究》,1999 年第 10 期。

蔡昉:《中国流动人口问题》,河南人民出版社 2000 年版。

蔡昉、都阳:《转型中的中国城市发展——城市级层结构、融资能力与迁移政策》,《经济研究》,2003 年第 6 期。

蔡昉、王美艳:《非正规就业与劳动力市场发育——读解中国城镇就业增长》,《经济学动态》,2004 年第 2 期。

蔡昉主编:《中国人口与劳动问题报告 No.6——资源型城市的就业与社会保障问题》,社会科学文献出版社 2005 年版。

蔡昉、都阳、王美艳:《中国城市贫困和收入差距——劳动力市场冲击与就业非正规性的影响》,《中国社会政策》,2006 年第 1 期。

蔡昉、都阳、王美艳:《经济发展方式转变与节能减排内在动力》,《经济研究》,2008 年第 6 期。

蔡昉:《全球化、经济转型与中国收入分配优化的政策选择》,《改革》,2006 年第 11 期。

陈涛:《生态移民:环境社会学的视角》,邴正主编:《改革开放与中国社会学:中国社会学会学术年会获奖论文集》,社会科学文献出版社 2009 年版。

陈易:《低碳与城市化不矛盾》,《环球时报》,2009 年 12 月 29 日。

崔功豪、马润潮:《中国自下而上城市化的发展及其机制》,《地理学报》,1999 年第 2 期。

邓志伟:《当代"城市病"》,中国青年出版社 2003 年版。

丁成日:《中国城市的人口密度高吗?》,《城市规划》,2004 年第 8 期。

丁芸:《城市基础设施资金来源研究》,中国人民大学出版社 2007 年版。

杜恒波：《英国农村劳动力转移的启示》，《农村经济》，2004 年第 3 期。

杜宇：《回眸 2009：我国廉租住房建设迈出新步伐》，中华人民共和国政府网站，2010 年 1 月 13 日，http://www.gov.cn/jrzg/2010-01/13/content_1509602.htm。

董向荣：《浅析台湾和韩国在减小城乡差距方面的努力和成就》，《台湾研究集刊》，1999 年第 3 期。

恩格斯：《英国工人阶级状况》，《马克思恩格斯全集》第 2 卷，人民出版社 1957 年版。

樊纲：《城市化是个系统工程》，《中国发展观察》，2009 年第 2 期。

方创琳：《城市群空间范围识别标准的研究进展与基本判断》，《城市规划学刊》，2009 年第 4 期。

方创琳、祁魏锋：《紧凑城市理念与测度研究进展及思考》，《城市规划学刊》，2007 年第 4 期。

高佩义：《中外城市化比较研究》（增订本），南开大学出版社 2004 年版。

高汝熹、罗明义：《城市圈域经济论》，云南大学出版社 1998 年版。

工业化与城市化协调发展研究课题组：《工业化与城市化关系的经济学分析》，《中国社会科学》，2002 年第 2 期。

辜胜阻：《二元城镇化战略及对策》，《人口研究》，1991 年第 5 期。

辜胜阻：《非农化与城镇化研究》，浙江人民出版社 1991 年版。

谷荣等：《城市化公共政策分析》，《城市规划》，2006 年第 9 期。

顾朝林：《中国城镇体系》，商务印书馆 1992 年版。

顾朝林、陈振光：《中国大都市空间增长形态》，《城市规划》，1994 年第 6 期。

顾朝林、胡秀红：《新时期中国城市化与城市发展政策的思考》，《城市发展研究》，1999 年第 5 期。

顾朝林、张勤、蔡建明、牛亚菲、孙樱等：《经济全球化与中国城市发展——跨世纪中国城市发展战略》，商务印书馆 1999 年版。

顾朝林：《城市化的国际研究》，《城市规划》，2003 年第 6 期。

顾朝林：《中国城市化研究历程、现状与展望》，中国城市科学研究会编：《城市科学学科发展报告》，中国科学技术出版社 2008 年版。

顾朝林、吴莉娅：《中国城市化问题研究综述》（Ⅰ），《城市与区域规划研究》，2008 年第 2 期。

顾朝林、吴莉娅：《中国城市化问题研究综述》（Ⅱ），《城市与区域规划研究》，2008 年第 3 期。

顾朝林、于涛方、李王鸣：《中国城市化格局、过程和机理》，科学出版社 2008 年版。

广州市人力资源市场服务中心：《广州市农民工就业及社会保障情况调查分析报告》，2009 年。

国务院研究课题组：《中国农民工调查报告》，言实出版社 2006 年版。

国家发展和改革委员会城市和小城镇改革发展中心：《关于城镇化问题的研究》，2009 年 11 月。

国家统计局：《中国统计年鉴 2009》，中国统计出版社 2009 年版。

何宏涛：《论英国农业革命对工业革命的孕育和贡献》，《四川大学学报（哲学社会科学版）》，2006 年第 3 期。

荒井良雄、川口太郎、井上孝编：《日本的人口流动》（日文），古今书院 2002 年版。

韩笋生、秦波：《借鉴"紧凑城市"理念，实现我国城市的可持续发展》，《国外城市规划》，2004 年第 19 期。

韩文秀:《基础设施建设》,《中国改革 30 年》,中国发展出版社 2009 年版。

胡俊:《中国城市模式与演进》,中国建筑工业出版社 1995 年版。

胡序威、周一星、顾朝林:《中国沿海城镇密集地区空间集聚与扩散研究》,科学出版社 2000 年版。

胡英:《2000—2008 年中国经济活动人口数量估计》,未发表的工作论文。

纪晓岚:《英国城市化历史过程分析与启示》,《华东理工大学学报(社会科学版)》,2004 年第 2 期。

金灿、王建:《以大都市圈模式推进城市化》,《经济参考报》,2010 年 1 月 26 日。

贾康:《警惕地方举债扩大化》,《宏观经济管理》,2009 年第 8 期。

李景台:《城市化的选择》,《中国 2020:发展目标和政策取向》,中国发展出版社 2008 年版。

李强等:《城市进程中的重大社会问题及其对策研究》,经济科学出版社 2009 年版。

李志、许传忠:《日本城市交通现代化与城市发展》,《国外城市规划》,2003 年第 2 期。

李冈原:《英国城市病及其整治探析》,《杭州师范学院学报》(社会科学版),2003 年第 11 期。

联合国开发计划署驻华代表处:《中国人类发展报告 2010》。

联合国人居中心,沈建国等译:《1998 城市化的世界》,中国建筑工业出版社 1999 年版。

刘民权、俞建拖:《环境与人类发展:一个文献述评》,《北京大学学报》(哲学与社会科学版),2010 年第 2 期。

陆大道等:《中国区域发展报告——城镇化进程及空间扩张》,商务印书馆 2006 年版。

刘传江:《中国自下而上城市化发展的制度潜力与创新》,《城市问题》,1998 年第 3 期。

陆波:《关于农民工子女义务教育公平问题的探讨》,《常熟理工学院学报》,2006 年第 3 期。

罗罡辉:《韩国的城市化和土地市场》,《中国房地产报》,2003 年 5 月 8 日。

M.W. 苏恩:《1870 年以来的英国社会经济史》,麦克米兰出版社 1978 年版。

马凯:《"十一五"规划纲要辅导读本》,北京科学技术出版社 2006 年版。

马春辉:《中国城市化问题论纲》,社会科学文献出版社 2008 年版。

马晶:《国民收入倍增计划造就日本黄金时代》,《新京报》,2008 年 7 月 11 日。

马继武、于云瀚:《中国封建时代的城市人口》,《学术研究》,2004 年第 1 期。

马涛:《汽车尾气排放与大气污染》,《油气田环境保护》,2007 年第 2 期。

莫建备等主编:《融合与发展——长江三角洲地区 16 城市农民工调查》,上海人民出版社 2007 年版。

毛腾飞:《中国城市基础设施建设投融资问题研究》,中国社会科学出版社 2007 年版。

宁越敏:《新城市化进程——90 年代中国城市化动力机制和特点探讨》,《地理学报》,1998 年第 5 期。

牛凤瑞、潘家华、刘治主编:《中国城市发展 30 年(1978—2008)》,社会科学文献出版社 2009 年版。

倪维斗:《中国能源消费现状与节能潜力》,《科技日报》,2007 年 1 月 25 日。

潘家华、牛凤瑞、魏后凯主编:《中国城市发展报告》,社会科学文献出版社 2009 年版。

Paul L. Knox Linda McCarthy 著,顾朝林、汤培源等译:《城市化》,科学出版社 2008 年版。

仇保兴:《紧凑度和多样性——我国城市可持续发展的核心理念》,《城市规划》,2006 年第 11 期。

仇保兴:《应对机遇与挑战——中国城镇化战略研究主要问题与对策》,中国建筑出版社 2009 年版。

仇保兴：《中国应对城市化的策略》，http://green.sohu.com/20091104/n267962027.shtml。

全国老龄工作委员会办公室：《中国人口老龄化发展趋势预测报告》，2006 年。

全国总工会：《关于新生代农民工问题的研究报告》，《工人日报》，2010 年 6 月 21 日。

齐康、夏宗玕：《城市化与城镇体系》，《建筑学报》，1985 年第 2 期。

钱纳里：《发展的形式：1950—1970》，经济科学出版社 1998 年版。

秦虹：《中国市政公用设施投融资现状与改革方向》，《城乡建设》，2003 年第 7 期。

秦虹编著：《城市建设融资》，中国发展出版社 2007 年版。

汝信、陆学艺、李培林主编：《2010 年中国社会形势分析与预测》，社会科学文献出版社 2009 年版。

绳田康光：《战后日本的人口流动和经济增长》，《经济棱镜》（日文），2008 年第 54 期。

世界银行：《世界发展报告：重塑世界经济地理》，清华大学出版社 2009 年版。

杉山武彦：《战后日本交通基础设施发展与城市间收入差距问题研究》，《日本研究》，2008 年第 3 期。

盛来运：《金融危机中农民工就业面临的新挑战》，"城乡福利一体化学术研讨会"论文，2009 年。

史育龙、周一星：《戈德曼关于大都市带的学术思想评介》，《经济地理》，1996 年第 3 期。

宋杰、赵韩强：《战后日本农业劳动力的转移及其对中国的启示》，《东北亚论坛》，2001 年第 4 期。

苏凤杰：《从教育户籍多层面解决留守儿童和流动儿童问题》，人民网，2009 年 6 月 5 日，http://www.ngocn.org/?action-viewnews-itemid-48756。

汪光焘：《关于中国特色的城镇化道路问题》，《城市规划》，2003 年第 4 期。

汪洋主编：《"十五"城镇化发展规划研究》，计划出版社 2001 年版。

王梅主编：《市政工程公私合作项目（PPP）投融资决策研究》，经济科学出版社 2008 年版。

王梦奎、冯并、谢伏瞻主编：《中国特色城镇化道路》，中国发展出版社 2004 年版。

王晓婷、陆迁、吴海霞：《城市化水平对城乡收入差距影响的协整分析》，《生态经济》，2009 年第 2 期。

王小映、贺明玉、高永：《我国农地转用中的土地收益分配实证研究：基于昆山、桐城、新都三地的抽样调查分析》，中国社会科学院网站，http://rdi.cass.cn/uploadfile/200731680625.pdf。

王有强、卢大鹏、周绍杰：《地方政府财政行为：地方财力与地方发展》，《中国行政管理》，2009 年第 2 期。

吴传清：《世界城市群发展》，中国区域开发网，http://www.china-region.com/News/HTML/20060926164248_3196.htm。

吴传清：《世界城市群概览》，《宁波经济》，2004 年第 4 期。

魏立强：《城市化带来的环境问题》，《长春大学学报》，2003 年第 6 期。

吴莉娅、顾朝林：《全球化、外资与发展中国家城市化——江苏个案研究》，《城市规划》，2005 年第 7 期。

吴志强：《若干发达国家和地区的城市规划体系评述》，《规划师》，1998 年第 3 期。

谢杨：《探索中国特色的城镇化道路——谈设立全国重点镇的发展目标》，《小城镇建设》，2005 年 3 月。

许才山：《科学发展观指导下的中国城市化进程——人本理念与实践模式》，人民出版社 2009 年版。

许学强、刘琦、曾祥章：《珠江三角洲的发展与城市化》，中山大学出版社 1988 年版。

许学强、叶嘉安:《我国城市化的省际差异》,《地理学报》,1986 年第 1 期。

薛凤旋、杨春:《外资影响下的城市化——以珠江三角洲为例》,《城市规划》,1995 年第 6 期。

阎小培:《关于西方国家逆城市化的思考》,《城市规划》,1990 年第 3 期。

杨开忠、李强:《城市蔓延》,机械工业出版社 2007 年版。

杨伟民:《中国特色城镇化道路的四个关键问题》,《城市与区域规划研究》,2008 年第 2 期。

杨小荔、罗贤栋、周美春、柳青:《美国和日本的农村剩余劳动力转移及对我国的启示》,《企业经济》,2004 年第 9 期。

杨澜等:《法国城市化历程对当今中国城市化的启示》,《法国研究》,2008 年第 4 期。

姚先国:《中国劳动力市场演化与政府行为》,第 68 届美国公共管理学会年会论文,2007 年。

姚洋:《印度随想（四）》,《南方周末》,2007 年 4 月 4 日,http://www.infzm.com/content/9089。

姚洪亮、小八重祥一郎:《日本农业劳动力结构及流向分析》,《农业科技管理》,1998 年第 6 期。

运迎霞、吴静雯:《容积率奖励及开发权转让的国际比较》,《天津大学学报社会科学版》,2007 年第 2 期。

余池明:《十五期间城市基础设施的投资需求和融资策略》,《城市发展研究》,2001 年第 4 期。

原新、唐晓平:《都市圈化:一种新型的中国城市化战略》,《中国人口·资源与环境》,2006 年第 4 期。

建设部综合财务司:《中国城市建设统计年报》,中华人民共和国建设部网站。

张季风:《战后日本农村剩余劳动力转移及其特点》,《日本学刊》,2003 年第 2 期。

张敏、顾朝林:《农村城市化:"苏南模式"与"珠江模式"比较研究》,《经济地理》,2002 年第 4 期。

张启智、严存宝:《城市公共基础设施投融资方式选择》,中国金融出版社 2008 年版。

张昕竹:《中国城市公用事业绿皮书 NO.2——城市化背景下公用事业改革的中国经验》,知识产权出版社 2008 年版。

张妍:《城市化发展与教育》,《教育发展研究》,2005 年第 8 期。

张玉山:《韩国经济的非均衡发展及其启示》,湖北省人民政府政研网,2006 年,http://www.hbzyw.gov.cn/shownews.asp?id=5496。

张增祥:《中国城市扩展遥感监测》,星球地图出版社 2006 年版。

张冠增:《中世纪西欧城市的商业垄断》,《历史》,1993 年第 1 期。

张军扩、刘锋、高世楫:《我国城市治理的成就及改进的思路与目标》,《中国发展观察》,2008 年第 6 期。

张振龙等:《法国城市空间增长:模式与机制》,《城市发展研究》,2008 年第 4 期。

章泉:《中国城市化进程对环境质量的影响》,《教学与研究》,2009 年第 3 期。

赵燕菁:《国际战略格局中的中国城市化》,《城市规划汇刊》,2000 年第 1 期。

中国发展研究基金会:《中国发展报告 2008\2009:构建全民共享的发展型社会福利体系》,中国发展出版社 2009 年版。

中国社会科学院人口研究所:《中国 1986 年 74 城镇人口迁移抽样调查》,《中国人口科学编辑部》,1988 年。

周米拉、甘文成:《财政投融资在城市基础设施建设中的作用》,《价格与市场》,2008 年第 6 期。

周牧之：《金融危机下的中国大城市群发展策略》，《城市与区域规划研究》，2009 年第 4 期。

周一星：《城市地理学》，商务印书馆 1995 年版。

周一星：《关于中国城镇化速度的思考》，《城市规划》，2006 年增刊。

朱喜钢、丁文静：《城市发展的国际经验和转型对策》，《光明日报》，2006 年 9 月 19 日。

邹德慈：《对中国城镇化问题的几点认识》，《城市规划汇刊》，2004 年第 3 期。

左光霞、冯帮：《社会排斥与流动人口子女的教育公平》，《现代教育科学》，2009 年第 3 期。

王铁军编著：《中国地方政府融资 22 种模式》，中国金融出版社 2006 年版。

英文部分

Ades, A and Glaeser, E. 1995, "Trade and Circuses: Explaining Urban Giants." Quarterly Journal of Economics 110: 195–227.

Alan Gilbert, ed., 1996,The Mega-City in Latin America.Tokyo: United Nations University Press, 1996; and James B. Pick and Edgar Butler,1997, Mexico Megacity Boulder, CO: Westview Press, .

Altshuler, A. A, Gomez-Ibanez, J. A., A. M. Howitt. 1993. Regulation for revenue: The political economy of land use exactions. Brookings institution. N.W. Washington, D.C.

Amin, S., I. Diamond, R. T. Haved, and M. Newby. 1998. Transition to Adulthood of Female Garment-Factory Workers in Bangladesh. Studies in Family Planning, 29（2）: 185–200.

Andre Sorensen,2002, The making of urban Japan: cities and planning from Edo to the twenty-first century, Routledge.

Anita A. Summers, Paul C. Cheshire, and Lanfranco Senn, eds.1999, Urban Change in the United States and Western Europe: Comparative Analysis and Policy .Washington, DC: Urban Institute Press,.

Annez，P.C.2006,"Urban Infrastructure Finance from Private Operators: What Have We Learned from Recent Experience?" World Bank Policy Research Working Paper 4045, Washington D.C.: World Bank.

Anthony G. Champion, ed.1989, Counterurbanization: The Changing Pace and the Nature of Population Deconcentration .London: Edward Arnold.

Bairoch, P., 1975. The Economic Development of the Third World since 1900, London: Methuen.

Bahl, R.W. and and Linn, J. 1992,Urban Public Finance in Developing Countries, New York: Oxford University Press.

Baldwin, R., P. Martin and G. Ottaviano, 2001,Global Income Divergence, Trade and Industrialization: The Geography of Growth Take-Off, Journal of Economic Growth 6, 5–37.

Berrigan, D., R. Troiano. 2002. The association between urban form and physical activity in U.S. Adults. American

Journal of Preventative Medicine. 23:74 −79.

Bird, R.M. and Slack, E.2008, "Fiscal Aspects of Metropolitan Governance." In Rojas, E., Cuadrado-Roura, J.R., and Fernandez-Guell, J.M., (Eds),Governing the Metropolis: principles and Cases, Washington D.C.: Inter-American Development Bnak.

Boarnet, M. G., Day, K., Anderson, C., McMillan, T. and M. Alfonzo. 2005. California's Safe Routes to School program: Impacts on walking, bicycling, and pedestrian safety. Journal of the American Planning Association 71 (3): 301−317.

Breheny, M. J., R. Rookwood. 1993. Planning the sustainable city region. Planning for a sustainable environment. A. Blowers. ed. London: Earthscan. 150−189.

Breheny. M. 1997. Urban Compaction: Fesible and Acceptable. Cities. 14 (4): 209−217.

Cai, Fang and Dewen Wang. 2003.Migration As Marketization: What Can We Learn from China's 2000 Census Data?, The China Review, Vol. 3, No. 2(Fall), pp.73−93.

Cai, Fang and Dewen Wang .2005. China's Demographic Transition: Implications for Growth, in Garnaut and Song (eds)The China Boom and Its Discontents, Canberra: Asia Pacific Press.

Cai, Fang and Meiyan Wang .2008.A Counterfactual Analysis on Unlimited Surplus Labor in Rural China, China & World Economy, Vol.16, No.1, pp.51−65.

Caldwell, J.C. 1979. Education as a Factor in Mortality Decline: An Examination of Nigerian Data. Population Studies, 33: 395−413.

Carole Rakodi, ed.The Urban Challenge in Africa: Growth and Management of its Large Cities , New York: The United Nations University Press, 1997.

Castells, M., 1977. The Urban Question: A Marxist Approach, London: Arnold.

C.D. Foster 1992, Privatization, Public Ownership and the Regulation of Natural Monopoly, Oxford: Blackwell.

Cervero, R. 2001. Efficient Urbanisation: Economic Performance and the Shape of the Metropolis. Urban Studies, 38 (10):1651−1671.

Chan, Kam Wing and Ying Hu .2003.Urbanization in China in the 1990s: New Definition, Different Series, and Revised Trends, The China Review, Vol. 3, No. 2, pp. 49−71.

Chase-Dunn, C., 1984. Urbanization in the world system: new directions for research, in M. P. Smith (Ed.)Cities in Transformation, Newburg Park, CA: Sage.

Chase-Dunn, C., 1984. Urbanization in the world system: new directions for research, in M. P. Smith (Ed.)Cities in Transformation, Newburg Park, CA: Sage.

Chen, H., Jia, S. S. Y. LauBeisi. 2008. Sustainable urban form for Chinese compact cities: Challenges of a rapid urbanized economy. Habitat International. 32: 28−40.

Chris J.B. 2000. Cities in Competition: Equity Issues. Urban Studies 36: 865−891.

Clarke, M., A. G. Wilson. 1985. The Dynamics of Urban Spatial Structure: The Progress of a Research Programme. Transactions of the Institute of British Geographers, New Series, 10: 427–445.

Cohen, M. 2002.The Five Cities of Buenos Aires: An Essay on Poverty and Inequality in Urban Argentina, in Encyclopedia of Sustainable Development, ed. by S. Sassen. United Nations Economic. Social and Cultural Organization, Paris.

Crowe, T. 2000. Crime Prevention Through Environmental Design: Applications of Architectural Design and Space Management Concepts, 2nd ed., Butterworth-Heinemann, Oxford.

Dantzig, G., T. Satty. 1973. Compact city: a plan for a liveable urban environment. Freeman and Company. San Francisco.

Davis K. 1965, The Urbanization of the Human Population. Scientific American. In: LeGates R T, Stout F., 1996. City Reader. London: Routledge. 1–11.

Department of Economic and Social Affairs Population Division, United Nations（UNESA）.2008.World Urbanization Prospects: The 2007 Revision, ESA/P/WP205, United Nations, New York.

Dhakal, S. 2009. Urban energy use and carbon emissions from cities in China and policy implications. Energy policy. In press.

Dirie,I.2005."Municipal Finance: Innovative Resourcing for Municipal Infrastructure and Service Provision", report prepared for the Commonwealth Local Government Forum in cooperation with ComHabiat.

Douglass M, 1988, The transnational of urbanization in Japan，International Journal of Urban and Regional Research. 12（3）: 425–454.

Douglass, M.,2000. Mega-urban Regions and World City Dormation, The Economic Crisis and Urban Policy Issues in Pacific Asia. Urban Studies, Vol.37, No.12, pp.2315–2335.

Duranton, G. J., D. Puga. 2001. Nursety Cities: Urbanization Diversity, Process Innovation, and the Life Cycle of Products. American Economic Review, 91（5）: 1454–1477.

Dyson. T. 2003. HIV/AIDS and Urbanization. Population and Development Review., 29（3）: 427–442. Economics.110（2）:353–377.

Edward Leman,2006, Metropolitan Regions:New Challenges for an Urbanizing China, WorldBank.

Edwin s. Mills, 1979，Byung-Nak Song, Urbanization and Urban Problems, Harvard Press.

Ewing. R., 1997. Is Los Angeles-style sprawl desirable?. Journal of the American Planning Association. 63（1）:107.

Faris, R., E., Dunham, H., W. 1939. Mental Disorders in Urban Areas: an Ecological Study of Schizophrenia and Other Psychoses. Chicago: The University of Chicago Press.

Friedman, John, 2001, Intercity networks in a globalizing era, in Scott, A.edit"Global City-Regions: Trends,Theory, Policy", Oxford University Press.

Friedman J.2005, China's urban Transition. Minneapolis: University of Minnesota Press.

Friedmann, 2006. Four Theses in the Study of China's Urbanization, International Journal of Urban and Regional Research, Vol.30,No.2,pp.440-451.

Frumkin, H. 2002. Urban Sprawl and Public Health. Public Health Report. 117:201-218.

Fu-chen Lo and Yue-man Yeung, 1996, The Emerging World Cities in the Pacific Asia, United Nation University Press.

Fujita, M. and J. Thisse, 2002a, "Does Geographical Agglomeration Foster Economic Growth? And Who Gains and Looses from it?" CEPR DP 3135.

Gabaix and Ioannides .2004. "the evolution of city size distributions." in Henderson ed. Handbook of Urban and Regional Economics Vol. III. North-Holland Press.

Galloway, P. R., E. A. Hammel, and R. D. Lee. 1994. Fertility Decline in Prussia, 1875-1910: A Pooled Cross-Section, Time Series Analysis. Population Studies, 48 (1): 135-158.

Galster, G., R. Handson, H. Wolman, S. Coleman, J. Freihage. 2001. Wrestling Sprawl to the Ground: Defining and Measuring an Elusive Concept. Housing Policy Debate. 12 (4): 681-717.

Geurs, K., V. E. Ritsema. 2001. Accessibility Measures: Review and Application. Rijksinstituutvoor Volksgezondheid en Milieu, Bilthoven.

Gilbert, A. G. and Gugler, J., 1992, Cities, Poverty and Development: Urbanization in third world, 2nd edition, Oxford: Oxford University Press.

Glaeser, E. L., H. D. Kallal, J.A. Scheinkman, and A. Shleifer. 1992. Growth in Cities. Journal of Development Economics, 56 (1): 181-206.

Gordon, I., P. McCann. 2000. Industrial Cluster: Complexes, Agglomeration and/or Social Networks?. Urban Studies. 37 (3): 513-532.

Gordon, P., H. W. Richardson. 2000. Defending suburban sprawl. The Public interest. Spring: 65-71.

Gottman, J. 1961. Megalopolis: The urbanized Northeastern seaboard of the United States. New York: Kraus.

H. Averch and L. Johnson L.Johnson, 1962, Behavior of the firm under Regulatory Constraint, American Economic Review 52: 1052-1069.

Haar, C. M. 1998. Suburbs under siege: race, space, and auda-cious judges. Princeton: Princeton University Press.

Hall, P., and U. Pfeiffer. 2000. Urban Future 21: A Global Agenda for Twenty-First Century Cities. E & FN Spon, London.

Hall, P., Pain, K. 2006. The Polycentric Metropolis: Learning from Mega-City Regions in Europe. London: Earthscan.

Hall,Peter,2001.Global city-region in the 21st century, in Scott, A.edit"Global City-Regions: Trends,Theory, Policy", Oxford University Press，pp.59-77.

Handy, S. 1996. Methodologies for exploring the link between urban form and travel behavior. Transportation

Research Part D: Transport and Environment. 1:151−165.

Hanushek, E., 1986, "The Economics of Schooling: Production and Efficiency in Public Schools," Journal of Economic Literature, 49, 3, 1141−1177.

Hardoy, J. E., D. Mitlin, and D. Satterthwaite. 2001. Environmental Problems in Third World Cities. London: Earthscan Publications.

Harpham, T., T. Lusty, and P. Vaughan. 1988. In the Shadow of the City: Community Health and the Urban Poor. Oxford: Oxford University Press.

Harvey, R. O., W. A. V. Clark. 1965. The nature and economics of urban sprawl. A Quarterly Journal of Planning, Housing & Public Utilities. XII（1）: 1−10.

Hayward, Steven .2005. "The China Syndrome and the Environmental Kuznets Curve", Environmental Policy Outlook, December 21.

Henderson, J. V., T. Lee and J.Y. Lee. 2001. Scale Externalities in Korean. Journal of Urban Economics, 49: 479−504.

Henderson, J. V. 2002. Urbanization in Developing Countries. The World Bank Research Observer, 17（1）: 89−112.

Henderson, J. and Hyoung, Gun Wang .2004."Urbanization and City Growth." Working Paper at Brown University.

Hussar, W. and W. Sonnenberg, 2001, "Trends in Disparities in School District Level Expenditures per Pupil," National Center on Education Statistics.

IMF .2006. Asia rising: patterns of economic development and growth, World Economic Outlook, September.

Jacobs, J. 1961. The Death and Life of Great American Cities. New York: Random House.

Jacobs, J. 1969.The Economy of Cities. Vintage. New York.

Jenks, M., Burton, E., K. Williams. 2000. The compact city: a sustainable city urban form. Oxford: Oxford Brookes University.

Jenks, M., N. Dempsey. 2005. The Language and Meaning of Density. Future forms and design for sustainable cities[C]. Oxford: Linacre House, Jordan Hill.

Johannes F.Linn,1983,Cities in the Developing World, Oxford University Press.

Johnston，R. J.,1980,City and Society: An Outline for Urban Geography，Harmondsworth: Penguin.

Jonsson, A., and D. Satterthwaite. 2000. Overstating the Provision of Safe Water and Sanitation to Urban ，Journal of Urbanization, 40: 13−37.

Knox, P. L., L. McCarthy. 1994. Urbanization: an introduction to urban geography. N. J.: Pearson Prentice Hall.

Kojima, R. 1996. Introduction: Population Migration and Urbanization in Developing Countries [J]. The Developing Economies. XXXIV: 4.

Leon D. A. 2008. Cities, urbanization and health. International Journal of Epidemiology, 37: 4−8.

Leubg C K, Ginsburg N.1980. China: Urbanization and National Development, The University of Chicago.

Lewis, Arthur .1972.Reflections on Unlimited Labour, in Di Marco, L. (ed.) International Economics and Development, New York, Academic Press, pp. 75-96.

Lewis, W. A. 1954. Economic Development with Unlimited Supplies of Labor, The Manchester School of Economic and Social Studies 22, 139-191, Reprinted in A. N. Agarwala and S. P. Singh (eds.) The Economics of Underdevelopment, Bombay: Oxford University Press, 1958.

Linden, E. 1996. The Exploding Cities of the Developing Regions. Foreign Affairs, 75 (1) : 52-65.

Lodhi, A. Q., C.Tilly. 1973. Urbanization, Crime, Collective Violence in 19th-Century France. The American Journal of Sociology, 79 : 296-318.

Logan, John R. (ed.)2002. The New Chinese City: Globalization and Market Reform. Oxford: Blackwell.

Marcotullio, P. J.,2003. Globalization, Urban Form and Environmental Conditions in Asia-Pacific Cities. Urban Studies, Vol. 40,No.2, pp.219-247.

McCann, J. 1995. Rethinking the Economic of Location and Agglomeration. Urban Studies. 32 (3) : 563-579.

Mills, E. S. 2003. Book review of Urban sprawl causes, consequences and policy responses. Regional Science and Urban Economics. 33 : 251-252.

Mills, Edwin S. 1967. "An aggregative model of resource allocation in a metropolitan area". American Economic Review Papers and Proceedings 57 (2): 197-210.

Montgomery, M. R., R. Stren, B. Cohen, and H. E. Reed. 2003. Cities Transformed: Demographic Change and Its Implication in the Developing World. London: Earthscan.

Mumford, L. 1961. The city in history : its origins, its transformations, and its prospects. New York : Harcourt, Brace & World.

Myung-Goo Kang, 1998, Understanding Urban Problems in Korea, Development and Society, Volume 27 Number 1. 1998.

Notestein, F. 1953. Economic Problems of Population Change in Proceedings of the Eighth International Conference of Agricultural Economists: 13-33. London: Oxford University Press.

OECD,2009, Trends in Urbanisation and Urban Policies in OECD Countries, OECD Publishing.

OECD,2006,Competitive Cities in the Global Economy, OECD Publishing.

Pannell C.2003. China's demographic and urban trends for the 21st century. Eurasian Geography and Economics, 44 (7):479-496 .

Perkins D.1969. Agriculture Development in China:1368-1968.Chicago:Aldine Publishing Company.

Philleps,D. 1990. Health and Health Care in the Third World. London: Routledge.

Portes, A., Castells, M. and Benton, L. (eds.) , 1991, The Informal Economy: Studies in Advanced and Less Developed Countries, London: Johns Hopkins.

Richardson B. M. 1973. Urbanization and Political Participation: The Case of Japan. The American Political Science Review, 67（2）: 433–452.

Ravallion, Martin, Shaohua Chen, and Prem Sangraula, 2007, "New Evidence on the Urbanization of Global Poverty," Policy Research Working Paper No. 4199（Washington: World Bank）; http://econ.worldbank.org/docsearch.

Rietveld, P., F. R. Bruisma. 1998. Is Transport Infrastructure Effective? Transport Infrastrure and Accessibility: Impact on the Space Economy. Springer Verlag, Berlin.

Romero. H, O. Fernando. 2004. Emerging Urbanization in the Southern Andes. Mountain Research and Development, 24（3）: 197–201.

Ronghua Ma，Chaolin GU*，Yingxia Pu and Xiaodong Ma,2008.Mining the Urban Sprawl Pattern : A case Study on Sunan，China.Sensors,2008，Sensors. 8（10）: 6371–6395.

Roseland, M. 1997. Dimensions of the Future: An Eco-city Overview. New Society Publishers 1–12.

Rosenthal, S. and Strange, W. 2002, "Evidence on the Natures of Sources Agglomeration Economies." in Henderson ed. Handbook of Urban and Regional Economics Vol. III. North-Holland Press.

Rosenthal, Stuart S. and William Strange .2004. Evidence on the nature and sources of agglomeration economies. In Vernon Henderson and JacquesFrançois Thisse（eds.）Handbook of Regionaland Urban Economics, volume 4. Amsterdam: NorthHolland.

Santos,M.,1979, The Shared Space: The Two Circuits of the Urban Economy in Underdeveloped Countries, London:Methuen.

Scott, A., 2001,Global City-Regions: Trends,Theory, Policy,Oxford University Press.

Shahid Yusuf and Tony Saich, 2008,China Urbanizes: Consequences, Strategies, and Policies,Washington, D.C.: The World Bank.

Simmonds, D., Coombe, D. 2000. The transport implications of alternative urban forms. In Achieving Sustainable Urban Form, ed. by Williams, K., Burton, E., Jenks, M. London: Spon Press.

Sit, V.F.S, Yang, C. 1997. Foreign-Investment-Induced Exo-Urbanisation in the Pearl River Delta,China. Urban Studies, Vol.34, pp.647–677.

Slack，E.2005a."Municipal Financing of Capital Infrastructure in North America," Journal of property Tax Assessment and Administration,2（1）, pp.63–77.

Stanislav, V. K., E. Harburg. 1975. Mental Health and the Urban Environment: Some Doubts and Second Thoughts. Journal of Health and Social Behavior. 16（3）: 268–282.

Stephens, C. 1996. Health Cities or Unhealthy Islands? The Health and Social Implications of Urban Inequality. Environment and Urbanization, 8（2）: 9–30.

Stern, N. 2007, "The Economics of Climate Change: The Stern Review", Cambridge, Cambridge University Press.

U.S. Department of Housing and Urban Development（HUD）.1999. The State of the Cities Report 1999 . Washington,

D.C.: HUD.

UNDP. 2009. Human development report.

UN-Habitat 2004. The State of the World's Cities 2004/2005: Globalization and Urban Culture. London and Sterling, VA: Earthscan.

UNFPA, State of World Population 2007, http://www.unfpa.org/swp/2007/presskit/docs/en-swop07-report.pdf.

UNFPA, State of World Population 2008, http://www.unfpa.org/swp/2008/presskit/docs/en-swop08-report.pdf.

United Nations Center for Human Settlements（UNCHS）. 1996.An Urbanizing World: Global Report on Human Settlements. Oxford, England: Oxford University Press for Habitat.

United Nations,1986, Population Growth and Policies in Mega-Cities: Calcutta, Population Policy Paper No. 1. New York: United Nations.

United Nations. 2001.World Urbanization Prospects（1999 Revision）.New York.

United Nations. 2002. World Urbanization Prospects: The 2001 Revision. Data Tables and Highlights. New York: United Nations, Department of Economics and Social Affairs, Population Division.

Vojnovic, I., C. Jackson-Elmoore, J. Holtrop, S. Bruch. 2006. The renewed interest in urban form and public health: Promoting increased physical activity in Michigan.Cities, 23（1）.

Williamson, J.G., 1988, "Migration and Urbanization", in H. Chenery and T.N. Srinivasan（eds.）, Handbook of Development Economics, volume 1, Amsterdam: North Holland, 425-465.

World Bank .1997, "China 2020: Development Challenges in the New Century", Washington, D. C.

World Bank .1997, "Clear Water, Blue Skies: China's Environment in the New Century", Washington, D.C.: World Bank.

World Bank. 2000. Entering the 21st Century: World Development Report 1999/2000. New York: Oxford University Press.

World Bank. 2009. Reshaping Economic Geography: World Development Report 2009. www.worldbank.org. WorldFactbook, https://www.cia.gov/library/publications/the-world-factbook/fields/2212.html.

Yiftachel, O. and D. Hedgcock. 1993. Urban social sustainability: the planning of an Australian city. Cities, 5: 139-157.

Yusuf, Shahid and Nabeshinma, K., 2008, "Optimizing Urban Development", in Yusuf and Saich ed., China Urbanizes Consequences, Stratigies, and Policies, The World Bank, Washington, D.C.

Zhu Y.1999.New Paths to Urbanization in China:Seeking More Balanced Patterns. New York: Nova Science Publisher, Inc.

背景报告：

OECD：经合组织国家的城市化趋势与政策

刘民权、季曦：城市化与人类发展的理论

李善同：城市化对经济增长的影响

顾朝林：国际城市化经验、政策和趋势

　　　　　中国城市化空间极其形成机制

岳修虎：人的发展视角下的中国城市化发展回顾和挑战

张增祥：中国城市遥感监测报告

韩俊：农民工市民化：现状、前景与路径选择

刘守英、廖炳光：土地的城市化：从外延扩张向理性增长

都阳、王美艳：城市化进程中的人口、产业发展与就业

王延中：完善新型城市化进程中的社会福利体系

陈淮、普湛：完善城市化进程中的城市住房体系

潘家华：宜居的城市环境

叶霞飞：促进城市发展的轨道交通

刘京生、李明、杨浩：迎接十八万亿城市基础设施建设挑战

俞建拖：国际城市化经验

杜智鑫：中国的新型城市化战略：中日韩三国城市化比较分析